폭 력 의 전 염

우리 안의 12가지 제노사이드 심리

폭력의 전염

우리 안의 12가지 제노사이드 심리

이스라엘 차니(Israel W. Charny) 지음

김상기 옮김

일러두기

1. 본문에 등장하는 'Genocide'는 대부분 '대량학살'로 번역했으나, 맥락에 따라 그대로 '제노사이드'로 표현하거나 의미나 가독성을 살리기 위해 '집단학살'로도 번역했다.

2. 본문에 등장하는 '악(惡, Evil)'은 현실적이고 구체적인 표현을 사용하고자 '폭력'이라고 번역했다.

3. 저자는 'dynamics'와 'mechanisms'를 혼용하고 있는데, 원문을 따라 이를 '역학' 혹은 '메커니즘'으로 옮겼으나, 우리말 문맥의 이해를 위해 'dynamics'를 '메커니즘'으로 번역하기도 했다.

옮긴이의 말

누구나 학살의 가해자가 될 수 있는
폭력의 12가지 심리적 기초를 해부한 생명윤리 교과서

오늘날 '폭력'은 우리에게 낯설고 생소하며, 남의 이야기로 보인다. 왜냐하면 너무나 은밀하고 은폐된 형태로 작동하기 때문이다. 대량학살, 이른바 제노사이드는 먼 나라 이웃 나라 이야기로 들린다. 왜냐하면 현재 우리가 사는 민주적이고 안정된 사회에서 경험하기 어려운 현실이기 때문이다. 폭력이 남의 이야기로 들리고, 제노사이드가 남의 나라의 비극으로 보이는 이유는 무엇일까? 그것은 내가 폭력을 저지르지 않고, 대량학살에 가담하지 않기 때문이 아니다. 그것은 오히려 폭력의 본질적 속성, 폭력이 작동하는 메커니즘에 대해 무지할 뿐만 아니라 폭력에 대한 '인지 감수성'이 무디기 때문이 아닐까?

'폭력'이란 관계의 언어이자, 권력의 문제다. 인간과 인간, 집단과 집단, 인간과 자연의 관계에서 어느 쪽이 힘의 우위를 갖느냐의 문제다. 힘의 균형이 평화이며 윤리적 상태다. 그러나 힘의 균형이 깨지고 비대칭적 불균형 상태가 오면 필연적으로 폭력적 구조가 발생한다. 폭력이란 "상대방의 동의와 수용 없이 이루어지는 모든 일방적 힘의 작용에 의한 파괴적 결과"다. 폭력의 출발은 '일방성'이고, 폭력의 결과는 '파괴성'이다. 일방적 결정, 일방적 통보, 일방적 명령, 일방적 해고, 일방적 시선, 일방적 주장 등등 심지어 일방적 사랑, 일방적 봉사, 일방적 선교, 일방적 교육도 폭력일 수 있다. 상대방의 동의와 수용 없이 이루어진 이러한 일방적 행위가 상대방에게 파괴적 상처, 시련, 고통, 심지어 죽음에 이르게 함으로써 폭력은 완성된다.

그렇다면 폭력은 우리의 사회적 삶 속에서 너무도 흔히 볼 수 있는 것 아닌가? 이 책의 저자이자 이스라엘 사람으로서 60년 넘게 20세기 세계 곳곳에서 일어난 대량학살의 폭력을 연구해 온 심리학자이자 제노사이드 권위자인 이스라엘 차니(Israel W. Charny) 교수는 바로 이 점을 우리에게 알려주고 싶어한다.

"폭력은 남의 문제가 아니야. 너도 제노사이드를 저지를 수 있어."

• • •

저자는 이 책에서 세 가지 분야 학문의 층위를 뚫고 우리에게 다가온다.

그 첫 번째는 제노사이드 '사회학'이다. 제노사이드 연구가로서 그는 20세기 세계 곳곳에서 발생한 대량학살의 역사적 사실들을 다양한 방식으로 드러내 준다. 독일 나치 히틀러에 의한 유대인 대학살인 홀로코스트를 비롯하여, 튀르키예(Türkiye)에 의한 아르메니안 대학살, 구소련 스탈린에 의한 대량학살, 중국 마오쩌둥(毛澤東)에 의한 문화대혁명을 통한 인민 대학살, 일본의 난징 대학살과 조선인 학살, 캄보디아 폴 포트에 의한 킬링필드, 제국주의 유럽 국가들의 피정복 국가 원주민에 대한 학살, 르완다 대학살, 수단 다르푸르 학살, 심지어 이스라엘의 팔레스타인 주민에 대한 학살에 이르기까지 수많은 예들을 소개한다.

두 번째는 '심리학'이다. 역자가 느끼기에 이 부분은 이 책의 가장 큰 묘미라 할 수 있다. 심리학자인 저자는 역사 속에 드러난 제노사이드 현상을 단순히 고발하는 데 그치지 않고, 이를 인간의 보편적 심리 속으로 끌어들여 인간 내면의 본성을 펼쳐 보인다. 마치 제노사이드라는 괴물을 눕혀 놓고, 그 속에서 작동했던 폭력의 심리학적 역학들을 하나씩 드러내는 해부학자의 면모를 보여 준다. 해부 결과, 저자는 제노사이드는 누구나 저지를 수 있다는 "폭력의 보편 심리학"이라는 보고서를 내놓는다. 이른바, "12가지 악 혹은 폭력의 기초"다. 이 책의 핵심이자 가장 흥미로운 부분이다. 평범하고 정상적인 사람들 누구에게나 있을 수 있는 악 혹은 폭력의 심리적 뿌리들을 캐내어 뽑기 시작한다. 저자가 제시하는 12가지 폭력의 기초는 다음과 같다.

1. **투사화**(Projection Resposibility Onto Others)

2. **권력 욕망**(The Advantages And Disadvantages Of Power: For Good And Bad)

3. **비인간화**(Dehumanization)

4. **권위 맹종**(Obedience And Authority)

5. **무비판적 수동성**("Going With The Flow")

6. **방관자 시선**(Seeing But Remaining Unseen)

7. **집단화**(Dancing Around The Golden Calf)

8. **권위의 남용**(Abusing Positions Of Authority)

9. **이데올로기화**(The Impact Of Ideology)

10. **희생양 만들기**(Human Sacrifice)

11. **부정화**(What Fun It Is To Deny)

12. **극단주의와 허무주의**(Innocence And The Flawed Management Of Psychological Processes)

저자는 이러한 것들이 인간 누구에게나 있는 보편적인 본성이자 심지어 건강한 심리일 수 있음을 인정하지만, 이것이 폭력적 사회 속에서 깊은 자기성찰이 없는 사람들에게는 학살의 가해자로 갈 수 있는 악의 기초적 심리임을 강조한다. 재미있는 사실은 폭력의 보편적 심리들을 설명하기 위해 저자는 수많은 학자의 실험 결과를 구체적으로 소개하고, 이것들이 일상에서부터 제노사이드 현장에 이르기까지 어떤 사례들로 나타나는지 세심하게 밝혀 주고 있다는 점이다.

세 번째는 '윤리학'이다. 오랜 기간 제노사이드 현상을 연구하는 학자이자 피해자들을 치료하는 의사로 살아온 차니 교수는 이 책을 통해 윤리학자로서의 면모를 숨기지 않는다. 저자는 이 책이 단순히 제노사이드와 폭력에 대한 사회학적, 심리학적 결과물로만 남기를 원치 않았다. 그는 독자로 하여금 폭력에 대한 용감한 저항자가 되기를 간절히 바란다. 그가 여러 차례 밝히고 있듯이, 이 책의 기본 원칙은 인간의 생명에 대한 존엄성에 기초한다. 무엇보다도 인간의 생명은 절대적으로 고귀하며, 그 누구도 앗아갈 수 없는 천부적 선물이다. 그러므로 저자는 생명에 반하는 부당한 명령을 내리는 상관, 폭력을 부추기는 집단적 분위기, 폭력을 정당한 정책의 일환처럼 선전하는 국가의 이데올로기에 휘둘리거나 속지 말고 당당히 거부하고 저항할 수 있는 용기를 기르고 자기성찰적 존재가 되기를 촉구한다. 그러므로 이 책은 제노사이드 사회학에서 출발하여 심리학을 거쳐 생명윤리학 교재로 우리 앞에 놓여 있다.

• • •

모든 번역에는 저자와 번역자 사이의 긴장과 갈등이 존재한다. 용어의 문제다. 무엇보다 저자는 제노사이드와 홀로코스트에 대한 예민함이 있다. 스티븐 카츠(Steven Katz) 같은 유대인 학자는 오직 유대인 학살만이 유일한 제노사이드이며 이를 홀로코스트라는 특별 칭호를 붙여야 한다고 주장한다. 아무 곳에나 제노사이드라고 하면 안 된다는 것이다. 역자는 그를 "홀로코스트 예외주의자"라 부른다. 그러나 같은 유대인 학자인 차니 교수는 세계 곳곳에서 일어나는 대량학살 사건들을 제노사이드로 불러야 할 것을 주장한다. 역자는 그를 "제노사이드 보편주의자"로 부른다. 예외주의와 보편주의의 논쟁이 제노사이드 학계에 존재하고 있기 때문에 저자는 이 책에서 제노사이드와 홀로코스트를 모두 사용하고 있다. 아울러, 저자는 필요에 따라 '대량학살(Massacre)', '대량살해(Mass Killing)'라는 용어를 함께 쓰고 있다. 역자는 "모든 집단학살을 대량학살로 보아야 한다"는 저자의 입장을 존중해 'Genocide' 대부분을 '대량학살'로 번역했으나, 맥락에 따라 그대로 '제노사이드'로 표현하거나 의미나 가독성을 살리기 위해 '집단학살'로도 번역했음을 밝힌다.

또 하나, '악(惡, Evil)'이라는 용어다. 저자는 인간 본성 안에 있는 "악의 12가지 기초(Foundations of Evil)"라고 표현하고 있는데, 역자는 이를 "폭력의 12가지 기초"로 번역했다. 악이 폭력의 본질적 형태이자 추상적 표현이라면, 폭력은 악의 현실적 형태이자 구체적 표현이다. 그런 면에서 역자는 현실적이고 구체적인 표현을 선택했다. 전적으로 가독성을 위한 의역이다.

끝으로, 폭력을 남의 일처럼 생각하고, 제노사이드를 먼 나라 이웃 나라의 이야기로만 바라보는 오늘날 우리에게 이 책은 조용하지만 큰 도전을 던져준다. 특히 기독교라는 한 종교의 목회자로 사는 역자에게 이 책은 이 땅의 그리스도인들이 폭력에 대한 인지 감수성을 어떻게 높일 수 있을지, 그리고 은폐되어 있어 보이지만 은밀하게 여전히 우리 삶에 작동하는 다양한 폭력의 현실을 깊이 사유하고 성찰하는 데 큰 힘이 된다. 제노사이드의 피해자이자 가해자의 아픔 모두를 겪어 내면서 이를 치료하기 위해 평생 살아온 노학자 이스라엘 차니 교수에게 깊은 존경의 마음을 전한다.

2024년 6월
옮긴이 김상기

머리말

제노사이드를 고려할 때, 우리는 피해자일 뿐만 아니라, 악의 가해자로서 우리 자신의 역할을 항상 염두에 두어야 한다. 제노사이드에 대한 조사는 항상 역사의 관점에서 가장 먼저 이루어져야 한다. 그러나 가해자와 촉진자의 심리학 및 사회학뿐만 아니라, 직장 내 사회 제도의 맥락에 관련된 사람들의 역할을 고려하는 것도 중요하다. 이 책은 제노사이드의 심리적 측면 중 일부를 조명하고자 한다.

1. 군대, 경찰, 법률 시스템, 신학 시스템, 의료 시스템, 정치 지도자를 포함한 정부 시스템 등 사회 조직 및 기관의 심리학: 이러한 사회적 구성요소는 폭력을 정당화하고 국가와 문화의 흥망성쇠와 같은 더 넓은 역사적 과정과 마찬가지로 역사를 결정하는 역동적인 힘이다.
2. 개인의 심리학: 우리는 동료 인간의 피를 흘리기 위해 의식적으로 작동하는 이러한 시스템과 더 넓은 사회 집단(민족, 부족 및 기타 그룹) 내에서 인간의 역할을 이해하려고 노력한다.

3. 가해자의 심리: 우리는 지도자, 기관, 사회 집단이 시작한 과정에서뿐만 아니라 개인의 정신 깊은 곳에서 작용하는 과정의 결과로 대량학살을 자행하는 사람들을 연구한다. 모든 세대를 살펴보면, 인간들이 들고 일어나서 많은 수의 동료 인간을 학살하는 경우들이 있다. 그러므로 우리는 이러한 경향을 바꿀 수 있는 방법을 찾아야 한다. 왜냐하면, 우리 자신이 피해자일 수도 있기 때문일 뿐만 아니라, 인간으로서 우리 역시 타인에 대한 불법 행위의 당사자가 되기 때문이다.

홀로코스트에 대해 극도로 민감한 이스라엘에서도 문학에는 홀로코스트에 관한 책이 넘쳐난다. 그러나 다른 민족에게 닥친 제노사이드에 관한 책은 극히 일부에 불과하다. 더욱이 이러한 책 대부분은 피해자에게 초점을 맞추고 있으며, 소수만이 주요 가해자를 다루고 있을 뿐이다. 실제로 살인을 저지르는 사람들의 대부분을 구성하는 하급 지도자를 포함하여 그 과정에 관련된 단순한 시민에 대해 다루는 책은 거의 없다.

이 책은 특히 암울한 질문을 제기할 것이다. 우리 중 누가 제노사이드에 참여할 수 있는 심리적 능력이 있으며, 반대로 그렇지 않은 사람은 누구일까? 제노사이드의 모든 경우에 결정적으로 다수의 시민들이 "명령을 따랐고", 피해자를 살해하는 데 동의했거나, 살인자들과 협력했거나, 살인이 일어나도록 방관했다는 것이 어떻게 가능할까? 이 책은 또한 명령을 거부하고 참여를 거부한 사람들의 심리적 메커니즘도 살펴볼 것이다. 제노사이드가 일어나기 오래전에, 살인 의지가 출현할 수 있는 충분한 기반을 제공하는 개인의 특성을 가려내는 것이 가능할까? 그리고 참여를 거부하는 사람들은 기질, 성격, 행동에서 어떤 특성을 공유할까?

이러한 질문은 인류의 근본적인 본성과 관련된 보다 근원적인 질문을 제기한다. 사람들은 선천적으로 마음이 선할까, 아니면 성경 구절에서 알 수 있듯이 "사람의 마음은 어려서부터 악함"(창 8:21)이라는 말이 사실일까? 그리고 만약 사람들이 본질적으로 공격적이고 폭력적이며 피에 굶주려 있다면, 사랑, 문화유산, 윤리 교육과 같은 힘에 의해 자신과 타인의 생명을 연장하기 위해 노력하는 선의 옹호자로 변모할 수는 있을까?

이 책은 피해자나 박해받는 사람들의 국가적 경험보다는 주로 공격자, 희생자, 살인자에 초점을 맞춘다는 점에서 제노사이드와 홀로코스트에 관한 다른 책들과 구별된다. 살인자 자신의 감정 심리학과 사고 과정을 밝히려고 시도한다. 가해자들은 끔찍한 행동을 하는 과정에서뿐만 아니라, 그들이 나중에 대량학살 행위를 하게 될 것이라는 징후가 거의 없었던 이전의 생애 동안 어떤 경험을 했을까? 이 책은 사람들의 일상생활에서뿐만 아니라, 타인을 학대하거나 살해할 수 있는 권한(공격하는 적에 대한 명백히 정당한 군사 활동은 제외)을 지시받고 주어지는 사회적 상황에서 사람들의 사고와 정서적 경험의 중요한 측면을 탐구한다.

오늘날 수백 명의 학자들이 스스로를 제노사이드 연구자로 밝히고 있으며, 새로운 분야에서는 점점 더 많은 전문 협회, 콘퍼런스, 학술지가 생겨나고 있다. 더욱이 스스로를 제노사이드 전문가로 분류할 필요까지 없는 많은 지식인과 학자들도 역사, 법률, 국제 관계, 심리학, 사회 사업, 의학, 연극, 예술 등 자신의 학문 분야에서 이 주제에 의미 있는 방식으로 참여하고 있다.

오늘날 미국 정부는 제노사이드의 위험성을 인식하고 이를 방지하기 위해 노력할 것이라고 발표했다.[1] 유엔(UN) 역시 최근 집단학살 사례에 더 많은 관심을 기울이기 시작했으며, 사무총장 직속하에 이 문제를 다루기 위한 특별 사무국을 설립했다. 상설 국제형사재판소가 설립되었으며, 전 세계 국가에서 제노사이드, 반인도적 범죄, 잔혹 범죄 문제를 다루는 법적 절차와 법률이 점점 늘어나고 있다.[2]

감사의 말

수년 동안 생산적인 협력을 통해 나를 도와주고 축복해 주신 분들께 감사의 말씀을 전하고 싶다. 수년 전 내가 텔아비브 대학에서 공격성과 악의 심리학 과정을 가르치는 데 도움을 준 다프나 프로머(Daphna Fromer) 박사에게 특별한 감사를 드린다. 그 과정을 위해 우리는 악(폭력)의 기초에 관한 책을 썼는데, 그 책은 지금 이 책을 더욱 광범위하게 발전하도록 도와주었다.

또한 오늘날 새롭고 계속해서 확장되고 있는 제노사이드 연구 분야에서 활동하고 있는 이스라엘과 해외의 많은 동료에게도 감사의 말씀을 전하고 싶다.

이 책을 쓰도록 격려해 준 야에르 아론(Yair Auron) 교수에게 특히 감사드린다. 제노사이드 연구 교육자이자 학자로서, 그의 뛰어난 업적은 이 책에 언급되어 있으며, 그가 편집한 귀중한 책들 속에서도 분명하게 드러난다.

또한 나의 원고에 대해 격려와 비판적 검토를 해주신 요엘 엘리저(Yoel Elizur) 교수, 엘리후 리히터(Elihu Richter) 교수, 그리고 나의 친애하는 친구인 홀로코스트와 제노사이드 연구소 사서 마크 셔만(Marc I. Sherman)에게 감사를 표하고 싶다. 이들은 수년 동안 나에게 참고문헌과 데이터베이스 문제는 물론 "엉뚱하고" 유머러스하고 창의적인 아이디어로 귀한 도움을 제공해 주신 분들이다.

마지막으로, 헌신적이고 훌륭하게 그리고 즐겁게 함께 일할 수 있도록 도와준 전문 조수 카렌 월버거(Karen Wolberger, MPH)에게 많은 감사를 드린다.

색인은 마크 셔만의 주도하에 나와 마크 셔만과 카렌 월버거 셋이 공동으로 작성했다.

자료 인용

이 책에 나오는 몇 가지 항목의 자료 사용을 허락해 주신 저작권자에게 감사드린다.

Page 23: Bertolt Brecht. (1935). "When Evil-Doing Comes Like Falling Rain." In Poems, 1913-1956, edited by John Willet and Ralph Manheim. London: Methuen, 1979. © Bertolt-Brecht-Erben / Suhrkamp Verlag.

Pages 45-46: "Al zot" ("About this"), Natan Alterman O Acum and writer.

Page 81: Saguy Green, "How Could They Kill Small Children?," Haaretz English Edition, October 26, 2010, Gallery Section, Copyright © "Ha'aretz" Daily News Paper Ltd.

Page 267: Excerpts from Benyamin Neuberger, "Our Holocaust
-and Others'," Haaretz English Edition, April 28, 2006.
Courtesy of Benyamin Neuberger.

우리는 모든 외부 자료의 저작권 소유자를 찾기 위해 노력했다. 다만 누락이나 오류가 있는 점에 대해 진심으로 사과드리며, 향후 개정판에 반영될 수 있도록 알려주신다면 바로 수정하도록 하겠다.

차례

• • •

· · ·

프롤로그 PROLOG

야에르 아론(YAIR AURON)

야에르 아론(YAIR AURON)

우리 친구들이 학살당했다는 소식이 처음으로 보도되었을 때
공포의 비명소리가 들렸습니다. 그런 다음 백 명이 도살되었
습니다. 그러나 천 명이 학살되고 학살이 끝나지 않자 침묵의
담요가 모든 것을 덮었습니다. 악행이 비처럼 쏟아질 때 누구
도 "그만해!"라고 외치지 않습니다. 범죄가 쌓이기 시작하면
눈에 보이지 않게 됩니다. 고통이 참을 수 없게 되면 그 부르
짖음도 더 이상 들리지 않습니다. 울음소리도 여름비처럼 내
립니다.[1]

- 베르톨트 브레히트(Bertolt Brecht)

이 책은 사람들이 대량학살을 저지르게 만드는 인간 행동의 측면
을 다루고 있다. 홀로코스트를 비롯한 제노사이드를 인간의 행위로 보
고, 제노사이드 가해자(genocidaires)의 심리를 살펴보며, 우리는 과연 우
리 안에 있는 악을 극복할 수 있는지 묻는다. 이러한 문제는 인간으로서
우리에게 불편함을 준다. 그것은 우리가 복잡한 도덕적, 윤리적, 심리적
질문의 긴 목록을 스스로에게 묻도록 강요한다. 이 책을 통해 우리가

좀 더 자기 인식을 하게 되기를 바란다. 전체적으로 나는 독자들이 책 끝부분의 "자기성찰학습" 목록에 제시된 연습을 고려해 보기를 권유한다. 독립적인 학습 질문은 우리가 스스로에게 어려운 질문을 던지고, 우리가 다른 사람에게 해를 끼치는 방법뿐만 아니라, 생명을 보호하기 위해 어떻게 노력하는지에 대해 진지하게 생각해 볼 수 있도록 고안되어 있다. 일부 독자는 책을 다 읽은 후에 이러한 연습을 반복하고 싶어할 것이다.

시리즈

이 책은 원래 제노사이드에 관한 이스라엘 개방대학(Open University, 한국의 방송통신대학 같은 교육기관 – 옮긴이 주) 시리즈의 일부로, 이스라엘에서 히브리어로 출판되었다. 이스라엘 이외의 지역에서는 알란 버거(Alan L. Berger)가 편집한 『로우만과 리틀필드의 제노사이드 연구(Rowman & Littlefield Studies in Genocide)』 시리즈에 현재 출판되어 있다. 제노사이드에 관한 개방대학 시리즈는 12권으로 구성되어 있으며, 각 권은 그 자체로 독립적일 수 있지만 더 큰 전체의 일부이기도 하다. 독자들에게 필요한 맥락과 배경을 제공하기 위해 시리즈의 각 책은 제노사이드와 관련된 중요한 용어와 개념을 검토하고 독자들에게 공통 용어를 제공하는 간략한 소개로 시작된다. 이 책이 제노사이드의 특정 사례를 다루고 있다면, 서문에서는 일반적인 제노사이드에 대한 간략한 탐구와 함께 논의 중에 있는 특정한 제노사이드의 맥락을 설명한다. 일반적인 현상으로서의 제노사이드는 시리즈의 첫 번째 책이 다루고 있는 "생각할 수 없는 것에 대한 반성(Reflections on the Inconceivable)", 즉 제노사이드 연구의 이론적 측면에서 더 깊이 논의된다.

제노사이드 개념에 관하여

　　　　　　　제노사이드는 인류에 대한 모든 범죄 중 가장 극단적인 현상이다. 인류 역사를 통틀어 집단학살이 있었지만, 20세기는 그 어느 세기보다 제노사이드가 많이 일어났다고 주장하는 사람들도 있다. 그래서 20세기는 "제노사이드의 세기", "악의 세기", "폭력의 세기"로 불린다. 20세기에 발생한 여러 차례의 제노사이드를 통해 우리는 인권에 대한 심각한 타격, 인간 고통에 대한 극도의 무관심, 인류의 심각한 도덕적 붕괴를 목격했다. 이들 중 일부에서는 홀로코스트를 역사상 가장 큰 도덕적 붕괴로 간주한다.

그럼에도 불구하고 우리는 홀로코스트가 일어나기 훨씬 전에도 끔찍한 제노사이드 행위들이 있었고, 그 이후에도 계속되고 있다는 사실을 항상 기억해야 한다. 1990년대에만 보았을 때, 세계 대부분의 사람은 과거의 어떤 학살보다도 홀로코스트에 대해서만 잘 알고 있었다. 그리고 세계가 "다시는 없을 것"이라는 약속을 재확인했을 때, 우리는 구(舊) 유고슬라비아와 르완다에서 일어난 제노사이드를 목격했다. 이 두 집단학살은 미리 막을 수도 있었다. 수십 년에 걸쳐 제노사이드에 대한 많은 정의가 제시되었다. 앞으로 우리가 논의할 문제들에도 불구하고 이 시리즈의 책에서는 유엔에서 채택한 표준 정의를 사용할 것이다.

프롤로그. 야에르 아론(YAIR AURON)

제노사이드(genocide)라는 용어는 두 단어에서 유래되었다. 고대 그리스어로 '인종'을 뜻하는 'genos'와 라틴어로 '학살 또는 살인'을 뜻하는 'caedere'의 합성어다. 이 용어는 제2차 세계대전 중에 폴란드계 유대인 변호사 라파엘 렘킨(Raphael Lemkin, 1901~1959)에 의해 만들어졌다. 그는 유엔 〈제노사이드 범죄 예방과 처벌에 관한 협약(UN Convention on the Prevention and Punishment of the Crime of Genocide)〉의 창시자로 알려져 있다. 렘킨은 홀로코스트로 가족 대부분을 잃었다. 그는 폴란드를 떠나 결국 미국에 정착하여 여생을 제노사이드를 연구하고 집단학살 범죄를 국제 형법에 포함시키는 데 자신의 일생을 바쳤다. 렘킨은 나치가 유럽에 사는 유대인을 학살한 맥락에서 인종적 동기에 따른 민족 살해와 관련하여 이 용어를 처음 사용했다. 그러나 렘킨 자신은 "문화적 제노사이드"까지 포함함으로써 집단학살에 대해 더 넓은 견해를 가지고 있었다. 유엔 협약의 정의는 이미 인종적 개념을 넘어 국가적, 민족적, 종교적 동기를 지닌 집단학살을 포함하도록 제노사이드 범죄를 확대하고 있다. 전쟁 중과 전쟁 후에도 렘킨은 제노사이드의 정의에 대해 계속해서 고민하면서 그 범위를 확대했다. 그는 제노사이드 범죄가 항상 피해자 집단의 즉각적이고 절대적인 파괴만을 수반하는 것은 아니라는 점을 반복해서 강조했다. 오히려 제노사이드는 국가 및 경제 기반 시설, 언어, 특정 집단의 문화를 점진적으로 파괴하는 것을 목표로 하는 일련의 계획된 행동을 통해 자행될 수도 있다.

렘킨이 설명하는 국제법에서 제노사이드는 사람들의 말살을 의미하는 일반적인 분류다. 오늘날 이 용어는 특정 국가, 민족, 인종 또는 종교 집단의 살해를 지칭하기 위해 법령, 국제 조약, 사법 판결, 학술 및 언론 문헌에서 일반적으로 사용된다. 많은 사람이 보기에 제노사이드에는 단지 정치 집단에 속해 있다는 이유만으로 집단 전체에 해를 끼치고 절멸하려는 목적으로 개인을 살해하는 것도 포함된다(그러나 이러한 형태의 제노사이드는 유엔 협약에는 포함되지 않고 있다).

제노사이드 용어의 문제

학자들은 "홀로코스트"와 "제노사이드"라는 용어의 차이에 관해 끝없이 의미 있고 종종 신랄한 논쟁을 벌이고 있다. 어떤 사람들은 "제노사이드"라는 용어가 홀로코스트의 특정 측면을 담고는 있지만 "홀로코스트"라는 용어는 예외적이고 총체적이며 모든 것을 포괄하는 범죄로서 인류 역사상 가장 독특한 사건을 의미한다고 강조하면서 두 개념 사이의 명확한 구분을 주장한다[이른바, 홀로코스트 예외주의를 주장하는 대표적 학자로는 스티븐 카츠(Steven Katz)가 있다 – 옮긴이 주]. 즉 홀로코스트는 제노사이드를 초월한다는 것이다. 그러한 학자들은 나치의 유대인 제노사이드가 그들의 위치와 그들이 살았던 역사적 상황에 관계 없이 전체 민족을 대상으로 했다는 사실을 강조한다. 그러나 다른 학자들은 홀로코스트가 그 독특한 특성에도 불구하고 제노사이드의 일반적인 범주에 속한다고 간주한다. 이 학자들은 모든 제노사이드 행위가 그 자체로 독특하며 이러한 점에서 홀로코스트도 다르지 않다고 주장한다.

역사가, 정치인, 법률 전문가들은 또한 소련에서 스탈린이 저지른 것과 같은 내부적, 정치적 동기에 의한 다수의 살인을 포함하여 20세기에 발생한 일부 대량학살에 대해 "제노사이드"라는 용어를 적용하는 데 대해 서로 다른 의견을 가지고 있다. 그러한 논쟁 가운데 하나는 구 유고슬라비아에서 일어난 사건을 제노사이드로 분류해야 하는지, 아니면 단순히 일련의 "제노사이드적 행위"로 분류해야 하는지에 대한 문제와 관련이 있다. 마찬가지로, 미국의 압력에 따라 유엔 안전보장이사회는 1994년 봄 르완다에서 일어난 사건을 제노사이드로 분류하는 것을 거부했다. 이는 사건 자체의 성격에 대한 의견 차이 때문이 아니라 이사회가 개입을 꺼렸기 때문이다. 르완다의 사례는 전 세계 수백만 명의 사람이 거실 TV를 통해 생중계로 펼쳐지는 잔혹 행위를 지켜보고 있었기 때문에 더욱 문제가 되었다. 당시 미국 정부 내부 문서에는 "제노사이드"라는 용어가 명시적으로 사용되었다. 그럼에도 불구하고 유엔은 사건이 발생한 후에야 대량학살을 제노사이드로 인정했다.

이러한 용어 논쟁은 무엇보다도 정치적 동기를 지닌 대량 살인을 묘사하기 위해 "정치적 살해(폴리티사이드, politicicide)"라는 용어를 만들어 내는 결과를 낳았다. 정확하게 말하자면, 제노사이드와 폴리티사이드를 두 가지 별개의 현상으로 이해해서는 안 된다. 대량학살은 제노사이드인 동시에 폴리티사이드일 수 있다. 실제로 소련의 스탈린 정권, 중국의 마오 정권, 캄보디아의 폴 포트 정권은 모두 정치적인 이유로 내부 대량학살(폴리티사이드)을 저질렀고, 동시에 특정 민족 집단의 말살을 목적으로 한 집단학살(제노사이드)을 저질렀다.

일부 학자들은 문화적 이유, 즉 물리적인 말살을 수반하지 않는 민족, 국가, 종교 또는 기타 집단의 문화를 의도적으로 파괴하는 대량학살을 설명하기 위해 "인종 말살(에뜨노사이드, ethnocide)"이라는 용어를 사용할 것을 제안하기도 한다.

대규모 범죄의 다양성과 이와 관련된 다양한 분류 및 정의를 고려하여 일부 사람들은 "데모사이드"(그리스어로 "인구" 또는 '사람')라는 용어를 사용한다. 데모사이드는 피해자가 특정 집단에 속하는지 여부에 관계없이 정부에 의해 자행된 모든 살인을 포함한다. 데모사이드는 제노사이드, 폴리티사이드, 대량 살인뿐만 아니라 국가 테러 행위의 개념을 담고 있다. 이 포괄적인 정의를 적용하면 20세기에 데모사이드 행위로 인해 살해된 사람의 수는 이해할 수 없는 수준에 이른다. 미국 학자 루돌프 럼멜(Rudolph J. Rummel)에 따르면, 데모사이드로 분류될 수 있는 행위는 1900년부터 1987년까지 전 세계적으로 1억 6,900만 명 이상의 목숨을 앗아갔다. 이는 전쟁에서 사망한 군인이나 민간인을 포함하지 않는다는 점을 고려하면 더욱 헤아릴 수 없는 수치다.[2] 럼멜은 나중에 20세기 전체에 대한 추정치를(20세기 마지막 10년 동안 르완다, 유고슬라비아, 동티모르 및 기타 지역에서 발생한 제노사이드를 포함하여) 2억 6,200만 명으로 수정했다! 의미와 용어에 대한 논쟁에도 불구하고 우리는 모든 제노사이드 행위가 특정 국가, 민족, 인종 또는 종교 집단에 속한 무고한 사람들을 대량살해하는 극단적인 범죄라는 사실을 결코 망각해서는 안 된다.

제노사이드 범죄 예방과 처벌에 관한 유엔 협약

1948년 12월 9일, 나치의 전쟁 범죄와 특히 유대인 말살이 일어나자 유엔 총회는 만장일치로 〈제노사이드 범죄의 예방과 처벌에 관한 협약〉을 채택했다. 협약 당사국들은 "평화 시나 전시에 자행된 제노사이드는 국제법에 따라 예방하고 처벌하기로 약속한 범죄"임을 확인했다. 협약 제2조에서는 제노사이드를 다음과 같이 정의하고 있다.

> 국가, 민족, 인종 또는 종교 집단의 전부 또는 일부를 파괴할 의도로 행해진 다음 각 항목의 행위들
> ❶ 집단 구성원의 살해.
> ❷ 집단 구성원에게 심각한 신체적, 정신적 피해를 입히는 행위.
> ❸ 집단의 전체 또는 일부를 물리적으로 파괴할 목적으로 고의적으로 집단 생활의 조건을 가해하는 행위.
> ❹ 집단 내에서 출산을 방지하기 위한 조치를 취하는 행위.
> ❺ 집단의 자녀를 다른 집단으로 강제 이동시키는 행위.

다른 많은 국가와 마찬가지로 이스라엘도 협약이 처음 제정된 직후에 협약에 서명했다. 그 후 정부는 1950년 이스라엘의 제노사이드 범죄(예방 및 처벌)법을 제정했다. 이 법에서 이스라엘 입법자들은 범죄에 대한 협약의 정의를 채택했지만 처벌 조치를 규정하는 데는 더 엄격했다. 유엔 협약은 제노사이드 가해자에 대한 처벌을 구체적으로 명시하고 있지 않기 때문에 제노사이드 행위로 재판을 받은 많은 사람이 처벌을 받지 않는 허점을 남겼다. 이와 대조적으로, 이스라엘 법령은 "집단학살을 저지른 사람은 사형에 처해진다"고 명백히 명시하고 있다(법령에 정의되지 않은 특정 상황은 제외). 이스라엘 입법자들은 1950년 나치 및 나치 협력자 처벌법에 따라 유죄 판결을 받은 개인에 대해 동일한 처벌을 규정했으며, 이는 나치 전범 아돌프 아이히만에 대해 처음으로 시행되었다.

UN 협약의 이행

가장 중요한 질문은 유엔과 국제사회가 제노사이드의 재발을 막기 위해 충분한 노력을 기울이고 있는지 여부다. 일부에서는 피해자들에게 사후에 어느 정도의 지원을 제공할 뿐만 아니라, 제노사이드를 실제로 예방할 수 있는 적절한 도구를 유엔에 제공하기 위해 협약을 개정할 것을 요구한다. 이를 위해 1998년 7월 로마 회의에서 국제형사재판소(ICC)가 설립되었다. ICC는 제노사이드 혐의로 개인을 재판할 권한을 갖고 있다. 이 법원은 60개국(미국이나 이스라엘을 제외한)이 결정을 비준한 후 2002년 7월에 설립되었다. ICC 설립이 올바른 방향으로 나아가는 중요한 단계였는지 여부는 오직 시간만이 말해줄 것이다.

가해자, 피해자, 제삼자

모든 제노사이드 행위에는 세 가지 주요 사회 집단이 관련된다. 가해자, 피해자, 그리고 제삼자다. 여기서 제삼자는 살인에 가담하지도 않고 피해자에도 속하지 않지만, 사건을 목격하고 잔학 행위가 전개될 때 어떻게 대응할지 선택해야 하는 사람들이다.

제노사이드 행위는 사회의 권력 균형이 깨지면서 가해자가 피해자에 대해 완전한 권력을 가질 수 있을 때만 저질러질 수 있다. 그러한 권력관계의 구체화는 나머지 세계, 즉 가해자도 피해자도 아닌 사람들이 어떤 방식으로 행동할지를 요구한다. 이러한 "기타"는 세 그룹으로 나눌 수 있다.

❶ 공범자들: 살인자들(공범자)과 협력하는 자들은 살인자들이 가지고 있는 힘 때문에 살인자들과 긍정적인 관계를 유지하는 것이 최선이라는 믿음을 포함하여 여러 가지 이유들을 가지고 있다.

❷ 피해자를 돕는 사람들: 이 사람들은 항상 소수이며, 도덕적 고려에 의해 동기를 부여받는 경향이 있다. [이스라엘에서는 그러한 개인을 "열방 가운데 의인"으로 부른다. 이 사람들은 홀로코스트 기간 동안 유대인의 생명을 구하기 위해 목숨을 걸었던 비유대인으로서, 홀로코스트 기념관 야드 바셈(Yad Vashem)에 의해 기억되고 있다.]

❸ 침묵하고 무관심한 사람들(방관자): 이들은 일반적으로 다른 두 사람보다 훨씬 더 큰 그룹을 이루고 있다.

이러한 분석은 가장 중요한 질문을 제기한다. 목격한 범죄에 대해 방관자들이 최소한 부분적으로 책임이 있는 것으로 간주되어야 하며 예방을 위해 아무런 조치도 취하지 않았는가?

세계 대부분의 국가는 대량학살에 무관심했다. 미국 등 강대국도 예외는 아니다. 미국 외교 정책 고문 사만다 파워(Samantha Power)는 그녀가 유엔 주재 미국 대사가 되기 전 영향력 있는 연구에서 아르메니아 제노사이드, 홀로코스트, 캄보디아, 유고슬라비아, 르완다의 대량학살을 포함하여 20세기에 자행된 다양한 제노사이드 행위에 대한 미국의 태도를 분석했다. 그녀는 "가장 충격적인 것은 미국 정책 입안자들이 범죄를 막기 위해 거의 아무것도 하지 않았다는 점"이라고 결론지었다. "미국의 '중요한 국익'이 단순한 제노사이드로 인해 위협받는 것으로 간주되지 않았기 때문에 미국 고위 관리들은 제노사이드에 마땅한 도덕

적 관심을 기울이지 않았습니다."³

『트라우마와 회복: 폭력의 여파-가정 학대에서 정치적 테러까지』
라는 책에서 미국의 정신과 교수인 주디스 루이스 허만(Judith Lewis Herman)
은 전직 군인, 홀로코스트 생존자, 전쟁 포로, 학대받는 여성, 근친상간
피해자에게 다양한 유형의 폭력이 미치는 영향을 탐구했다.

> 잔학 행위에 대한 일반적인 대응은 잔학 행위를 의식에서 추
> 방하는 것입니다. 사회 계약에 대한 특정 위반은 너무 끔찍해
> 서 큰 소리로 말할 수 없습니다. 이것이 말할 수 없다는 단어
> 의 의미입니다.
>
> 그러나 잔학 행위는 매장되기를 거부합니다. 잔학 행위를
> 부정하려는 욕구만큼 강력한 것은 부정이 효과가 없다는 확신
> 입니다. 민간의 지혜는 자신의 이야기가 전해지기 전까지 무
> 덤에서 쉬기를 거부하는 유령들로 가득 차 있습니다. 살인은
> 드러날 것입니다. 끔찍한 사건에 대해 기억하고 진실을 말하
> 는 것은 사회 질서의 회복과 피해자 개인의 치유를 위한 전제
> 조건입니다.
>
> 심리적 트라우마를 연구한다는 것은 자연계에서 인간의 취
> 약성과 인간 본성에 있는 악의 가능성을 모두 마주하는 것입
> 니다. 심리적 트라우마를 연구한다는 것은 끔찍한 사건을 목
> 격한다는 것을 의미합니다. 그 사건이 자연재해이거나 '신의
> 행위'일 때, 증언하는 사람들은 피해자에게 쉽게 공감합니다.
> 그러나 충격적인 사건이 인간의 계획에 의한 것일 때, 목격자
> 는 피해자와 가해자 사이의 갈등에 휘말리게 됩니다. 이 갈등
> 에서 중립을 유지하는 것은 도덕적으로 불가능합니다. 방관자
> 는 한쪽 편을 들 수밖에 없습니다.

프롤로그. 야에르 아론(YAIR AURON)

가해자의 편을 드는 것은 매우 유혹적입니다. 가해자가 요구하는 것은 방관자가 아무것도 하지 말라는 것뿐입니다. 그는 악한 것을 보고, 듣고, 말하지 않으려는 보편적인 욕구에 호소합니다. 오히려 피해자는 방관자에게 고통을 함께 나누어 달라고 요청합니다. 피해자는 행동, 참여, 기억을 요구합니다.[4]

수동성을 통해 방관자들은 의도치 않게 가해자를 지원하지만 피해자에게는 결코 어떠한 지원도 하지 않는다고 주장할 수 있다. 우리가 입장을 취하지 않기로 선택하면 실제로는 가해자의 편을 드는 것이다. 따라서 도덕적인 관점에서 볼 때, 우리는 집단학살 범죄가 저질러지는 것을 가만히 보고만 있을 수는 없다. "막을 수 있는 방법이 없었다"는 등의 정당화도 받아들일 수 없다. 불의가 다른 사람에게 닥쳐도 불의는 그치지 않는다. 성경이 가르치듯이, "네 이웃이 피를 흘릴 때에 너는 가만히 서서 기다리지 말라"(레위기 19:16). 방관자 역시 그러한 살인에 대해 책임을 지며, 적어도 도덕적으로는 비난을 받을 수 있다.

전 세계 제노사이드 교육에 대한 고찰

제노사이드에 대해 가르치면 우리는 다양한 철학적, 교훈적 문제에 직면하게 된다. 홀로코스트 교육과 관련하여 엘리 위젤(Elie Wiesel)은 제노사이드 교육에도 적용될 수 있는 신랄한 질문을 제기한다.

기존의 지식과 모순되는 사건, 상상을 초월하는 경험을 어떻게 가르치나요? 크고 작은 아이들에게 사회가 정신을 잃고 자신의 영혼과 미래를 살해하기 시작할 수 있다고 어떻게 말합니까? 어느 정도의 희망도 제공하지 않고 어떻게 공포를 드러낼 수 있습니까? 무엇을 희망합니까? 누구에게 희망합니까? 진보에게? 과학과 문학에게? 아니면 신에게?[5]

홀로코스트 교육은 이미 전 세계 국가의 학술 및 교육 틀 내에서 자리를 잡았다. 그러나 그 자체로 매우 중요한 제노사이드 연구라는 더 넓은 분야는 아직 초기 개발 단계에 있다. 의심할 바 없이 대부분의 국가에서 사람들이 20세기에 발생한 다른 대량학살 사건에 관해 갖고 있는 지식은 홀로코스트에 대해 알고 있는 지식에 비하면 일반적으로 미미하다. 어떤 사람들은 지난 세기 동안 자행된 대부분의 제노사이드(물론 홀로코스트를 제외하고)는 먼 과거에 일어났던 것과 마찬가지로 "잊힌" 또는 "알려지지 않은" 것으로 간주될 수 있다고 주장하기까지 한다.

이제 우리는 지난 20~30년 동안 전 세계에서 자행된 제노사이드에 대한 일반적인 인식이 눈에 띄게 증가했다는 사실도 인정해야 한다. 동시에 제한적이긴 하지만 제노사이드 교육 분야에서 진전이 이루어졌다(홀로코스트 교육이라는 특정 분야에서는 훨씬 더 큰 진전이 이루어졌다). 전 세계의 제노사이드 교육 발전을 주의 깊게 관찰해 보면, 집단학살에 연구에 헌신하는 선별된 사람들의 주도로 진전이 이루어지는 경우가 많다는 사실을 알 수 있다. 그들은 자신의 삶을 일로 삼고 주제를 휴면 상태로 두는 것을 거부하는 열정적이고 헌신적인 활동가들이다. 놀랄 것도 없이, 이러한 많은 노력은 다른 민족의 고통에 대한 독특한 공감을 바탕으로 홀로코스트 교육 분야 외에 제노사이드 교육 분야 개발에 관심이 있는 유대인들에 의해 주도되었다. 우리는 그러한 활동가들이 일반적인 제노사이드 연구에 기여하는 것 외에도 다음과 같은 점에 동의한다. 비교 연구(또는 제노사이드 연구)는 또한 홀로코스트 연구만으로는 달성할 수 없는 방식으로 홀로코스트 연구에 기여할 수 있다는 사실이다.

인간 생명의
보편적 가치에 관하여

30년이 넘도록 이스라엘인과 전 세계 사람들은 다른 민족에게 닥친 제노사이드에 대해 격렬한 논쟁을 벌여 왔다. 이러한 논쟁의 중심에는 유대인들에게 있어서 홀로코스트의 특별한 중요성이 실제로 그 독특성과 관련이 없다는 사실에도 불구하고 홀로코스트가 완전히 독특한 사건이었다는 논란의 여지가 있는 주장이 있다. 이것은 홀로코스트가 제노사이드 중에서 결코 유일하지 않다는 것을 말하는 것이 아니다. 실제로 홀로코스트는 인종차별 이론과 이데올로기에 기초한 독특한 "죽음의 산업"이었다. 유대인의 모든 구성원을 어디에서나 말살하려는 목표를 가지고 있었다. 그들은 살았다. 그러나 그것의 가장 큰 의미는 그것이 유대인의 역사적 의식에 깊이 자리잡고 있으며 계속해서 결정적인 역할을 하고 있다는 데 있다.

역설적이게도 타인의 고통에 민감하다는 유대 전통에도 불구하고 타인에게 닥친 제노사이드에 대한 무관심과 거부도 이스라엘 문화에 깊이 뿌리박혀 있다. 어떤 경우에는 이러한 인식 부족이 피해자의 재활 노력과 비극에 대처하는 데 결정적인 영향을 미칠 수 있으며, 이 과정은 오랜 시간 동안, 어떤 경우에는 무기한 지속될 수 있다. 프리모 레비 (Primo Levi)의 『익사한 자와 구원받은 자(The Drowned and the Saved)』는 아우슈비츠 친위대(SS) 군인들이 수감자들 중 일부가 나치 수용소에서 살아남더라도 그 수용소에서 일어난 일에 대한 그들의 이야기를 아무도 믿지 않을 것이라고 냉소적으로 확신시켜 자신들을 즐겁게 했던 방법을 설명해 준다. 레비는 또한 거의 모든 생존자들이 수용소에서 겪었던 반복되는 악몽에 대해 설명한다. 이 악몽은 사람마다 다소 다르지만 전반적인 메시지는 동일했다.

> 그들은 집으로 돌아와 열정과 안도감을 가지고 과거의 고통을 묘사하고 사랑하는 사람에게 자신의 이야기를 전했지만 믿지 않았고 실제로는 듣지도 않았습니다. 가장 전형적인 (그리고 가장 잔인한) 형태로, 대담자는 돌아서서 조용히 떠났습니다.[6]

우리는 스스로에게 어려운 질문을 던져야 한다. 살인자와 살인자의 후손이 이러한 범죄를 인정할 수 있도록 최선을 다해 도와달라는 다른 피해자들의 정당한 요구에 우리는 어떻게 대응해야 할까? 그들이 겪었던 이중의 불의, 즉 제노사이드 자체와 그 사실 이후에 다른 사람들이 이를 무시했다는 사실을 세계가 인식해야 한다는 그들의 요구에 우리는 어떻게 엮여 있는가?

제노사이드 도서 시리즈의 목표 중 하나는 제노사이드 현상에 대한 학생, 학자 및 기타 독자의 민감성을 높이는 것이다. 또 다른 방법은 그러한 불의 행위에 관해 자신의 의견과 책임감에 의문을 제기하도록 장려하고, 개인으로서 또는 자신의 사회적 준거 집단의 다른 구성원과 함께 이를 방지하기 위한 조치를 취할 수 있는 가능한 방법을 고려하도록 권장하는 것이다. 이 책 시리즈의 기본 원칙은 인간 생명이 어디에 있든 보편적인 가치가 있다는 것이다.

저자 이스라엘 차니의
접근 방식

이 책은 임상 심리학자이자 가족 치료사이자 제노사이드 연구 분야의 선구자이자 저명한 학자인 이스라엘 차니(Israel Charny) 교수가 집필했다. 1980년에 차니는 예루살렘에 홀로코스트와 제노사이드 연구소를 설립했다. 이것은 아마도 "홀로코스트"와 "제노사이드"라는 용어가 서로 결합되어 공식적으로 처음으로 사용된 기록일 것이다(다른 하나는 곧 예후다 바우어 교수가 창설한 학술지 『홀로코스트와 제노사이드 연구』의 제목에 있었다).[7]

차니는 민족적, 인종적, 종교적, 정치적, 지리적, 이데올로기적 정체성의 모든 측면을 기반으로 인간을 제한 없이 살해하는 것으로 "제노사이드"라는 용어에 대한 인본주의적 정의를 제안한다. 차니는 다음과 같이 주장한다. "남성, 여성, 어린이가 어떤 '이즘(ism)'에 '안티(anti)'라는 이유로, 또는 신체적 특성상 광대뼈가 높거나 낮고, 귀가 짧거나 길거나, 피부가 녹색 또는 주황색을 띤다는 이유로 살해를 정당화하려는 신원 확인 과정은 결코 있을 수 없습니다."[8]

차니는 제노사이드를 특정 민족, 국가, 종교 또는 기타 집단 정체성의 파괴로 정의하려는 시도에도 불구하고, 제노사이드에 대한 그의 인본주의적 정의가 지속될 것이라고 믿는다. 차니에 따르면, 다루고 있는 문제가 인간 생명의 보존이기 때문에 제노사이드는 더 넓은 정의로 설정되어야 한다. 제노사이드는 대규모 집단의 의식적이고 불필요한 수의 사람들이 다른 사람에 의해 살해되는 모든 사례를 포괄한다. 국제법의 단점과 용어에 대한 학문적 논쟁에도 불구하고 그는 이것이 상식에 따른 광범위한 정의라고 주장한다.

차니는 또한 제노사이드로 이어지는 과정을 탐구한다. 오늘날 대부분의 공식 기관에서는 제노사이드를 가해자의 이념에 따라 정당화되는 이유로 특정 집단의 상당 부분을 의도적으로 살해하는 것으로 정의한다. 이러한 재앙적인 사건으로 이어지는 과정은 사회와 국가의 조직뿐만 아니라, 그러한 기관이 인간의 생명을 보존하거나 파괴하는 데 전념하는 정도와 관련된 다양한 관점에서 평가할 수 있다. 차니는 제노사이드의 감소는 일반적으로 전쟁 시나 사회에 큰 스트레스가 가해지는 기간에 발생한다고 관찰한다. 제노사이드를 향한 최종 추진은 종종 특정 집단이 사회 전체의 생존을 위협한다는 인식과 관련이 있다. 어떤 경우에는 대상 집단이 실제로 진정한 적이 아니라 사회가 단결하고 동원하여 멸절하기 위해 투쟁하는 적군으로 추정되는 경우도 있다.

차니는 제노사이드로 이어지는 과정을 신체의 한 부분에서 시작하여 신체의 다른 부분으로 퍼져서 죽이는 암에 비유한다. 신체에는 암과 싸울 수 있는 면역 체계가 있지만, 종종 성공적으로 수행하지 못하여 질병이 몸 전체에 만연하게 된다. 이는 궁극적으로 공격을 받는 신체 부위의 파괴뿐만 아니라 유기체 전체의 죽음을 초래할 수 있다. 인간의 신체와 마찬가지로 사회에도 다른 부분을 죽임으로써 더 큰 통제권을 얻으려는 요소가 있다. 동시에 그러한 폭력의 계승을 막을 수 있는 힘도 가지고 있다. 이러한 힘이 성공하지 못하면 궁극적인 결과는 극도로 파괴적이다.

대량학살에 대한 인문학적 정의를 이어가면서 차니는 이 용어에 대한 일반적인 정의를 제시한다.

> 일반적 의미에서의 제노사이드란, 공공연한 적의 군사력에 대한 군사적 행동이 진행 중이 아닐 때, 피해자가 본질적으로 무방비 상태인 상황에서 상당한 수의 인간을 대량으로 학살하는 것을 의미한다.[9]

차니는 저질러진 불의와 피해자의 고통을 강조하는 이 주제에 대한 대부분의 이스라엘 학문과는 달리 제노사이드의 진화와 실행을 촉진하는 역학(메커니즘)에 초점을 맞춘 독특한 접근 방식을 제안한다. 그는 또한 독자들에게 자신의 내면을 들여다보고 도전에 맞서는 데 필요한 인간성(menschlichkeit)이 있는지 생각해 볼 것을 강조한다.

• • •

아우슈비츠는 또 다른 행성이 아니었습니다. 이곳은 바로 우리의 세계입니다.

– 예히엘 디누르(카체트닉)

아우슈비츠는 또 다른 행성이 아니라, 바로 우리의 세계입니다.

원자폭탄이라는 옷을 준비하는 리허설 현장입니다.

원자폭탄의 방아쇠를 당길 손가락은 신의 손가락이 아니라 인간의 손가락입니다.

나, 곧 인간이 창조한 아우슈비츠(I-Man-Created Auschwitz.)

(I-Man이란 표현은 일차적으로 나와 인간이라는 뜻이지만, 나치 전범자 아이히만을 떠올리게 한다 – 옮긴이 주)[10]

저자 메모: 강제수용소 수감자를 의미하는 "카체트닉(Katzetnik)"은 홀로코스트에 관한 유명한 다작 작가가 된 홀로코스트 생존자 예히엘 디누르(Yehiel Dinur)가 채택한 필명이다. 그의 가장 유명한 순간은 아이히만 재판에서 증언하던 중 쓰러졌을 때였다. 감동적인 증언에서 그는 "아우슈비츠는 또 다른 행성이었습니다!"라고 선언했다. 여기에 제시된 내용은 그가 유럽에서 돌아온 후 TV에 출연한 내용에서 발췌한 것이다. 그곳에서 그는 포로의 트라우마, 테러 공격 등을 전문으로 치료하는 네덜란드의 유명한 정신과 의사로부터 집중적인 심리 치료(LSD 사용 포함)를 받았다. 카체트닉은 홀로코스트 이후 외상 후 고통이 계속되어 치료를 요청했다. 그가 한 발언은 홀로코스트 생존자의 세상에 대한 관심과 인간으로서의 책임 수용에 대한 놀라운 선언이다.

CHAPTER 1.

인간으로서 우리는 누구인가?

평범한 사람들은 어떻게 폭력을 저지를까?

이스라엘의 전쟁 범죄에 관한 나탄 알터만(NATAN ALTERMAN)과 다비드 벤구리온(DAVID BEN-GURION)의 대화

그는 지프를 타고 정복된 도시를 질주했습니다.
완전 무장한 용감한 소년… 젊은 청년 사자!
그리고 사막 길에서 한 노인과 한 여인이 그를 두려워하여 벽
에 밀쳐져 있었습니다.

젊은이는 우유빛 이를 드러내며 미소를 지었습니다.
"기관총을 쏴보겠습니다."… 그리고 그는 총을 쏘았습니다.
노인은 간신히 두 손으로 머리를 가린 채…
그리고 그의 피가 벽을 덮었습니다.

우리의 가장 훌륭한 아들과 딸들을 위해,
그리고 우리는 그들과 함께
일부는 적극적인 공범으로, 다른 일부는 묵인하면서
"필연" 혹은 "복수"를 중얼거리며
미끄러지듯 전쟁 범죄의 세계로 끌려갔습니다.

- 나탄 알터만

이스라엘의 첫 번째 총리인 다비드 벤구리온은 이 시에 관해 알터
만에게 다음과 같은 편지를 보냈다.

1948년 11월 21일

친애하는 알터만 씨께,

다바르신문(Davar) 칼럼에서 표현한 도덕적인 힘과 용기에 축복이 있기를 바랍니다….

당신은 인간의 양심을 위한 진실되고 충성스러운 목소리입니다.

만약 이러한 양심이 우리 마음속에서 뛰지 않고, 지금과 같은 시대에 들리지 않는다면, 우리는 지금까지 보았던 위대함을 누릴 자격이 없을 것입니다.

귀하의 칼럼을 이스라엘 국방부에서 재인쇄하여 이스라엘 군대의 모든 군인에게 배포할 수 있도록 허락해 주시기를 요청합니다. 깊은 존경과 감사의 말씀을 드립니다.

- D. 벤구리온[1]

나는 인간이다.
하지만 내가 인간이라고?

인간 학살자 / 이스라엘 W. 차니의 시

나는 아담의 아들입니다.
나는 누구입니까?
내 삶의 선물에 감사하는 평화를 사랑하는 사람인가요?
연쇄적인 대량학살자?
대량학살의 공범?
너무 이용하기 쉬운 피해자?

그 모든 광기 속에 자리를 박차고 도망치는 방관자?

정부나 당, 교회보다 훨씬 이전입니다.
그 구더기를 없애는 것이 좋다고 말해주세요.
그리고 나는 그것을 하러 갑니다.
일상 속 나는 어떤 모습일까요?
나는 넥타이를 매나요?
나는 말을 잘 하는 편인가요?
나는 내 아이들을 사랑하고 있나요?
나는 함께 있으면 재미있나요?

Je Tue, donc Je Suis!
나는 죽입니다, 고로 나는 존재합니다!
내가 당신을 이김으로써 데카르트의 명제는 더 강력해집니다.
당신은 죽습니다. 나는 삽니다.

내가 당신에게 죽으라고 명령했기 때문에 당신은 죽습니다.
물론 나는 내 삶을 명령합니다.
나는 지휘관이라고 말했잖아요. 나는 영원합니다. 불멸합니다. 우월합니다.

내 백성은 선택받았고,
우리는 우월한 사람들입니다.
홀로코스트와 대량학살에 관한 세미나, 영화, 서적, TV 프로그램, 설교, 컨퍼런스, 심지어 법률과 법원도 우리를 막을 수 없습니다.
우리는 죽음이고, 죽음은 언제나 승리합니다.

오직 우리만이 삽니다. 바로 우리가 죽음이기 때문입니다.
우리는 당신의 죽음입니다.[2]

우리는 **파괴의 메커니즘**을 완전히 이해하지 못한다. 홀로코스트 생존자이자 노벨상 수상자인 엘리 위젤(Elie Wiesel)은 이것이 비극의 본질일 수 있음을 다음과 같이 쓰고 있다.

사형집행인은 희생자들보다 더 큰 상상력을 갖고 있었습니다. 왜냐하면 그는 항상 희생자들에게 알려진 것보다 더 많은 것을 알고 있었기 때문입니다. 그 과정은 놀라울 정도로 효율적으로 진행되었습니다. 모든 참가자가 제자리에 있는 동안 진정한 죽음의 산업이 확립되었습니다. 살인자들은 살해하고, 구경꾼들은 지켜보았고, 어린이를 포함한 희생자들은 오븐에 던져졌습니다. 마치 세상이 창조되었을 때부터 이런 일이 일어나도록 운명지어져 있었던 것 같았습니다.[3]

"그곳"에서 벌어졌던 끔찍한 잔혹 행위와 참을 수 없는 이야기, 즉 2차 세계대전 당시 유대인들에게 닥친 홀로코스트에 대한 사진을 접할 때마다 우리의 자연스러운 반응은 다음과 같다. 즉 이런 일은 일어날 수 없었다고, 인간은 결코 다른 인간에게 그런 일을 할 수 없었다고 생각하는 것이다. 하지만 인류 역사의 기록을 보면, 다른 많은 사람도 각기 다른 방식으로 일어나고 있는 대량학살로 인해 고통을 겪었고 지금도 계속 겪고 있다는 사실을 금방 알게 된다는 것이다.

우리는 이른바 "그들", 즉 놀랍게도 대부분 걱정스러워하는 부모와 헌신적인 자녀를 포함하여 감정과 사랑과 증오를 지닌 일상적인 평범한 사람들처럼 보이는 살인자들을 보게 될 때, 우리의 혼란스러움은 커진다. 옆집 이웃과 똑같이 생긴 사람이 여성, 어린이, 노인을 무자비하게 고문하고 대량학살하는 끔찍한 행위를 저지를 수 있을까? 인간이 어떻게 충격과 분노를 느끼지 않고 다른 인간에게 그런 짓을 할 수 있겠는가? 인간은 잔인한 살인자로 변모할 수 있는가? 그렇다면 보통 사람들, 즉 "보통 남자"의 이러한 변모가 역사학자 크리스토퍼 브라우닝(Christopher Browning)[4]과 다른 학자들[5]이 대중화한 개념을 사용하게 만드는 원인은 무엇인가?

이 책은 심리학과 사회과학에 친숙한 다양한 메커니즘과 역학을 탐구하여 우리가 어려운 진실의 일부를 조금이라도 이해할 수 있도록 도울 것이다. 이 책은 각각의 상황에서 우리가 효과적으로 통제되지 않는 한 우리의 내부에 있는 악(폭력)의 잠재력을 방출할 수 있는 우리 안에 존재하는 메커니즘에 대한 정의와 설명을 제공한다. 우리는 또한 일상생활에서 이러한 메커니즘이 어떻게 나타나고 특정 역사적 상황에서 어떻게 나타나서 대량학살 행위로 전환될 수 있는지 탐구할 것이다.

모든 사회에서 우리는 다른 사람에게 해를 끼칠 수 있는 능력을 발휘하기 위해 서로 결합하면서 강화하는 시너지(synergy) 과정으로 전환될 수 있는 심리적 메커니즘과 역학을 발견한다. 우리는 대부분의 대량살인 사건이 정상적이고 평범한 사람들의 악행과 관련되어 있다는 점을 거듭 강조해야 한다. 일반적으로 대부분의 살인자 자신은 잘못을 저지를 의도가 없다. 오히려 그들은 자신들의 행동을 지속적으로 급발진하는 방향으로 이끄는 일련의 메커니즘과 발전동력에 의해 형성되는 강력한 역동성에 의해 자신들이 저지르는 잔학 행위에 끌려 들어가게 된다.

모든 사회와 개인은 희생의 두 가지 보완적인 기본 요소, 즉 자신이나 다른 사람의 생명에 해를 끼치는 공통분모로부터 자신을 성공적으로 보호하는 데 필요한 조치를 취했는지 자문해 보아야 한다.

1. 너무 쉽게 죽음에 이르지 않도록 자신의 생명을 위해 싸울 수 있는 능력을 키우는 것.
2. 다른 사람에게 심각한 해를 끼치는 데 결코 동의하지 않는 것(참으로 정당화될 수 있는 정당방위는 제외).

의심할 바 없이, 오늘날 인간 사회는 인간 생명의 신성함과 모든 사람의 생존 권리를 수호하기 위해 새로운 윤리적 가치와 강력한 법적 체계를 요구한다.

그들은 어떻게 그런 일을 할 수 있을까?

이 책은 다음과 같은 여러 질문에 대한 더 나은 답을 제공하기 위해 대량학살의 심리학을 더 잘 이해하려고 애쓴다. **그들은 어떻게 그런 일을 할 수 있을까?** 또는 좀 더 광범위하게 말하면, 인간인 우리가, "하나님의 형상"으로 창조된 인간인 우리가 어떻게 그런 일을 할 수 있을까? 그리고 마지막으로 가장 어려운 질문은 다음이다. **나, 아니면 내 나라의 다른 구성원들, 아니면 내 나라 전체가 그런 일을 할 수 있을까?**

저자인 나는 타인을 살해하는 일에 손을 댈 수는 없다고 믿는다.

나는 또한 나의 조국 이스라엘이 조직적인 대규모 대량학살을 저지를 가능성이 낮다고 믿는다. 그러나 학살의 잠재력은 모든 인간과 사회에 존재한다.

오늘날 모든 개인, 국가는 스스로 이러한 질문을 던져야 한다는 것은 분명하다. 세계 민주주의 국가를 포함해 세계에서 대량학살의 유혈사태로 오염되지 않은 나라는 거의 없다.[6] 예를 들어, 미국은 국경 내에서 아메리카 원주민을 학살했고, 200년 후에는 베트남에서 민간인을 학살했다. 캐나다는 18세기에 프랑스 정착민과 국경 내에 있는 원주민을 학살했다. 이스라엘은 1948년 이스라엘 독립전쟁 때 데이르 야신(Deir Yassin), 1956년 시나이 전쟁 때는 크파르 카심 등 아랍 마을에서 대량학살을 자행했고, 1973년 아랍-이스라엘 전쟁에서는 이집트 전쟁 포로들을 살해했다. **이러한 현상이 만연해 있다는 점을 고려하면, 자신이 수많은 사람의 생명을 앗아갈 수 있는지, 즉 대량학살을 저지를 수 있는지 묻는 불쾌한 활동에 참여하는 것은 모든 독자의 의무다.**

더욱이, 인간의 마음과 인간이 살인을 저지를 수 있는 이유를 더 잘 이해하게 되면서, 우리는 집단과 공동체의 구성원, 국가의 시민으로서 일상생활에서 타인에게 해를 끼치려는 의지에 대해서도 많이 배운다. 이 책은 대량학살의 가해자에 대한 기존 저술들과 많은 부분에서 다르다. 이 주제는 그 자체로 피해자에 관한 문헌보다 훨씬 뒤처지는 주제다. 왜냐하면 이 책은 무엇보다도 대량학살로 발전하게 되는 기본적인 **매일의 일상**이라는 역학에 초점을 맞추고 있기 때문이다. 그 전제는 박해, 차별, 대량학살과 같은 사회적 현상은 모두 다른 개인과 다른 인종, 종교 또는 국가 집단을 모욕하고, 경멸하고, 명예를 훼손하고, 차별하려는 의지와 같이 사소해 보이는 심리적 메커니즘에서 시작된다는 것이다. 이러한 맥락에서 독자들은 자신이 타인을 비하하고, 모욕하고, 조롱하고, 무시하고, 차별하고, 박해하고, 정당성을 박탈하고, 해를 끼치거나 상처를 입힌 적이 있는지 생각해 보도록 요청받는다. 이 질문은 우리 자신에 대한, 그리고 어떤 경우에는 사생활에서의 행동에 관한 불쾌한 진실과 맞서 싸우도록 강요할 수 있다는 점에서 우리 중 많은 사람을 상당히 불편하게 만들 수 있다. 동시에, 우리 자신에 대한 정직한 탐구는 인류 전체가 대량학살을 자행하려는 의지를 밝혀 줄 것이다.

의심할 여지 없이, 다른 인간을 죽일지 말지의 선택은 영혼 깊은 곳의 도덕적 결정에 달렸다. 분명히 그것은 어느 한 책을 이해한다거나 그 내용을 깨닫는 정도가 아니다. 물론 실제로 대량학살 현상을 조장하고 인간이 가장 극악무도한 범죄를 저지를 수 있는 조건을 조성하는 방법을 알기 위해 대량학살에 관한 책을 읽을 수는 있다. 타인에게 해를 끼치지 않고 비무장한 사람을 죽이는 것을 삼가는 결정은 가장 높은 수준의 도덕적 결정이다. 그것은 생명의 궁극적인 신성함을 존중하겠다는 결정이다.

물론, 전체주의 정권에는 살인 명령을 따르기를 거부하는 일부 시민들도 존재한다. 그리고 이른바 "교묘할 정도로 지혜로운" 파시스트 정권은 그러한 개인들을 범죄를 저지르는 사람들과 한통속이 되도록 끌어들이는 방법을 찾는다. 정권은 그들의 저항을 무력화하기 위한 효과적인 조치를 취함으로써 이를 수행한다. 예를 들어, 살인 과정에 점진적으로 통합하여 익숙해지게 하고 정서적 트라우마를 경험하지 않도록 방지한다. 둔감화로 알려진 이 과정은 초기에 방해가 되는 자극에 점진적으로 노출되는 시스템을 기반으로 한다.

인간이 행하는 악에 대하여 인지적으로 배운다고 해서 반드시 사람들이 스스로 악을 행하는 것을 막을 수는 없다. 인간 생명의 파괴에 적극적으로 반대하고 그 보존을 위해 노력하겠다는 결정은 모든 개인, 모든 집단, 모든 민족이 내려야 할 중요한 도덕적 선택이다.

•>>> 자기성찰학습 1을 참조하시오

머리말에서 설명했듯이, 책 끝에는 독자들이 대량학살에 가담할지 아니면 생명 보존을 위해 노력할지 여부를 고려하는 데 도움이 되는 "자기성찰학습" 부분이 포함되어 있다. 독자들은 책을 읽는 중에 혹은 책을 다 읽은 후에 독립적인 자기성찰을 할 수 있다.

대량학살의 가해자는 "정상적인" 사람들인가?

홀로코스트 당시 살인자 중 극히 일부만이 실제로 성격이 가학적이거나 잔인했다는 사실 여부는 파악하기 어렵다. 대부분은 브라우닝의 용어[7]를 사용하면 "보통 사람(ordinary men)", 또는 이전의 심리학자들의 용어를 사용하면 "정상적인 사람(normal people)"이었다. 홀로코스트 당시 살인자들의 놀랍게도 "정상적인" 성격에 대해 우리에게 가르친 최초의 학자로는 임상 심리학자 구스타브 길버트(Gustave Gilbert)[8]와 정신과 의사 더글라스 켈리(Douglas Kelley)[9]가 있다. 두 사람 모두 2차 세계대전 말에 나치 엘리트를 재판한 뉘른베르크 재판소의 직원이었다.

1969년에 나는 예루살렘에 있는 이스라엘 심리학회에서 홀로코스트 당시 살인자들의 정상적인 성격에 관해 첫 강의를 했다. 1970년대와 1980년대에 나는 "정상적인" 사람이 갖고 있는 성격의 살인적 측면에 대한 이론을 공식화하고, 심리학적이고 정신의학적 진단을 위한 새로운 모델을 제안했다. 이 모델은 개인이 자신뿐만 아니라 다른 사람에게 입힌 피해에 따라 모든 사례를 평가하는 것을 의미한다.

　　이러한 근거에서 볼 때, 개인의 심리적 건강은 자기 자신에게 해를 끼치지 않는 능력과 다른 사람의 건강한 기능을 손상시키거나 약화시키는 행동을 취하지 않는 능력이 결합된 상태를 말한다.[10]

　　나는 심리적 건강은 자신과 타인의 삶에 대한 사랑과 존중에 기반을 두고 있으며, 자신이든 타인의 삶이든 기능을 수행하는 능력을 손상시키는 것은 심리적 장애의 가장 명백한 징후라고 주장한다. 정신-심리학 기관은 주로 검사 대상 개인의 기능 저하와 장애를 강조하는 경향이 있다. 어떤 사람이 다른 사람에게 해를 끼치는 경우에도 표준 심리 진단에서는 그 사람이 자신을 사회에서 배제하고 있으며, 그 사람의 극악무도하고 부도덕한 행동으로 인해 심각한 영향과 처벌 조치를 받기 쉽다는 사실을 강조하는 경향이 있다. 즉 심리적 건강을 결정하는 것은 타인에 대한 개인의 행동이 아니라, 오히려 개인이 자신에게 초래하는 피해다. 대조적으로, 나의 제안이 요구하는 진단은 처음부터 도덕성과 건강과학 모두에 기반을 둔 원칙에 기초하고 있다. 인간의 생명을 증진하는 모든 것은 "건강한" 것이고, 인간의 생명을 해치거나 파괴하는 모든 것은 "병리적인" 것이다. 이를 바탕으로 타인의 생명에 가해진 피해는 문제의 사람이 자신에게도 해를 끼치고 있다는 것을 "증명"하지 않고, 그 자체로 심리적 장애를 진단하기 위한 기초 역할을 한다는 점에

유의해야 한다.

정서적 장애라는 개념의 정의는 대량학살 살인범이 아프기 때문에 보호받아야 하고 "치료"되어야 한다는 것을 의미하는가? 심리적으로 불안한 일부 개인이 자신의 행동을 인식하지 못하거나 이를 통제할 수 없다는 것은 분명한 사실이다. 그러한 상황에서는 때때로 감정적 폭발로 분출되는 일회성 폭력 사건으로 이해하는 것이 정당하다. 그러나 그러한 이해가 잔인하고 착취적인 삶의 방식의 한 부분이라 할 수 있는 체계적인 살인 폭력으로까지 확장될 수는 없다. 정서적 폭력을 분출하는 개인은 자신의 심리적 장애 증상을 통제할 수 없기 때문에 정신과 환자로서 어느 정도 보호와 사면을 받을 자격이 있을 수 있다. 그러나 반복적이고 조직적인 폭력 행위를 보이는 개인은 그들의 생활 방식과 용서할 수 없는 범죄 행위에 따라 처벌을 받아야 한다. 철학적, 정치적 관점에서도 잘 규제된 사회는 조직적인 박해와 타인에 대한 살인을 법적으로 제재할 수는 없다.

홀로코스트와 인류 전 역사에 걸쳐 발생한 수많은 대량학살에서 가해자들은 비인도적인 행위를 저질렀다. 이는 건강에 해롭고 용납할 수 없으며 일탈적이고 범죄적인 행위로 명백히 정의되어 비난받아야 한다. 또한 이는 모든 지적 학문 분야에서 사실이어야 하는 것은 물론 행동을 정상 또는 비정상으로 분류하는 데 중점을 두는 심리학 분야에서도 마찬가지다. 그러나 앞서 언급한 바와 같이 현재까지의 연구에 따라, 개인의 불안한 행동을 강조하는 현재의 정신 질환 분류에서 보면, 대부분의 대량학살 가해자는 "병자", "미친 자" 또는 "불안한 사람"이 아닌 것으로 나타났다. 결과적으로, 현재 심리학 용어에서는 대량학살 행위를 심리적으로 "비정상"으로 명확하게 분류하는 내용은 없다. 나는 우리가 사용하는 언어와 표준 진단 시스템을 모두 바꿔야 할 의무가 있다고 믿는다. 이러한 이유로 나는 자기 파괴성뿐만 아니라, 타인에게 해를 끼칠 가능성도 평가하는 새로운 심리 및 정신 의학 진단 모델을 제안했다.

게다가 새로운 모델은 가장 사악한 시기에 대량학살을 자행하는 특정 집단뿐만 아니라 인간 전체의 근본적인 본성에 대한 가장 중요한 교훈을 가르쳐준다. 이 교훈은 모든 "정상적인" 사람들도 대량학살을 저지를 가능성이 있다는 것이다. 우리의 문화가 진보된 도덕률을 제시한다고 높이 평가하는 나 같은 유대인들도 이 교훈을 내면화해야 한다.

인간은 본질적으로 어느 정도까지 살인을 하려 하는가?

언급한 바와 같이, 이 책은 대량 살인 행위의 이면에 깔린 메커니즘을 탐구하는 것 외에도 인류에 관한 더 큰 진실을 꿰뚫는 것을 목표로 한다. 여기서 가장 흥미로운 점은 인간이 본질적으로 다른 인간을 죽이려고 한다는 것 정도다. 각 동물 종은 서로 다른 타고난 특성을 나타낸다. 예를 들어, 일부 개 품종은 극도의 공격성을 가질 가능성이 있어 일부 사회에서는 적어도 입마개나 기타 제한 없이는 이러한 품종을 키우는 것을 금지할 정도다. 인간의 경우에도 마찬가지 아닐까? 인간이 폭력을 행사할 가능성도 유전적으로 내재하는 특성이라고 볼 수 있는가? 역사적으로, 아마도 태평양의 특정 부족이 다른 부족과 지속적으로 평화롭게 살아왔다는 사실은 유전적으로 폭력에 가담하려는 의지가 없음을 나타내는 것일 수도 있다.[11] 20세기 피비린내 나는 세계대전을 겪은 후, 혹은 이전에 아프리카 남서부의 헤레로족을 상대로 세기 최초의 대량학살을 저지른 후,[12] 폭력에 대한 유전적 소인(素因)이 있다고 볼 수 있을까? 이것은 당분간 우리가 대답할 수 없는 질문이다. 합리적인 과학적 증거가 없을 뿐만 아니라, 인간 유전 시스템의 그러한 특성에 관한 건전한 이론도 없기 때문이다.

우리는 평화로운 행동이나 폭력적인 행동을 형성하는 데 문화가 중요한 역할을 한다는 것을 알고 있다. 인간의 생명과 '타인'에 대한 존중과 같은 가치를 유지하는 평화로운 사회는 폭력적인 사건으로부터 완전히 격리될 수는 없지만, 집단적 삶의 방식으로 폭력에 빠질 가능성은 적다. 그러나 공격성과 호전성을 찬양하고 우월성 이론과 타인에 대한 정복을 수용하는 사회에서는 전쟁과 타인에 대한 박해의 이유를 찾을 가능성은 더 높다.

모든 민족의 문화적 모자이크 안에서 통치 방법은 매우 중요하다. 사회가 행정 및 정치 수준에서 스스로를 조직하는 방식은 의심할 여지 없이 국가 집단 성격의 중요한 구성 요소다. 그러나 이러한 구조적-조직적 측면은 특정 민족의 전반적인 문화유산과 항상 완전히 일치하는 것은 아니지만 때로는 새로운 차원을 추가한다. 독재적인 군사 정권은 때때로 평화와 사회 정의의 가치를 옹호한다. 대안으로, 민주적인 법에 기초한 정권은 일반적으로 민주주의와 자유의 이름으로 호전성과 정복 정책을 채택할 수 있다. 타인을 죽이려는 준비는 전시 전략의 일부가 될 수도 있고, 적으로 인식되는 인구를 말살하려는 대량학살 목표의 보다 직접적인 공식화일 수도 있다. 그러나 사형을 선고받은 사람들은 자신에 대한 말살이 군사 전략의 결과인지, 아니면 문화나 정부가 계획한 대량학살 목표의 직접적인 결과인지에 거의 관심이 없다는 사실을 우리는 감히 잊어서는 안 된다.

　대량학살 현상을 더 잘 이해하고 미래에 이를 예방하려면 대량학살 가능성을 높이거나 낮추는 다양한 요인을 최대한 철저하게 분석하고 이해해야 한다. 철학적 관점에서 볼 때, 평화와 생명의 신성함이라는 명시된 목표와 이를 달성하는 수단(예: 무기 개발 및 수출 정책) 사이의 불일치는 폭력을 증가시키기 쉽다. 따라서 저명한 제노사이드 학자인 레오 쿠퍼(Leo Kuper)를 포함한 많은 사상가는 전쟁 자체가 잔인한 적에 대한 정당한 전쟁이었음에도 불구하고, 2차 세계대전 중 핵폭탄의 개발과 사용 또한 대량학살 행위였다고 믿는다.[13]

　분명히, 자신이 신성하게 여기는 가치에 반대하는 사람들을 기꺼이 살해하려는 민주주의와 자유의 옹호자들은 살인적인 파시스트들만큼 비열하다. 미국은 수천 명의 반대자들을 살해한 칠레의 아우구스토 피노체트 정권,[14] 1965년부터 1966년 사이 약 100만 명의 공산주의자로 추정되는 사람들을 살해한 인도네시아 정부 등 다수의 대량학살 정권을 지원한 것으로 알려져 있다. 1975년부터 1979년 사이에는 10만 명 이상의 동티모르인이 있었다.[15] 미국은 또한 베트남 전쟁에서 공산주의자들에 맞서 민주주의 옹호자들을 지원하려고 시도했다. 물론, 다른 "사회-민주주의" 정권들은 국내외에서 적들을 학살했다.

　동시에, 2차 세계대전 중 이탈리아의 베니토 무솔리니나 쿠바의 피델 카스트로가 이끄는 일부 독재 정권이 대규모 민간인 학살은 자제하면서도 파시스트 철학의 이름으로 통치해 왔다는 점에 유의하는 것이 중요하다. 즉 전제(專制) 정권은 자신들의 목표를 달성하기 위해 채택하는 수단을 제한할 수도 있다.

하와이 대학교 정치학 교수인 루돌프 럼멜(Rudolph J. Rummel)은 대량 학살 통계 분야의 세계 최고의 학자다.[16] 대량학살의 가해자는 아우슈비 츠 수용소의 유대인 수감자의 팔에 문신으로 적은 숫자나 뚜얼슬랭(Tuol Sleng) 중앙 교도소의 캄보디아 처형 기록과 같은 체계적 데이터를 거의 남기지 않기 때문에 분명히 "불가능한" 주제다(그러나 물론 수많은 킬링필드에는 기록이 별로 남아 있지 않았다).

대량학살 사건 이후 치명적이지 않은 정권이 권력을 되찾으면서 생존자, 구호 단체, 인권 단체는 때때로 어떤 일이 일어났는지 어느 정 도 재현할 수는 있었지만 모든 경우에 그런 것은 아니다. 럼멜은 다양한 자료로부터 데이터를 수집하고 세 가지 추정 수준(높음, 중간 수준, 낮음)을 계 산했다. 결국 그는 자신의 결론에 도달하기 위해 중간 수준의 추정치를 채택했다. 럼멜은 전체적으로 20세기 말까지 약 2억 6천 2백만 명이 대량학살의 희생자로 사망했다고 결론지었다.[17]

또한 럼멜은 이러한 충격적인 수치가 대량학살 가능성을 높이거나 낮출 수 있는 상황을 더 잘 이해하는 데 사실적 기반이 될 수 있는지 여부도 고려했다. 불행히도 그는 특정 사회 내에서 지배적인 교회의 역 할, 정치적 지위, 정권의 대량학살에 대한 대응의 성격과 같은 다른 중 요한 측면을 평가하지는 못했다. 그는 또한 다양한 문화의 지배적인 가 치를 조사하지 않았다. 이러한 사각지대에도 불구하고, 그가 민주정권 과 전체주의 정권을 비교한 결과 비교할 수 없을 정도로 명백하고 경험 적인 결론이 도출되었다. 즉 비록 민주정권이 주기적으로 제한된 범위 내에서 대량학살을 자행했다 할지라도 **대량학살은 비민주적 정권에 의 해 자행될 가능성이 가장 높다**는 것이다.[18]

대량학살의 근본적이고 역학적인 과정과 관련하여, 럼멜은 권력과 권력에 대한 추구를 인간의 심리와 정치에 있어서 중요한 부패의 동력으로 간주한다. 이는 잘 알려진 격언대로 "권력은 부패한다. 절대 권력은 절대 부패한다."는 말로 표현할 수 있다.[19]

에리히 프롬(ERICH FROMM)

히틀러가 승리를 거둔 후에야 히틀러에 대한 저항을 시작한다면, 시작하기도 전에 패배한 것이다. 저항하려면 내면의 핵심, 즉 신념이 있어야 한다. 한 마리 양이 아니라, 비판적으로 생각할 수 있는 독립된 인간이 되려면 자신에 대한 믿음을 가져야 한다. 이 길을 택하는 사람은 누구나 히틀러와 같은 거대한 폭정뿐만 아니라 일상생활에서 관료화와 소외가 만연하는 "작은 폭정"에도 저항하는 법을 배우게 될 것이다.[20]

미국에 죽음의 수용소 시스템이 세워졌다면 / 스탠리 밀그램(STANLEY MILGRAM)

나는 실험에서 수천 명의 사람들을 관찰하고 이 실험을 통해 형성된 정보와 내 자신의 직관을 바탕으로 다음과 같이 말하고 싶다. "나치 독일에서 본 것과 같은 죽음의 수용소 시스템이 미국에 설치된다면, 미국의 중간 규모 도시에서는 수용소를 위한 충분한 인력을 찾을 수 있을 것"이라고 말이다.[21]

CHAPTER 2.

인간의 본성 안에 있는
폭력의 기초

제노사이드를 저지르는 사람들을 조사해 보면, 본성상 타인에게 악을 행하는 사람들 외에 살인을 돕는 데 동의하는 사회의 다른 "보통의" 구성원들도 많이 있다는 것을 발견할 수 있다.

히틀러, 스탈린, 폴 포트 등 일반적으로 대량학살을 주도하는 계층의 우두머리인 사탄적 인물들, 홀로코스트 기간 동안 악명 높은 수용소 친위대였던 "끔찍한 이반"과 같이 비교적 덜 중요한 고위 역할을 맡은 사람들, 그리고 중국에서 일본이 저지른 대량학살 당시 이시이 시로(Shiroi Ishii) 박사 같은 인물 외에도, 아마도 대량학살 사건 전이나 후에 행동한 대다수의 사람에게는 대량학살을 허용하거나 지원하거나 참여하는 데 있어 어떠한 잔인성이나 공격성에 대한 명확한 성향을 보이지 않는다는 것이다. 우리는 그들의 범죄 행위와 대형 살인범들의 살인 행위를 확실히 이해할 필요가 있다.

우리는 또한 사람들이 미래에 타인에게 해를 끼칠 가능성을 점점 낮추는 것에 대한 더 나은 통찰력을 개발하고 싶다. 그러나 언급한 바와 같이, 현재까지 특징적인 심리를 가진 다양한 유형의 사람들을 식별하여 제노사이드를 이해하려는 노력은 제한된 결과만을 가져왔다. 사회의 "보통" 사람들의 행동을 이해하기 위해 우리는 **사람들의 유형**을 식별하는 것보다는 일반 사람들이 타인에게 악을 저지를 가능성이 있는 **상황과 조건**을 조사하는 것에 초점을 맞추어야 한다. 또한 우리는 이러한 상황과 조건에 대한 우리의 반응을 결정하는 **인간 정신의 중심에 있는 심리적 과정**도 살펴보아야 한다.

다음 장(Chapter 3)에서 우리는 12가지 "폭력의 기초들"에 대해 논의할 것이다. 이 모든 것은 본질적으로 "정상"적이고 일반적인 것으로 간주될 수 있으며, 처음에는 인간의 삶과 자기방어에 긍정적으로 기여할 수 있는 행동 역학이다. 그러나 이러한 역학의 역할은 특정 지점까지만 긍정적으로 유지되며, 그 이후에는 사람들이 타인에게 점점 더 심각한 해를 끼치는 행동 유형에 이끌리게 된다.

우리는 일상생활에서 해롭고 불안한 행동의 잠재적인 원인으로서 이러한 역학 각각을 한 번에 하나씩 연구할 것이다. 타인에게 해를 끼친 책임이 있는 사람은 자신의 합법적인 이기심에 따라 행동하는 방법을 전혀 인식하지 못하는 경우가 많다. 생명의 위험으로부터 자신을 보호하려는 가장 기본적인 자연적 욕구는 타인에게 해를 끼치기 위해 급진화의 길로 스스로 나아가도록 허용하는 것이다. 이러한 다양한 역학에 대한 논의에서는 일상생활과 제노사이드 사례에서 이러한 급진화의 과정을 활용하게 될 것이다.

다음은 폭력의 기초를 구성하는 역학적인 과정의 목록이다. 안타깝게도 이 목록들은 모두 인간적이고 누구나 갖고 있는 것이며 인간으로서 일상적으로 기능하는 데 필요한 것으로, 예외 없이 모두가 실행하는 것들이다. 그러나 그것들은 또한 모두 위험하다는 것을 기억하는 것이 중요하다. 이러한 역학적인 과정은 특정 지점을 넘어 사람들을 자신 안에 잠재된 폭력으로 이끈다. 그들은 서로 결합하여 기능하는 경향이 있으며, 서로를 강화하여 힘을 크게 배가시킨다.

12가지 폭력의 기초들

1. 투사화
2. 권력 욕망
3. 비인간화

4. 권위 맹종

5. 무비판적 수동성

6. 방관자적 시선

7. 집단화

8. 권위의 남용

9. 이데올로기화

10. 희생양 만들기

11. 부정화

12. 극단주의와 허무주의

대량학살을 저지르는 인간 능력을 이해하기 위한 다중 요인 모델

서로 결합하여 올바른 상황에서 인간이 대량학살을 저지를 의지와 능력을 갖게 만드는 역학은 무엇일까? 모든 사회에는 잔인하고 피에 굶주린 사람들, 다양한 이유로 타인을 살해하는 사람들이 있다. 모든 사회에는 타인을 죽이기를 갈망하는 부도덕한 개인과 "사이코패스"가 많이 있으며, 그들을 식별하고 그렇게 하지 못하도록 방지하는 것이 우리의 의무다. 그러나 우리가 수행하는 심리학 연구에 따르면, 진정으로 잔인한 사람의 비율은 대량학살에 참여하는 결정적인 다수에 비해 상대적으로 적다.

사실, 대부분의 사람들은 마음이 잔인하지도 부도덕하지도 않다. 그렇다면 무엇이 그들을 대량학살에 끌어들이고 휩쓸리며 실제로 대량학살에 가담하게 만들까? 직접 참여하거나, 그 과정을 돕거나, 학살이 진행되는 동안 수동적이고 이기적으로 행하게 만들까? 대량학살이 일어나는 역사적 사건 중에 우리가 끔찍한 광경 속에서 주연을 맡은 무자비하고 사악한 인물을 보는 것은 놀라운 일이 아니다. 대부분의 대량학살이 일상생활에서 잔인하지도 사악하지도 않은 일반 시민에 의해 자행된다는 사실은 놀랍고, 솔직히 말해서 더욱 두렵다.

이제 우리가 탐구할 심리적, 심리 사회적 메커니즘은 인간에게 자연적으로 존재하며, 이러한 역학을 통제하고 그들을 압도하는 것을 막지 않는 한 평범한 남성과 여성을 악과 파괴에 대한 잠재력으로 끌어들일 수 있다. 이러한 폭력의 기반과 그들이 생성하는 역학은 우리가 다음에서 제안하는 다중 요소 모델의 기본 조건들을 구성한다. 예를 들어, 권력에 대한 인간의 탐구를 고려할 때 우리 대부분은 운동이나 학술 대회, 낭만적인 것에 대한 추구, 인생의 다른 의미 있고 재미있는 도전과 같은 다양한 상황에서 권력을 경험하기를 좋아한다는 점을 잘 알고 있다. 그러나 우리가 목표의 긍정적인 측면에 계속 집중하지 않고 경쟁 본능의 성격과 강도에 대한 통제력을 키우지 못한다면 궁극적으로 우리가 추구했던 건전한 성취보다는 파괴적인 힘에 더 목말라하게 될 수도 있다(이것은 성공적인 심리 치료를 받고 권력을 위해 너무 많은 노력을 하고, 그에 따라 업무 목적에 대한 순수한 헌신이 너무 적다는 사실을 발견한 대부분의 훌륭한 사람들에게서 나타나는 중요한 발견이다). 이 모델에 따르면, 각각의 메커니즘은 서로를 강화하는 시너지 과정을 통해 다른 메커니즘과 연결되어 훨씬 더 큰 파괴성을 가져올 수 있다.

다음은 결혼한 부부의 삶에 대한 세 가지 결합된 메커니즘 사례에서 나타나는 누적 효과에 대한 평범한 이야기다.

◆ 투사화: 남자가 아내를 두고 다른 사람과 불륜을 저지르고 있다. 그는 자신이 그렇게 하도록 허용했기 때문에 실제로 아내도 자신에게 불성실하다고 믿는다. 그는 이런 식으로 자신이 스스로의 불륜을 정당화하고 있다는 사실을 이해하지 못한다. 어떤 경우에도 그는 그것이 일반적으로 남성에게는 "정상"이지만 여성에게는 그렇지 않다고 변명한다.

◆ 통제 욕망과 쾌락: 남자는 마음속으로 아내를 자신의 재산으로 여기고 그녀에게 복종과 완전한 충성을 요구할 수 있다. 이제 그에게는 자신의 불륜이 정상적이라는 것을 정당화할 또 다른 이유가 생겼다.

◆ 부정화: 위의 두 가지 역학은 우리가 다른 사람에게 행한 잘못을 부인하거나 무시하는 세 번째 역학과 함께 작동할 수도 있다. 그 남자는 자신이 잘못한 것이 없으며, 그가 아내에게 다가가려고 할 때 거리를 두고 밀어내는 것은 아내라고 믿을 수도 있다.

서로 결합된 메커니즘의 전반적인 결과는 남편이 자신의 불륜 때문에 아내의 불륜을 의심하고, 자신의 불륜의 심각성을 부인하며 아내를 비난하는 것일 가능성이 높다. 각 구성 요소의 메커니즘은 다른 구성 요소를 강화시킨다. 남편의 행동은 관계에 점점 더 커지는 소외감과 분노를 가져올 것이다. (그렇다. 두 배우자가 동시에 충실하지 못할 경우는 말할 것도 없고, 아내가 충실하지 못할 경우에도 동일한 이야기가 나타날 수 있다.)

심리학자 제임스 월러(James Waller)는 개인의 일상생활에서 심리적 메커니즘이 아닌 심리 사회적 과정의 역할에 초점을 맞춘 다중 요인 모델을 개발했다.[1] 나의 모델과 월러의 모델 사이에는 큰 차이가 없다. 가장 큰 차이점은 월러가 개인이 대량학살을 저지르는 사회적 과정을 강조하는 반면, 나는 사회적 과정에 의해 강화되고 연결될 때 "보통" 사람들을 대량학살자로 이끄는 개인의 일상적인 행동을 강조한다는 것이다. 그럼에도 불구하고 월러의 모델과 앞에 제시된 개인의 폭력의 기초들 사이에는 많은 공통점이 있다. 여기서 논의하는 가장 중요한 점은 두 모델 모두 특정 상황에서 일반 사람들이 대량학살의 공범이 될 수 있다는 점을 인정한다는 것이다. 월러는 또한 인간 본성의 깊은 측면이 우리가 악을 저지르기 쉽게 만든다고 가정한다. 그는 기본값을 뇌 배선의 한 측면으로 좀 더 생리적인 용어로 표현하고 있지만, 나는 그것을 자연이 우리에게 설정한 심리적 과정이나 경험을 처리하는 방식으로 좀 더 본다는 것이다.

> "대량학살의 가능성은 인간의 뇌에 내장되어 있습니다. 즉 개인으로서나 집단으로서 생존하는 데 도움을 주기 위해 발달한 인간 뇌의 기본 특성 중 일부는 특정한 조건에서 특별한 결과를 낳을 수 있습니다. 바로 대량학살과 대량살해입니다."[2]

동시에 월러는 이러한 잠재력이 특히 특정한 구조적 조건에서 현실로 변한다는 점을 강조하고 나도 이에 전적으로 동의한다. 따라서 그는 "사회적 과정은 평범한 사람들이 대량학살자로 변하는 상황을 가져올 수 있다."고 썼다.[3] 또한 월러는 악한 행위를 받아들이고 저지르는 데 익숙해지는 것은 개인과 사회 모두라고 결론지었다.

폭력의 기초들:
통제할 수 없는 건강하고
유익한 메커니즘

다음 장에서는 일상생활에서 일반적으로 수행하는 유익한 역할로 인해 "건강한" 것으로 간주될 수 있는 인간 성격의 근본적인 측면을 제시한다. 이러한 심리적 메커니즘의 활용을 막는 것은 결국 우리가 삶의 압력을 견디는 데 필요한 심리적 면역 체계에 대한 중요한 기여를 박탈하게 될 것이다. 그것은 또한 우리에게 자신감, 능력, 의미, 동기를 부여하는 많은 경험을 박탈할 수 있다.

3장(Chapter 3)에서 우리는 책임을 회피하는 능력, 타인에 대해 권력을 행사하려는 욕구와 필요성, 타인을 우리보다 열등하다고 규정하는 경향을 고려할 것이다. 그들이 연관된 사회적 낙인 때문에 우리는 이러한 폭력의 요소를 본능적이고 유익한 역학으로 보기 어렵다는 것을 알게 된다. 그러나 우리가 보게 되겠지만, 권력에 대한 사람들의 욕구는 본질적으로 어느 정도 "정상"(즉, 일반적이고 자연스러운 것)이고 유익하며, 어떤 경우에는 인간의 기능과 생존에 중요하다.

따라서 책임을 타인에게 전가하는 행위는 어느 정도 유익하며 어떤 상황에서는 불가피하다. 우리의 무거운 짐 가운데 일부를 내려놓는 것은 인간의 자연스러운 반응이다. 그러나 정직한 사람들은 이러한 경향의 균형을 맞추고 진정으로 책임감이 있을 때 책임을 지도록 조치를 취한다.

권력 행사에 관해서라면 상황은 더욱 명확해진다. 의심할 여지 없이 권력에 대한 욕구는 자연스러운 것이다. 왜냐하면 우리 모두는 삶이 우리에게 주는 수많은 도전과 불행에 맞서 싸우기 위해 상당한 양의 권력을 획득해야 하기 때문이다. 실제로 권력이 부족하면 사람들은 사랑과 일을 포함한 다양한 삶의 영역에서 실패하게 된다. 그러나 권력에 대해 지나친 애착을 갖게 되면 문제가 발생한다. 그러한 상황에 처한 개인은 너무 많은 권력을 획득하려고 시도하게 되고, 심지어 그것에 도취하게 된다. 과도한 권력과 그 부작용(자만심과 오만함, 지배, 굴욕, 폭정, 타인에 대한 박해)이 세상의 악과 고통에 크게 기여한다는 것은 너무나 자명하다.

다음으로, 우리는 사람들이 타인을 비인간화함으로써 자신의 영역과 이익으로 인식하는 것을 방어하려고 시도하는 방식에 대해 논의할 것이다. 다시 말하지만, 비록 이러한 역학이 부도덕하고 악의 근원인 것처럼 보일지라도, 문제의 차원을 받아들이기 전에 그것이 수행하는 역할은 실제로 자연스럽고 필요한 것이다. 인간은 본능적으로 자신과 비슷하고 가까운 관계를 누릴 수 있는 사람에 대해서는 알아보려고 하고 가까이 지내고자 한다. 그러나 낯선 사람들에 대해서는 인체에 유입된 이물질이 식별되어 면역 체계에서 적대적인 반응을 자극하는 것처럼 실제로 위험한 적으로 판명될 수 있는 것처럼 그들과 구별 지으려 한다. 이러한 반응은 우리 몸이 스스로를 방어하는 수단이다. 긍정적으로는 우리 몸이 위험한 이물질과 싸울 때와 같이 부정적으로는 우리 몸이 자신의 건강한 부분을 잘못 식별하고 공격하여 자가면역 장애를 일으킬 때와 같다. 우리는 이것이 꽤 심각할 수 있다는 것을 알고 있다. 집단적 차원에서 모든 사회 집단은 잠재적인 실제의 적을 식별하고 이에 맞서 싸울 수 있어야 한다. 이러한 관점에서 볼 때, 타인을 "우리 중 하나"가 아닌 의심스러운 외국인으로 식별하는 것이 합리적이고 필요한 경우가 많다. 그러나 이러한 메커니즘이 다른 민족이나 민족 집단에 대한 차별적 편견의 형태를 취하고, 다른 사람을 근본적으로 열등하거나 인간 이하로 낙인찍을 때, 그것은 정당방위를 중단하고 인종주의와 차별의 영역으로 들어가게 된다.

4장(Chapter 4)에서 우리는 타인들처럼 행동하고, 자신이 살고 있는 사회의 문화적 규범에 따라 타인이 기대하는 대로 행동하려고 시도하는 사람들을 만날 것이다. 그러한 사람들은 자연스럽게 모범적이고 순종적으로 규칙을 따르는 다수의 일부가 되고 싶어한다. 우리는 또한 주변에서 무슨 일이 일어나고 있는지 살펴보면서도, 눈에 보이지 않는 것처럼 자신을 지키면서 어떤 종류의 문제에도 빠지지 않으려고 노력하는 사람들을 만날 것이다. 대량학살의 상황에서 그러한 개인은 일반적으로 공범자 또는 방관자로 기능한다. 그러나 특정한 조건에서는 주변에서 진행되는 활동에 직접 참여할 수도 있다. 참여가 "모든 사람"에게 흥미와 도취를 유발할 때, 수줍음이 많고 내성적인 사람들도 대중 행동이라는 "황금 송아지" 주위에서 춤을 추는 집단에 합류하도록 유혹을 받을 수 있기 때문이다. 결국, 그러한 개인은 타인의 고통에 반대하는 도덕적 입장에 전념하는 것보다 "잘 지내는 것"에 더 바쁘다.

그럼에도 불구하고, 타인의 기대에 따라 행동하고 다수를 모방하는 경향은 개인과 사회에 이점이 없는 것은 아니다. 사람들이 공공 활동에 참여하고, 권위를 받아들이고, 요청받은 일을 수행하는 것은 일반적으로 긍정적인 일이다. 사회적 합의, 합리적인 수준의 권위 수용, 공공 절차 참여를 위해 합의된 틀이 없다면 모든 사회는 붕괴될 것이다. 그러나 다수에 순응하는 것이 독립적으로 생각하고, 모순된 의견을 표명하고, 허용 가능한 행동과 허용할 수 없는 행동에 관해 스스로 진정한 결정을 내릴 수 있는 능력을 무력화할 때, 우리는 지도자가 설정한 파시스트적 목표를 수행하는 로봇이 된다. 자신에게 기대하는 일을 하지 않은 것을 감추기 위해 특별히 관심을 갖는 개인, 혹은 타인이 하는 일을 모두 수행하려는 개인은 분명히 집단의 난잡한 숭배의 추종자로 나타날 것이다. 그들은 만약 그들의 사회가 그런 일을 자행한다면, 심각한 파괴와 악의 행위에 맹목적이고 열정적으로 참여할 가능성이 있는 사람들이다. 그리고 너무나 많은 사회가 그렇게 해왔다.

5장(Chapter 5)은 "아우슈비츠 친위대의 모습"을 통해, 즉 사람들이 공개적으로 자신을 "주인"으로 설정하고 자신의 지위를 이용하여 타인을 통제하는 메커니즘을 보다 분명하게 다룰 것이다. 다시 한번 우리는 그러한 역할이 사회 전체에 널리 퍼져 있으며, 본질적으로 잘못된 것은 아니라는 점을 지적한다. 그러한 지도자적 위치에 서는 것은 완벽할 정도로 정상적인 삶이다. 대학, 진료소 및 병원의 부서장, 하이테크 기업의 관리자, 최고 경영자, 우주선 발사의 수석 엔지니어, 랍비나 성직자와 기타 종교 지도자, 학교 교사같이 지극히 정상적인 것이며, 또한 부모 역시 자녀의 지도자이자 교육자로서 기본적인 역할을 담당한다. 권위 있는 자리에 있는 대부분의 사람은 오만한 '주인'처럼 행동하여 자신의 권력 아래 있는 사람들을 엄격하게 다스릴 생각이 없다. 그러나 타인에 대해 권위를 행사할 수 있는 기회가 너무 자주 주어지면 더 많은 권력에 대한 욕구와 우두머리, 심지어 폭정에 대한 경향이 커질 수 있다. 이러한 메커니즘의 광범위한 예는 자녀를 폭압하여 가정 내에서 엄청난 해를 끼치는 부모에게서도 볼 수 있다. 이를 통해 분명하게 알 수 있는 것은, 공직을 차지하고 있는 사람들이 사회에 엄청난 피해를 입힐 수도 있다는 것이다.

사회심리학자 필립 짐바르도(Philip Zimbardo)의 유명한 감옥 시뮬레이션 연구는 과도한 무력 사용의 역학에 대해 많은 정보를 제공해 준다. 이는 권위 있는 지도자의 자리에 앉은 사람이 권력에 대한 욕망과 그것을 부적절하게 사용하려는 의도를 가지고 있다는 의미는 아니다. 많은 경우에는 그 반대가 사실이다. 중요한 지도자의 위치에 오르는 많은 사람은 다른 사람들의 삶을 개선하기 위해 헌신하고 그들의 노력은 성공한다. 분명히 우리는 삶의 다양한 영역에서 진정한 리더가 절실히 필요하며, 지도력의 만성적 부족은 심각한 피해를 가져올 것이다. 우리는 이미 자녀를 폭압하는 부모의 문제적 행동을 지적했지만, 실제로 우리 시대 서구 사회에 더 널리 퍼져 있는 또 다른 현상은 부모의 지도가 충분하지 않다는 것이다. 가족 내 권위의 부족은 어린이들에게 수많은 심리적, 정신적 문제의 원인이 되며, 가족 단위 전체가 붕괴되는 원인이 된다. 주도하려는 의지는 좋은 것이다. 그러나 진짜 문제는 지도력이라는 위치가 채워지는 방식이다. 한편으로는 핵심적으로 유익하고 바람직할 수 있지만, 동시에 부적절하게 사용되거나 과도하게 사용되면 파괴될 가능성이 있는 심리적 역학의 또 다른 사례들이 있다.

이데올로기에 대한 헌신도 자연스러운 역학이다. 사람들은 자신의 핵심 신념과 가치에 대한 이상, 지침, 성취를 추구한다. 이념이 없으면 우리는 약해진다. 우리의 삶은 공허해진다. 어떤 이념과 목적의 인도를 받지 않는 우리는 폭풍우가 치는 바다를 항해하는 모터 없는 배처럼 진정한 의미 없이 인생을 표류하고 있는 자신을 발견하게 된다. 사람들은 자신의 집단적 정체성을 열정적으로 옹호하는 것을 좋아하며, 이는 종종 개인과 사회 모두에게 유익한 것으로 입증된다. 예를 들어, 스포츠 행사에서 팬들의 엄청난 환호, 정치 운동에 대한 열정적인 참여, 국가 개척 프로젝트에 대한 헌신 등이 있다. 이 모든 경우에 집단적 목표와 경험은 참가자의 권력감을 강화한다. 불행하게도, 집단적 참여에서 나오는 동일한 열정의 메커니즘은 박해와 멸절, 종교 재판, 단두대의 찬양, 수천 명의 희생자를 강제수용소로 보내는 것이 목적이 될 때 쉽게 기능한다.

나는 많은 사람이 타인에게 해를 끼칠 의도가 없으며, 기회가 주어지면 인간 생명의 파괴를 목표로 하는 운동에 참여하거나 신념 체계를 채택하는 것을 단호히 거부할 것을 강조한다. 그러나 많은 사람은 자유, 평등, 민주주의와 같은 "긍정적" 원칙을 명시적으로 지지하는 운동이나 신념 체계에 합류하도록 유혹을 받는다. 그리고 그들은 자신이 참여하는 운동이 갖고 있는 더 파괴적이고 살인적인 다른 계획과 목표의 출현을 인식하지 못한다.

인간 본성에서 가장 문제가 되는 측면은 그러한 운동에 가담한 후, 대량학살이 운동의 주요 활동으로 등장한다는 것이다. 히틀러 치하의 야만적인 사건이나 스탈린 치하에서 자행된 잔학 행위에서처럼 공산주의 이데올로기는 "강제이주(transfer)"로 결정되었다. 그리고 구소련에서 다수의 소수민족이 몰살당했다. 많은 "신자들"은 더 이상 진실을 볼 수 없으며 자신들의 이름으로 자행되고 있는 파괴에 참여하기를 거부했다. 많은 사람은 또한 살인에 가담하는 일을 중단하는 것에 두려움을 느낀다. 왜냐하면 그것이 그들의 사회와 지도자들이 지시하는 것이기 때문이다. 전체주의 사회와 부도덕한 조직은 일반적으로 자신들의 계급체계를 떠나기로 선택한 사람들을 호의적으로 보지 않는다.

우리는 계속해서 "희생양 만들기"라고 부르는 강력한 메커니즘을 연구한다. 한때 희생의 개념은 유대 민족과 동물 희생에서 보다는 다른 사람들이 행했던 인신(人身) 제사 의식에서 잘 알려져 있다. 이 현상은 마치 한 사람이 다른 사람에게 "너는 내 손에 죽을 것이다. 나는 너를 희생시킬 것이다. 너의 희생이 나를 죽음의 운명으로부터 보호할 것이기 때문이다"라고 말하는 것처럼 대량학살 행동에 대한 통찰력을 준다.

물론 우리 대부분은 이러한 접근 방식이 부도덕하다고 생각한다. 그럼에도 불구하고 우리는 여기서도 자연스러운 악(폭력)의 기초를 발견하며, 많은 노력을 들이지 않고도 우리 대부분은 다음과 같은 논리를 이해할 수 있다. 나 대신 타인에게 해를 입도록 함으로써 진정으로 나 자신을 구할 수 있다면 아마도 그렇게 할 것이다. 이처럼 타인의 희생 역시 인간의 본성에 뿌리를 두고 있다. 사람들이 정말로 죽음에서 자신을 구하고 타인을 희생함으로써 살아남을 수 있다면, 얼마나 많은 사람이 기꺼이 그렇게 할 것인지 알 수 없다. 물론, 이성적인 마음으로는 타인을 우리 대신 죽게 함으로써 우리 자신의 죽음을 피할 수 없다는 것은 매우 분명한 사실이다. 그리고 우리의 도덕적 자아는 그렇게 하는 것이 잘못된 것임을 본능적으로 알고 있다. 그러나 우리 삶의 너무 많은 문제를 결정하는 데 중요한 역할을 하는 우리의 "원시적 마음"은 희생, 즉 타인이 우리 대신 죽는다는 마법의 비유를 매우 매력적으로 여긴다는 것이다.

6장에서 우리는 어떠한 잘못도 없다는 잘못된 주장과 종종 어떤 잘못이 행해졌다는 것에 대한 노골적인 부정화의 주제로 돌아간다. 어떤 행동이나 사건이 결코 일어나지 않았다는 주장은 자신의 미래에 있을 죽음을 부정하려는 인간의 보편적인 메커니즘에 뿌리를 두고 있다. 일부 마취제가 과거 또는 현재의 기억을 지워버리는 것처럼, 우리 모두는 어느 시점에서 죽을 것이라는 지식을 상당히 "상실"한 것으로 보인다. 분명히 우리 모두는 기본적으로 이 사실을 알고 있지만 대부분의 삶과 경험에서 그 현실과 큰 의미를 인식하지 못하는 경향이 있다. 우리는 일반적으로 자신이 죽을 운명임을 아는 것이 "불쾌하다"고 말한다. 진실을 무시하는 것이 훨씬 간단하다. 마찬가지로 우리가 타인의 삶에 심각한 문제를 일으켰거나 그들의 생명을 앗아가기까지 했다는 사실을 알고 인정하는 것도 매우 "불쾌한" 일이다. 거부하고 부인하는 것이 훨씬 간단하다.

6장은 악의적인 의도에 의해 전혀 동기부여가 되지 않고, 사람에게서 완전히 자연스럽게 발생하지만 자신과 타인에게 해를 끼칠 수 있는 다른 행동 역학에 대해 계속 논의할 것이다. 그러한 상황에서 사람들은 종종 자신의 행동을 후회하지만 그때는 대개 너무 늦다. 우리는 해를 끼칠 의도가 전혀 없이 극단적인 행동을 포함하는 자연스러운 행동 메커니즘이 포함되어 있기 때문에, 끔찍한 행위가 예기치 않게, 심지어 관련된 사람들이 알지 못하는 사이에 어떻게 발생할 수 있는지를 살펴볼 것이다. 그러한 급진화는 우리가 계획하지 않았거나 의도하지 않은 파괴적인 행동으로 이어질 수 있다. 따라서 빠르게 운전하는 것을 즐기고, 더 빠르게 운전하면 어떤 느낌일지 궁금해하는 운전자는 차량에 대한 통제력을 잃고 사고를 일으킬 정도로 극단적인 행동을 하게 된다.

여기에 제시된 모델은 에너지 모델로 생각될 수 있다. 많은 활동에는 일반적으로 상당한 양의 에너지가 필요하지만, 양적으로 임계치에 도달하면 파괴적인 힘이 분출될 수 있다. 이것이 음식이 타는 이유이고, 우주선이 폭발하는 이유이며, 일부 사람들이 심장마비나 뇌졸중을 겪는 이유다.

우리는 충분한 주의와 한계 설정이 없는 경험이 역경이나 재난으로 끝날 수 있는 다섯 가지 매력적인 메커니즘을 탐구할 것이다. 여기에는 "끝까지 가는 것", 어떤 형태를 완성하는 것, 한계를 시험하는 것, 위험을 감수하는 쾌락의 탐닉, 그리고 마지막으로 치명적인 파괴 직전과 궁극적 운명(죽음)으로 가는 매력을 추구하는 것이 포함된다. 이 마지막 단계에서는 "모든 것이 어리석다"는 허무주의와 무(無)의 충만이 지배한다.

이 논의에 있어서 나는 인간이란 존재는 이러한 자연적 과정에 휩쓸리면서 의도치 않게 초래하는 피해와 파괴를 정당화하려는 의도가 없음을 강조하고 싶다. 또한 그 피해가 진정한 비극으로 발전하는 경우가 있음에도 불구하고, 인간의 생명을 파괴하는 중대한 실수를 저지르는 사람들에게 이해와 동정을 하고 싶은 의도도 없다. 인간으로서 우리는 행동에 있어서 극도의 주의를 기울여야 할 책임이 있다. 특히 인간의 생명이 균형을 이룰 수 있다는 징후가 있을 때 더욱 그렇다. 인간의 생명을 보존해야 하는 우리의 의무는 우리 행동의 가능한 결과를 미리 고려하고, 그 파괴적인 영향을 억제할 수 있다고 확신할 때까지 의심스러운 행동을 삼갈 것을 요구한다. 상식에 따르면, 무엇이든 너무 많으면 과부하, 폭발, 충돌이 발생할 수 있다. 따라서 우리는 자신의 충동과 경험을 통제해야 한다.

이 책은 확실히 정당화될 수 있는 정당방위를 제외하고는 생명 파괴에 대해 어떠한 정당성도 있을 수 없다는 개념을 고수하고 있다. 생명을 보존하기 위해 일하는 것은 우리에게 품위와 의미에 대한 훌륭한 감각을 심어준다. 인간은 생명을 건설하고 보존하는 신성한 임무를 맡은 존재다. 실제로 생명을 양육하고 보호하는 사람들은 바로 생명의 기적에 경외감을 느낀다. 알베르 카뮈(Albert Camus)는 2차 세계대전 직후 출판된 에세이에서 이러한 정서를 다음과 같이 포착했다.

우리는 지난 몇 년 동안 우리 안의 무언가를 죽였습니다. 그리고 그 무엇인가는 단순히 인간이 자신에 대해 가졌던 오랜 신뢰이며, 그로 인해 다른 사람이 공통 인류의 언어로 말한다면 언제나 인간적인 반응을 이끌어 낼 수 있다고 믿게 되었습니다. 우리는 사람들이 거짓말을 하고, 비하하고, 살해하고, 추방하고, 고문하는 것을 보아 왔습니다. 그리고 매번 그들은 자신을 확신했기 때문에 이런 일을 하지 않도록 설득하는 것이 불가능했습니다.

어떤 조치를 취하기 전에 다음과 같은 두 가지 질문을 해야 합니다. "당신은 직접적으로나 간접적으로 살해당하거나 폭행을 당하고 싶습니까? 직접적으로든 간접적으로든 살해하거나 폭행하고 싶습니까?"

나의 경우, 나는 선택을 했다고 확신합니다. 그리고 선택을 하면서 나는 그 사람이 누구이든 간에 다시는 살인과 타협하는 사람 중 하나가 되지 않을 것이라고 목소리를 높이고, 그 입장을 표명해야 한다고 생각합니다.[4]

· · ·

나는 그것이 인간이라고 생각한다 / 페트라스 젤리온카

(PETRAS ZELIONK)

내가 얻은 가장 큰 통찰력은 아인자츠그루펜(Einsatzgruppen, 인종 말살만을 목적으로 만든 나치 독일의 민간인 학살 전문 부대 - 옮긴이 주)의 살인에 연루된 살인자 페트라스 젤리온카와의 인터뷰에서 그의 동기에 대한 질문에서였다. 처음부터 한 가지 의구심이 들었다. "어린 아이들을 쏘는 것이 어떻게 가능합니까? 그게 어떻게 가능합니까?" 우리는 계속 물었고 결국 그는 이렇게 말했다. "일종의 호기심이었어요." 청년 살해라는 측면에서 그런 생각을 많이 했는데, 일부 처형 영상의 동기도 이런 호기심이었던 것 같다. 일종의 포르노그래피와 같다. 특히 그 나이대의 남성들은 매우 감각을 추구하며 다양한 유형의 감각을 찾고 있다고 생각한다.

무서운 점은 이것이 독일 특유의 것이 아니라, 인간의 보편적인 본성이라고 생각한다는 것이다. 나는 우리가 사회적 동물이고 사람들은 자신이 속한 집단과 그 집단의 규범에 적응한다고 생각한다.

독일에서는 고위험군(사회주의자, 유대인, 동성애자)에 속하지 않았다면 상대적으로 안전했다. 나치는 특정 집단만을 표적으로 삼았다. 인간 본성의 무서운 점은 대부분의 사람이 해당 집단에 속하지 않으면 다른 방향으로 돌아선다는 것이다.

이 이야기는 인간 존재의 깊고 어두운 면을 말해준다. 이 역사적 에피소드를 단지 한 국가를 최면에 빠뜨리는 수많은 미친 사람들로 설명할 수는 없다. 이 이야기에는 민주주의를 저버릴 위험성, 집단의 힘, 그리고 타인을 희생시키는 것을 알려주는 내용이 있다.

오늘날 나는 이런 일이 언제든지 다시 일어날 수 있다고 믿는다. 그래서 나는 이 시리즈를 '역사의 경고'라고 불렀다.[5]

• • •

잔인성 / 레스트랭(L'ESTRANGE)[6]

인간이 피를 흘리는 것을 기뻐하는 종류의 사람들이 있다. 그들은 자신들에게 결코 해를 끼치지 않는 사람들의 죽음을 보면서 이렇게 말한다. "분노(Angry)를 잔혹(Brutal)으로 불러서는 안 된다."

잔인성 / 한스 토흐(HANS TOCH)[7]

순수한 형태의 잔인함은 원한을 품은 상처에서 비롯될 수도 있다. 그러나 빈번한 관습에 따라 기능적이고 자율적이 될 수도 있다.

악 / 프리모 레비(PRIMO LEVI)

악은 전염성이 있다. 비인간적 존재는 다른 사람에게서 인간의 모든 감정을 빼앗아 간다. 악은 스스로 번식한다. 그것은 증가하며, 다른 사람들의 양심을 부패시키고 나아가 두려움이나 어떤 형태의 유혹 때문에 자신의 진영을 포기한 협력자들로 둘러싸여 있다.[8]

THE
GENOCIDE
CONTAGION

HOW WE COMMIT AND CONFRONT HOLOCAUST AND GENOCIDE

CHAPTER 3.

과장된 자기방어, 과장된 권력
그리고 비인간화

투사화

> ## 타인에게 투사하고
> ## 희생양 만들기

투사는 보편적인 인간의 방어 메커니즘이다.

❖ 책임을 타인에게 전가하는 것
❖ 일상생활에서 투사의 발현들

투사는 보편적인 방어 메커니즘이다. "유대인은 인류 전체의 적이다. 우리는 그들을 완전히 멸망시켜야 한다." 이것은 나치와 그들 이전에 수 세기 동안 유럽에서 반유대주의자들이 주장해 온 선언들이었다.

투사는 인생의 어떤 문제, 위협, 재난에 대한 책임을 타인에게 돌리는 총체적인 뒤집어씌우기(이상하고 궁극적으로는 비합리적)다. "내가 하지 않았다", "내가 문제를 일으키지 않았다", "내 문제가 아니다"는 "그들이 나에게 그랬다"로 대체된다.

이 행동은 어린 시절부터 우리 모두에게 친숙한 습관이다. 아이들은 책임과 비난을 타인에게 전가하면서 자신을 보호하려고 성급하게 움직인다. 이는 인간의 죄를 속죄하기 위해 동물 희생을 사용하는 성경적 개념인 '희생양'의 기초이기도 하다. 구체적으로 동물권을 걱정하며 그런 행위를 비난하는 사람들이 많지만, 그 책임이 타인에게 전가될 때는 더 큰 우려가 된다. 그러한 투사는 개인의 명예를 훼손하고 박해할 뿐만 아니라, 잠재적으로 개인이 속한 집단 전체를 박해하는 결과를 가져올 수도 있다.

개인과 집단은 타인에게 투사하려는 인간의 경향을 경계해야 한다. 앞서 언급했듯이, 루돌프 J. 럼멜은 민주주의 체제가 대개 제노사이드를 막는 데 성공한다는 점을 보여주었다. 그들은 인간의 생명을 상대적으로 가치 있게 여기고 보호하는 법률 시스템, 정부 권력 분산, 견제와 균형 유지, 여론 수렴, 언론 자유 존중 등과 같은 "감시자" 제도를 유지함으로써 이를 수행한다.[1] 민주 제도는 무고한 당사자에 대한 거짓 비난을 폭로함으로써 책임을 타인에게 전가하는 것을 무력화시킨다.

일상생활에서 발현되는 투사적 표현들

조롱하고, 모욕하고, 지배하는 행동과 같은 투사의 징후는 일상생활에서 흔히 볼 수 있다. 따라서 모든 직업에서와 마찬가지로 학계에서도 자신의 중요성과 자신이 휘두르는 권력에 대해 일반적으로 거만하고 도취된 사람들이 상당히 많이 있다. 일상생활에서 흔히 볼 수 있는 다른 예는 다음과 같다.

- ◆ 질병 및 치료법에 대한 질문에 반응하는 방식으로 환자와 그 가족에게 공포감을 심어주는 의사.
- ◆ 법정의 안전한 단상에 올라 신랄한 발언으로 사람들을 모욕하는 일을 서슴지 않는 공격적인 변호사들과 판사들.
- ◆ 다른 사람에게 자신의 생각을 밀어붙이고 자신에게 의존하는 사람들을 괴롭히는 시 자치단체, 세관, 세무 당국, 경찰서의 서기와 검사관.

위의 예는 어떤 직업에 대한 전면적인 비판이 아니라, 오히려 우리 삶의 많은 상황에서 발생하는 불쾌한 행동 중 일부를 볼 수 있는 거울이다. 우리 모두는 삶의 다양한 상황에서 타인에게 투사하는 방식을 더 잘 이해함으로써 이익을 얻을 수 있다.

일상생활에서 투사가 널리 나타나는 또 다른 예는 이웃과의 관계에서 찾아볼 수 있다. 물론 이웃 사이에는 긍정적인 관계도 많이 있지만, 과도한 적대감, 고함, 위협, 복수 행위로 인해 많은 이웃 관계가 어려움을 겪고 있다는 것은 누구나 다 아는 사실이다. 많은 이웃이 몇 년 동안 인사도 하지 않은 채 서로 스쳐 지나간다. 이렇게 망가진 이웃 관계의 패턴은 다른 문화권보다 일부 문화권에서 더 흔하다. 그러나 전 세계의 많은 사람과 이웃 간의 관계가 지나치게 적대적이며 긴장감이 상당히 높다는 것은 의심의 여지가 없다. 분명히 그러한 "이웃 관계"의 뿌리에는 희생양 만들기라는 영원한 메커니즘이 있으며, 이제는 염소의 역할(성서 시대의 역할에 매우 적합했을 수 있다. 성서에서 양은 희생적 동물, 염소는 가해적 동물로 묘사된다 – 옮긴이 주)이 이웃에 의해 수행되고 있다. 때로는 희생양 역할이 이웃의 아이들에게 할당되기도 하는데, 투사된 증오는 집단적인 경향이 있어 가족 구성원 모두에게 적용될 수 있기 때문이다.

다음 사건은 예루살렘의 한 좋은 동네에 있는 아름다운 집 밖에서 일어났다. 열 살짜리 어린이들이 아파트 건물 마당에서 함께 놀고 있을 때 그들의 공이 울타리를 넘어 이웃집 정원으로 튕겨 나갔다. 아이들은 정중하게 이웃의 초인종을 눌렀지만, 그 집의 가장은 문을 열고 "여기서 나가! 공을 돌려주지 않을 거야, 이 새끼들아!"라고 꾸짖었다. 그리고는 자신이 싫어하는 윗집에 사는 아이에게 직접 말을 걸며 더욱 강하게 몰아붙였다. "넌 정말 불안한 놈이야!" 사실 윗집 아이는 아랫집 가장이 그 아이의 부모에 대한 증오심을 분명하게 투사하기 훌륭한 대상이었다.[2] 이 이야기에서 진정으로 "불안한" 사람은 자신의 감정을 무고한 어린이들에게 매우 강렬하게 투사한 성인 이웃이었다.

일반적으로 지역 사회에서 만나는 낯선 사람들은 무해할 수도 있고 매우 심각할 수도 있다는 예측 가능한 목록을 따르지만, 먼저 우리는 가족 및 사랑하는 사람과의 관계를 고려해야 한다. 그러므로 우리 아이들에게 욕설을 해서 상처를 주어서는 안 된다는 것이 상식이다. 아이의 성격을 굴욕적으로 묘사하거나 그러한 별명으로 부르는 것은 아이들에게 심각한 정서적 어려움을 초래할 수 있으며, 미래에 나쁜 잠재력을 발휘하는 데 큰 영향을 미칠 수 있다. 그럼에도 불구하고 우리는 종종 화가 난 부모가 자녀를 "나쁜", "어리석은", "참을 수 없는", "바보", "멍청이" 등으로 부르는 것을 듣는다. 더 심하게는 "나는 너를 떠날 거야", "아무도 너를 원하지 않을 거야", "너는 결국 미치게 될 거야", "너는 평생 뚱뚱할 거야" 그리고 "너는 모든 일에서 실패할 거야." 같은 말들로 자녀들을 위협하며 그들의 미래를 멸시하는 것을 듣는다.

굴욕이 우리 삶에 미치는 영향을 연구하는 덴마크 의사 에블린 린드너(Evelin Lindner)는 굴욕을 "감정의 핵폭탄"이라고 묘사한다. 인간이 굴욕을 느끼는 경향은 자연스러운 것이지만, 그는 사람들이 타인을 존중하고 굴욕을 주지 않도록 스스로 훈련할 수 있다고 주장한다.[3] 바바라 콜로로소(Barbara Coloroso)에 따르면, 조롱과 굴욕적인 공격성은 상처의 원인으로 인식되는 사람들을 괴롭히고 살해하려는 사람들의 경향을 자극하고 증가시킨다.[4]

심리학적 관점에서 부모의 무의식적인 감정생활을 깊이 살펴보면, 자녀를 향한 모든 부모의 마음속에는 심각한 질투, 경쟁, 적개심이 자리잡고 있음을 발견하게 된다. 이러한 적대감 중 일부는 의심할 여지 없이 어린이 자신의 악화된 특성과 행동에 대한 반응이다. 그러나 심리학적 통찰에 따르면, 부모는 자녀에 대해 정당하지 않은 극도로 부정적인 감정을 자연스럽게 품고 있음을 알 수 있다. 내면의 정신에 관심이 있는 심리학자들은 그러한 감정을 인간 심리학의 자연스러운 부분으로 간주하며, 이는 아마도 이물질에 대한 우리 면역 체계의 반응과 유사할 것이다. 이 경우, 가장 기본적인 수준에서는 자녀에 대한 참으로 큰 사랑에도 불구하고 부모는 자녀를 자신과 실존적 경쟁을 벌이는 이물질로 인식하기도 한다. 무의식의 세계에서는 모든 생명체 사이에는 적자생존을 위한 경쟁적인 싸움이 벌어진다. 심지어 진정으로 사랑하는 사람과도 마찬가지다. 이런 이유로, 부모들 마음속 어딘가에는 자녀를 위해 최악의 상황을 원하는 부분도 있다(하지만 아, 그건 큰 비밀이다).

영국의 정신과 의사인 도널드 위니콧(Donald Winnicott)은 소아과 의사로서 이후 정신의학과 정신분석학 분야에 진출한 인물로, 매우 친절한 사람이자 해당 분야의 뛰어난 전문가로 평가된다. 위니콧은 모든 생명체는 자신과 연결된 다른 모든 생명체에게 부담을 주고 실존적 위협을 가하기 때문에 **모든** 어머니는 반드시 자녀에 대한 분노와 증오의 감정을 가질 필요가 있다는 주장을 체계화했다.[5]

영국의 심리학자 멜라니 클라인(Melanie Klein)은 아이들이 마음속 따뜻한 자리를 차지하고 있는 '좋은 엄마'와는 대조적으로, '나쁜 엄마'로서의 엄마에 대한 적대감을 키워야 한다는 사실을 보여 주었다. 그러한 감정을 통해 아이들은 어머니와 헤어질 수 있고, 선과 악을 구별하고 다양한 상황에 대처해야 하는 삶의 현실에 대비할 수 있다. 지나치게 순진하고, 분노를 느끼는 법을 모르고, 인생에서 실제로 자신에게 해를 끼치려고 하는 사람들로부터 자신을 방어하는 방법에 대한 개념이 없기 때문에 항상 행복하고 만족하는 사람들에게는 화가 있을 수 있다.[6]

물론, 마음속으로는 대부분의 부모가 자녀를 사랑하고 친밀감을 느낀다. 대부분의 부모에게는 사랑이 지배적인 감정이다. 그럼에도 불구하고 건강한 부모는 자녀에 대해 긍정적인 감정과 부정적인 감정을 모두 느끼지만 부정적인 감정을 억제하고 이를 최소한으로 유지할 수 있다. 자녀들도 대부분 부모를 사랑하지만, 여기서도 두 가지 감정을 모두 포괄하는 더 완전하고 정확한 설명이 있다. 즉 자녀들은 때로 가장 사랑하는 부모에게도 분노를 느끼고, 심지어 미움을 느끼기도 한다.

불행하게도 일부 부모를 보면, 부정적인 감정이 실제로 그들의 정서적 삶을 지배함으로써 부모와 자녀 사이가 노골적인 적대적인 관계로 발전하는 결과를 낳기도 한다. 그러나 이것이 일반적인 기준은 아니다. 대부분의 경우 자녀에 대한 부모의 부정적인 감정은 잠재의식에 남아 상징적, 은유적으로 표현된다. 따라서 주기적으로 꿈에 나타나며 다양한 잠재의식적 감정뿐만 아니라, 자녀에 대한 싫음과 분노에 대한 의식적 경험에서도 나타난다. 부모와 자녀 모두의 인간 잠재의식의 심리적 장치는 정상적으로 작동하는 광학 판독기와 같다. 즉 메시지를 적절하고, 빠르고, 정확하게 읽을 수 있게 한다. 건강한 성격은 사랑과 증오의 경험을 조화롭게 처리하고 수용할 수 있다.

이 복잡한 구조가 갖는 매우 긍정적인 측면은 부모의 압력과 적대감을 견딜 수 있는 능력을 개발한 어린이가 나중에 더 뚜렷한 개인으로 성장하고 점점 더 독립적인 정체성을 가질 수 있다는 것이다. 이렇게 할 수 없는 아이들은 종종 부모에게 지나치게 애착하려는 경향을 유지한다. 긍정적인 감정과 부정적인 감정의 처리가 사랑과 감성을 바탕으로 진행된다면 부정적인 감정이 관계를 장악하지 못하고 부정적인 영향도 억제될 수 있다. 자녀와 부모가 서로에 대해 혼합된 감정(분노와 거부 등)을 키우는 것은 건전한 일이다. 이를 통해 그들은 서로 분리되고 각자가 직면하게 될 다양한 위험과 분리에 직면하여 삶을 살아갈 수 있다.

실제로, 건강한 발달을 겪는 어린이들은 앞으로 부모를 솔직하게 비판할 수 있는 능력을 습득해야 한다. 건강한 자녀는 부모의 진짜 결점을 찾아내고, 화내고, 이해하고, 용서할 줄도 알아야 한다. 결국 자녀가 자신의 양육에 대해 어머니 아버지에게 사랑과 감사를 표할 수 있고, 나중에는 부모를 충성스럽고 동정적으로 보살필 수 있는 능력을 키우는 것이 가장 좋다. 전체적인 과정은 선하고 건강한 사람이 되기 위한 필수적인 부분이다.

물론 모든 심리학자가 위의 관점에 동의하는 것은 아니다. 오늘날 많은 사람은 내면의 감정을 보기 위해 외부의 껍질 아래를 파헤치는 것을 자제하는(때로는 이념적 강인함으로) 행동심리학을 선호한다. 그럼에도 불구하고 도널드 위니콧을 포함한 수많은 심리 치료사들은 앞에서 설명한 과정을 받아들인다. 앞서 살펴보았듯이, 위니콧은 건강한 사람은 사랑과 증오의 감정을 동시에 수용할 수 있다는 점을 가르쳐 주었다. 또한 흥미롭게도 그는 철저하고 심층적인 심리 치료에는 치료사 자신이 환자에 대한 분노와 증오, 그리고 환자를 돕고자 하는 진심 어린 소망을 다루는 교정 경험이 필요하다고 가르쳤다. 마찬가지로 환자는 치료사에 대한 사랑뿐만 아니라 분노와 증오를 경험하고 표현할 수 있도록 격려받음으로써 자유롭게 된다.

영화 〈킹스 스피치(The King's Speech)〉는 영국 왕 조지 6세와 그의 언어 치료사 라이오넬 로그 사이의 상호 분노 표현을 설득력 있게 묘사한다. 궁극적으로 등장인물들은 서로에 대한 긍정적인 감정과 부정적인 감정을 모두 수용할 수 있다는 것이 입증되어 상호 신뢰와 더 긴밀한 관계를 형성하고 상당한 치유를 촉진한다. 환자는 치료자를 향한 자신의 모순된 애정과 분노의 감정을 이해하게 되고, 자기 자신도 사랑의 대상이 될 수 있고 비판과 분노의 대상이 될 수 있음을 깨닫게 된다. 위니콧에 따르면, 치료 시 이러한 교정 경험은 환자에게 가까운 사람들을 사랑하기도 하고 화를 내기도 하는 모순된 감정을 수용하는 방법을 가르쳐 준다.[7]

부모-자녀 관계를 탐구함으로써 우리는 일상적인 결혼 생활에서 볼 수 있는 "전쟁터"와 "묘지"에 대해 배울 수 있다.[8] 잘 알고 있듯이, 오늘날 대부분의 결혼 생활은 실패로 끝난다.[9] 이러한 암울한 상황의 주된 이유는 다음과 같다. 사실 심리적 차원에서 배우자들은 자신의 결점을 서로에게 투사하려는 자연스러운 욕구를 가지고 있다. 이런 식으로 결혼 생활은 각 배우자의 기본적인 투사의 결합으로 생각될 수 있으며, 배우자의 "치료"가 필요한 상황을 만든다. 그러나 실제로는 이런 일이 자주 발생하지는 않는다. 많은 부부는 자신의 투사를 "치료"하고 충돌의 에너지를 활용하여 더 큰 성장을 가능하게 하는 방법을 찾지 못한다. (많은 연인들이 진심으로 노력하지만 관계에서 만들어 내고자 하는 자연스러운 "치료"를 "관리"하거나 속도를 조절하고 펼치는 방법을 찾지 못한다.)

물론 결혼 생활의 긴장과 갈등에 대한 일부 반응은 객관적인 분노에서 비롯되는 경우가 많으며, 이는 일반적으로 부부가 합리적인 협상을 통해 쉽게 대처할 수 있다. 결정적인 문제는 부부가 서로에게 투사하려는 원시적인 충동을 극복하지 못하는 경향이다. 많은 기혼자가 배우자에 대한 분노를 통제할 수 없다. 자신이 틀렸다고 경고하는 은밀한 내면의 목소리를 들을 수도 있지만, 우리 중 너무 많은 사람은 그 분노를 멈출 수 없다. 비유적으로 말하면, 너무나 많은 결혼 생활이 작은 규모의 혈육 간의 명예훼손으로 인해 어려움을 겪고 있다.[10] 자신이 아닌 다른 사람을 비난해야 한다는 안도감이 더욱 강해지고, 한동안 우리는 자신의 진정한 약점을 보지 못하게 된다. 우리는 자신의 부정적인 행동을 인정함으로써 자신과 서로에게 솔직해지는 대신 배우자를 공격한다.

궁극적으로 이 책은 독자들이 전면적인 제노사이드의 심리학을 이해하도록 돕는 것을 목표로 하고 있지만, 나는 또한 우리의 일상생활에서 대량학살의 증오와 파괴성의 "기본 요소"를 밝히고 싶다. 그러한 이해는 일상적인 개인 생활에서 훨씬 더 건전한 행동에 기여할 수 있을 뿐만 아니라, 두려운 대량학살에 대한 우리의 이해를 향상시킬 수 있다.

우리는 인간의 다양한 행동을 조사하고 일부 전문가와 서비스 제공자의 굴욕적이고 무례한 대우, 이웃 간의 적대적인 관계, 건강하지 못한 부모-자녀 관계 및 결혼 등 일상생활에서 작용하는 다양한 문화적 패턴을 검토했다. 마찬가지로, 이 논의는 운전 중 행동, 스포츠 팬의 수치스럽고 폭력적인 행위, 전 세계 일부 여행자에게 나타내는 공격성과 같은 다른 많은 영역으로 확장할 수 있다. 모든 경우에 우리는 우리가 그토록 간절히 갈망하는 평온함을 달성하는 것을 막는 데 투사가 어떻게 큰 역할을 하는지 배우고 있으며, 최악의 경우에는 타인의 죽음을 초래한다.

결론 1

타인에게 해를 끼치는 것을 피하고 싶은 사람들은 자신의 개인적인 투사 스타일을 식별하는 방법을 배워야 한다. 우리는 다른 사람을 낮추고, 비난하고, 공격하고, 조롱하고, 모욕하는가? 다른 사람을 희생양으로 모함하기 위해 사용하는 이러한 해로운 행동은 모두 우리 자신의 약점과 가장 깊은 불안의 표현이다.

●>>> 자기성찰학습 2를 참조하시오

권력 욕망

권력에 대한 인간의 욕구와
권력 중독에 내재된 위험성

공격성, 오만함, 굴욕, 폭정, 타인에 대한 박해의 증후군들

◆ 과도한 권력 추구
◆ 권력의 정당화
◆ 권력의 중독
◆ 권력의 위치에 따른 개인의 성격과 도덕적 자아의 변화

건강한 권력

　　　　사람들이 기능적이고 생산적으로 도전에 대처하고, 인생의 많은 시험에서 성공하기 위해서는 다양한 형태와 높은 수준의 긍정적이고 건강한 힘이 필요하다. 이것은 질병을 극복하고, 진정한 적과 맞서고 일생생활에서 직면하는 다양한 경쟁에서 "금메달을 노리는

것"과 같다.

권력이 없는 사람은 그야말로 무력한 사람이다. 심각한 정신 질환의 경우 수동성, 허약함, 과도한 의존성, 삶에 대처하기 위한 적절한 개인적 권력을 행사할 수 없음을 자주 발견하는 것은 우연이 아니다. 우리는 또한 수동성과 성적 장애, 사랑의 무능력 사이에 높은 상관관계가 있음을 발견했다. 간단히 말해서, 소극적인 사람들은 결국 사랑, 직장, 그리고 인생 전반에서 패배하게 된다는 것이다.

하지만 우리는 또한 일부 수동적인 개인은 자신을 아주 강하다고 생각하고 내부적으로는 그렇지 않지만 겉으로는 강력한 것처럼 보일 수도 있다는 사실도 기억해야 한다. 우리는 자신의 진정한 자신감과 삶의 어려움을 용기 있고 효과적으로 극복할 수 있는 능력을 솔직하게 살펴봄으로써 건강한 수준의 권력과 내면의 수동성을 진정으로 평가할 수 있다.

건강한 권력은 그것을 소유한 자에게 에너지 감각을 불어넣는다. 그것은 우리가 다른 사람들의 눈을 똑바로 바라보고, 강한 목소리로 말하고, 압박감 속에서도 기능할 수 있게 해준다. 그것은 또한 우리에게 유머 감각을 주기도 한다. 이는 다른 사람을 착취하고 그들의 행동을 통제함으로써 우리 자신의 개인적인 두려움에 맞서 싸우려는 인간의 권력 추구와는 완전히 다른 것이다.

과도한 권력을 위한 노력

건전한 권력이 그 소유자에게 부여하는 자

존심과는 전혀 다른 면은 바로 과잉 권력 행사로 인한 인간 생명의 무질서와 파괴다. 과도한 권력은 지배, 불의의 자행, 경쟁자 간의 극심한 경쟁, 가족 내 폭력, 다양한 국가 및 종교 집단 간의 끝없는 싸움과 같은 대인 관계 투쟁의 파괴성, 그리고 물론 집단학살 가해자들에 의한 수억 명의 대량학살도 있다. 흥미롭고 다소 비극적인 역설은 권력의 불건전한 사용에 내재된 위험에 대한 민감함의 결과로 일부 사람들은 모든 대립을 피하기 위해 지나치게 "선한" 행동이라는 "고속도로"를 택한다는 사실에 있다.

결국 그들은 지나치게 수동적이고 약해지게 된다. 몇몇 정신 건강 임상의들은 높은 비율의 정신분열증 환자들이 처음에는 누구에게도 해를 끼치고 싶지 않은 사려 깊고 온화한 사람들이라는 점에 주목했다. 그러나 삶의 어느 시점에서 그들은 (우리 모두가 가끔 경험하는 것처럼) 억눌린 분노와 적대감으로 가득 차게 되었고, 폭력적으로 변하게 될 위험을 감수하기보다는 미쳐버리는 것을 선택한 것처럼 보인다. 내면의 파괴적인 생각과 감정에 굴복하지 않기 위해, 실제로 파괴적이고 폭력적인 일을 하게 될 수도 있다는 두려움 때문에 이 온화하고 예민한 사람들은 "제정신"의 세계를 떠나는 것을 선택했다. 이른바 내면의 파괴적인 생각과 감정에 빠져들게 되는 것이다.[11]

1966년부터 1970년까지 나는 공격성과 비폭력의 심리학에 관한 학제 간 연구 그룹을 이끌었다. 이러한 틀 안에서 우리는 타인과 평화롭게 사는 것의 중요성을 강조한 평화를 사랑하는 기독교 단체인 퀘이커 공동체의 정신과 의사인 로버트 클라크(Robert Clark)의 인상적인 프레젠테이션을 즐겼다. 당시 클라크 박사는 필라델피아 프렌즈 병원의 급성 정신병동을 담당하고 있었다.

퀘이커교는 분노와 증오를 거부하며 신자들에게 절제된 행동을 할 것을 요구한다. 강의에서 클라크는 이러한 금지로 인해 표현할 수 없는 특정 사람을 향한 분노가 쌓여 심리적 쇠약 상태로 병원에 오는 전형적인 퀘이커 환자에 대해 설명했다. 분노가 특정 한계점을 초과하고 환자는 수문이 열리고 자신이 통제력을 잃고 폭력적으로 변할 가능성이 있다는 두려움에 빠지기 시작했다. 실제로 그는 폭력 행위를 저지르는 것보다 정신 질환으로 발전하는 것을 더 선호했다고 클라크는 설명했다. 대부분의 경우 실제 폭력의 위험은 실제로 없지만, 폭력적인 감정과 폭력적인 행동을 구별할 수 없는 사람들은 자신의 감정이 자동적으로 행동으로 변환되거나 감정과 행동이 처음부터 동등하다는 두려움을 갖기 쉽다.[12]

심리학의 핵심 원리는 폭력적인 생각과 욕망이 폭력적인 행동과 동일하지도, 그만큼 중요하지도 않다는 것이다. 심리적으로나 도덕적으로 우리는 내면의 화를 허용할 수 있고, 어느 정도는 적절한 방식으로 다른 사람을 향해 분노를 표현하는 것을 허용할 수 있다. 그러나 실제적인 신체적 폭력으로 다른 사람을 때리거나 다치게 하거나 괴롭힐 수는 없다. 이것은 배울 수 있는 원리임에도 불구하고 많은 사람이 그렇게 하지 못한다. 퀘이커교도가 좋은 예다. 클라크 박사의 환자들은 내면 분노의 경험이 충분하지 않았고, 필요한 해방구를 제공하지 않았으며, 자신의 행동에 대한 통제력을 잃게 될 것을 걱정했다. 이들과 같은 종교적인 남성과 여성들은 자신들이 곧 금지된 영역의 선을 넘어갈 것이라고 믿었고, 따라서 폭력적인 폭발을 막으려 하다가 정신 질환을 앓게 된 것이다.

우리 내면의 힘을 관리하는 것은 폭력적인 폭발의 가능성과 관련이 없더라도 우리 모두에게 간단한 작업이 아니다. 너무 많은 사람이 다른 사람보다 앞서고 지배하기 위해 과도한 권력을 욕망하는 불건전한 추구를 하고 있다. 그러한 사람들은 우리가 일상 언어로 간단하게 "공격적"이라고 부르는 사람들이다. 과도한 권력 추구는 권력의 지위 획득과 타인에 대한 통제를 강조하는 것이 특징이며, 바람직한 실현과 성취를 위해 권력을 사용하는 것과는 다르다. 우리 모두는 삶의 여러 영역에서 과도한 공격성이 나타나는 것을 보고 있으며, 각 사례는 사리사욕, 타인에 대한 배려 부족, 개인적인 이익을 위해 타인을 착취하려는 의지라는 악취를 풍긴다.

공격적인 사람들은 오만함과 자만심을 드러낸다. 그들은 주변 환경과 타인을 통제하기 위해 눈에 띄는 노력을 한다. 그들은 다른 사람들을 모욕하고 약화시키는 과도한 권력의 과시에 통제권을 행사하는 주인, 감독자, 교사, 의사다. 그러한 통제를 추구하는 사람들은 종종 욕설과 굴욕적인 언어적 모욕을 표현하면서 권력을 과시한다.

가족 상황 내에서 성인이나 자녀가 배우자나 부모의 과도한 공격성을 인식하는 것은 어렵지 않다. 오늘날에도 부모의 통제권을 빼앗고 위협하는 공격적인 아이들이 많이 있다. 현대 서구 가정에서는 한때 남편과 아버지가 행사했던 과도한 통제권이 아내와 어머니의 손으로 넘어가는 경우가 많다. 오늘날 여성은 종종 가족의 기둥이며 진정한 권력의 상당 부분을 보유하고 있는 반면, 아버지의 역할은 종종 부차적으로 밀려나고 있다. 다른 징후 중에서 오늘날 대부분의 이혼이 여성에 의해 시작된다는 사실을 참조할 필요가 있다. 얼마 전까지만 해도 서구 세계에서는 그 반대가 사실이었다. 두 스타일 모두 한 가지 공통점이 있다. 배우자 중 한 사람의 권력이 부족하고 둘 사이에 근본적인 평등이 없다는 것이다. 그리고 남성들이 수년 동안 여성에 대한 학대를 인정하지 않았던 것처럼, 오늘날 많은 여성은 남편에 대한 자신의 통제력을 인정하지 않는다.

일부 공격적인 개인은 자신의 공격성을 외면화하지 않고 숨기면서 대신 자신을 온화하고 친근하게 보이게 할 수 있다. 그러나 닫힌 문 뒤에서 그들은 남을 통제하고 억압하기를 서슴지 않는 폭군들이다. 이것은 왜 일부 배우자와 부모가 유쾌한 사람처럼 보이지만 실제로는 자신의 지위와 성공 또는 권력에 접근하는 어떤 것도 얻으려고 감히 시도하지 않는다는 식의 감정적 메시지를 배우자나 자녀에게 전달하는 이유를 설명해 준다. 예를 들어, 한 남자는 아내가 약해지고 깊은 우울증에 빠져 있던 몇 년 동안 아내에 대한 충성심과 세심한 배려로 인해 칭찬을 받았다. 그러나 문제의 진실은 그가 아내의 약점을 환영했다는 것이다. 왜냐하면 그것이 그를 상대적으로 더 강하게 만들었기 때문이다. 아내와 아이들은 그가 무력한 아내의 전능한 구원자로서 자신의 자아감을 실제로 부풀리고 있다는 것을 마음속 깊이 알고 있었다.

직장 생활에서 공격적이고 사악한 사람들은 그들의 명백한 강력함에 대해 아무도 의문을 제기하지 않기 때문에 종종 눈에 띄는 위치에 오른다. 그러나 다른 사람의 권위와 승진을 확인하라는 요청을 받으면, 그러한 공격적인 지도자는 문제의 사람이 자신의 권력을 강화할 것이라고 확신하지 않는 한 그들을 약화시키고 모욕하고 승진을 방해하기 쉽다. 한 예로, 어느 유명 노교수가 후배 강사에게 교수로 승진할 수 있도록 전폭적인 지원을 약속했다. 때가 되어 후배의 승진을 심의하는 비공개 위원회가 열렸는데, 전폭적인 지원을 약속한 노교수는 승진 후보자인 후배를 즉석에서 거부했다. 이후의 관계에서도 그는 가식을 이어갔고, 그의 젊은 동료에게 자신이 모든 단계에서 그를 지지해 주었다고 분명하게 확신시켰다. 젊은 강사는 교수 지위 신청이 거부된 후에야 실제 책임자가 누구인지 알게 되었다(이러한 절차는 비밀로 유지되어야 하지만 승진을 방해한 사람의 신원은 대부분 밝혀질 가능성이 있다).

언급한 바와 같이, 대부분의 경우 공격적인 사람들은 상대적으로 투명하며 자신의 우월성, 오만함, 지배, 굴욕, 폭정을 분명하게 드러낸다.[13]

❖ 우월감은 자신을 다른 사람보다 "더 평등하다"고 보는 것을 의미한다. 그러한 감각을 가진 사람들은 자신이 알아야 할 모든 것을 알고 있다고 생각하며 실제보다 자신을 더 중요하게 생각한다.

❖ 거만한 권력의 과시는 우월감 넘치는 사람들이 타인에게 스스로를 낮출 것을 요구하는 방법으로 그들을 섬기도록 명령하는 방식을 의미한다. 이러한 자질을 보여주는 사람의 예로는 자신을 형들보다 우위에 두어 그들의 경멸과 보복을 받았던 성서의 요셉을 들 수 있다.

❖ 지배에는 권위를 주장하고 다른 사람을 위해 결정을 내리려는 욕구가 수반된다. 오만한 사람들은 다른 사람들이 해야 할 일이 "필요한" 것과 모든 일이 "반드시" 이루어져야 하는 방법을 포함하여 "모든 것"을 알고 있다고 믿는다. 그들은 다른 사람들을 수용하고 강화하는 긍정적인 리더십을 통해서가 아니라, 유일한 결정자이자 인정받는 통치자가 되려는 추진력을 통해 지배를 달성한다.

◆ 모욕하려는 충동은 공격성이 다른 사람을 조롱하고 얕보려는 욕구로 변했다는 것을 반영한다. 정의에 따르면, 우월감, 즉 거만하게 권력을 과시하고 지배하는 것은 다른 사람들을 조롱하고 당혹스럽게 만드는 위치에 놓이게 한다. 그러나 이제 우리는 굴욕을 더욱 직접적으로 의도된 목표로 말하고 있다. 눈에 띄게 많은 불행한 결혼 생활은 한 배우자가 다른 배우자에게 굴욕을 주는 온상이다. 일부 기관, 사회, 문화에서는 일상생활 측면과 조직 구조에서 굴욕이 매우 널리 퍼져 있는 역할을 한다.

◆ 폭정에는 은폐 없이 다른 사람을 거칠게 지배하는 권력이 포함된다. 의료 부서나 기관에서는 폭군의 지시를 따라야 한다. 군대에서는 그들의 명령(명백히 불법적인 명령이라도)이 가장 중요하다(군사적 상황에서 명령에 복종하는 것이 필요하다는 것은 어느 정도까지는 사실이다). 비즈니스 세계에서는 최종 정책을 결정한다. 연인과 가족의 경우 그들은 "바지를 입고" 자신의 확실한 우월성을 보여주고 확장하는 방식으로 결정을 내린다. 더 계몽된 폭군에 의한 결정은 상대적으로 은혜롭게 내려질 수 있지만, 그럼에도 불구하고 그것은 관련된 모든 사람이 느낄 수 있는 확실한 권위에 따라 내려진다.

일반적으로 공격적인 사람들은 자신을 더 강하게 만들고 다른 사람을 통제할 수 있는 자원을 점점 더 많이 축적하려고 한다. 사실 타인을 통제하는 것이 그들의 가장 중요한 목표가 될 것이다. 물론 그들의 권력 추구는 재정적 또는 직업적 성공, 사회적 영향력이나 지위 획득, 신체적 힘, 그리고 기타 합법적인 것처럼 보이는 수많은 목적이 있을 수 있지만 말이다. 공격적인 권력 추구에 참여하는 일부 개인은 자신이 누구에게도 해를 끼치고 있다는 사실을 인식하지 못한다. 반면에 타인은 자신의 우월성을 더욱 효과적으로 표현하기 위해, 그리고 어떤 경우에는 그들의 성격에 가학적인 요소를 표현하기 위해 실제로 해를 끼치려고 한다. 두 상황 모두 타인을 짓밟는다. 공격적인 사람들에게는 목적이 수단을 정당화하며, 타인을 희생하여 목표를 달성하는 것은 그들에게 아무런 의미가 없다.

권력의 정당화

공격적인 행동 방식을 채택하는 사람들은 거의 항상 자신의 행동을 정당화할 방법을 찾는다. 그들의 최고 지위는 어떤 신에 의해 부여되거나, 다른 후보자가 없는 "선거"에서 자연스럽고 친밀하게 그들을 선택하는 사람들에 의해, 또는 그들의 뛰어난 능력을 인정하는 승인된 기관에 의해 부여된다. 그들 자신의 눈으로 볼 때, 그들은 합당하고, 선택되었으며, 의심할 여지 없이 그들이 휘두르는 권력을 누릴 자격이 있다.

많은 경우 공격적인 지도자는 오로지 타인에 대한 자신의 통제력을 증명하기 위해 명령을 내린다. 전설에 따르면, 나폴레옹은 단지 자신의 권력을 증명하기 위해 한 연대에게 절벽을 넘어 죽을 때까지 행군하라고 명령했다. 폭군은 자신의 권력을 거리낌 없이 행사하며 그들 스스로 의심을 품지 않고 스스로가 모순됐다고 생각하지도 않는다. 로보토미(Lobotomy, 뇌의 전두엽 일부를 제거하는 수술, 20세기에 일반적이었던 수술) 시대에 임상심리학 박사과정을 밟고 있던 학생 시절, 나는 정신과 교수가 공식적으로 직원들과 의미 있는 조사나 토론을 하지 않고 독단적으로 어떤 환자가 시술을 받을 것인지 결정하는 것을 목격했다(영화 <뻐꾸기 둥지 위로 날아간 새>에서 매우 효과적으로 묘사된 메커니즘).[14] 직원들은 의심이나 이의를 품고 있어도 감히 문제 제기를 하지 못했다. 나는 이스라엘과 미국의 정신 건강 시스템 내에서 많은 회의에 참여했는데, 그 회의에서 모든 것은 교수나 책임자가 결정했고 다른 직원들은 주로 자신의 직업적 보안에 대해 조용히 걱정했다. 권위주의적으로 운영되는 기관에서는 이미 의학 문헌에 발표된 정보에 기초한 모순된 생각조차 제기되거나 논의되지 않으며, 특정 환자에 관해 내려진 결정에 대한 직원의 진정한 내면적 반대는 언급되지 않는다.

우리가 살펴보았듯이, 권력 시스템에서 받아들여지는 전제는 권력 그 자체가 지도력을 정당화하는 것처럼 권력을 획득한 사람은 지도자가 될 자격이 있어야 한다는 것이다. 사회 무질서의 위협이 실제로 지도자의 존재를 요구하기 때문에 이것은 사회 질서의 중요한 토대다. "지도자"라는 지위는 모든 행동을 정당화하는 경향이 있다. 이는 결과적으로 사람들에게 문제가 적절하고 효과적으로 관리되고 있다는 안정감을 제공한다. (명령을 내리는 지도자에게 더 많은 힘을!)

권위주의적 성격에 관한 저명한 연구에서 테오도르 아도르노(Theodor Adorno)와 동료들은 권력에 대한 숭배 개념과, 우리 모두가 위험한 환경에 살고 있기 때문에 더 안전하다고 느끼려면 누군가는 항상 종속되어야 한다는 개념 사이의 관계를 설명했다.[15] 권력에 굶주린 사람들은 "우리 중 하나"인 사람과 그렇지 않은 사람을 명확하게 구분한다. 그들의 관점에서 볼 때, 권력의 목적은 "우리가 아닌" 사람들을 그들의 자리에 두어 그들이 우리의 힘을 위협하지 못하도록 하는 것이다.

일상생활의 예

의사는 환자에게 환자의 상태에 대해 알리기를 거부하고, 설령 설명한다고 해도 환자가 이해할 수 없을 것이라고 주장한다. 그가 의사인한 그는 지식을 갖춘 전문가이며 모든 결정을 내릴 책임이 있다(여러 문화권에서는 매우 흔했던 이 방식은 최근 몇 년 동안 줄어들었지만, 여전히 숨어 있고 자주 나타난다).

홀로코스트 및 기타 제노사이드 사례

나치는 유대인이라는 "악"과 "악성"이 없어져야 인류가 "더 건강해질" 것이라는 주장에 근거하여 독일 문화와 인류 전체에 기여하겠다는 이유로 유대인 학살을 정당화했다.

권력의
중독적 성격

타인을 마음대로 통제하고 괴롭히며 불필요한 요구를 할 수 있는 힘이 있다는 인식은 중독적이다. 이런 식으로 그것을 경험하는 사람들에게 통제와 권위주의의 행사는 유혹적일 뿐만 아니라, 점점 더 많은 권력에 대한 만족할 수 없는 갈망을 자극한다.

권력의 위치에 있는 사람들은 정당한 목표와 자신이 봉사하는 사람들의 이익을 증진하기 위해 그리고 지도력을 행사하기 위해 의식적으로 윤리적 결정을 내리고, 권력에 대한 자신의 경험을 윤리적 목표 추구에 종속시키며, 추가적인 힘에 대한 갈망을 억제하여 그들이 그것에 중독되지 않도록 해야 한다. 권력을 쥐고 있는 많은 사람이 가치 있는 윤리적 목표를 달성하는 데 지도력을 집중하지 못하고 그러한 목표를 달성하기 위해 자신의 힘을 집중하지 못하면 권력의 모든 측면에 점점 도취하게 될 것이다. 그리고 이런 일이 발생하면, 다른 사람들에 대한 그들의 기존 권력 감각이 불충분해진다. 그들은 점점 더 많은 것을 욕망하게 되고, 점점 더 타인을 학대하고 모욕하며, 끊임없이 자기 권력의 한계를 시험하게 된다. 권력 중독자는 살아 있음을 느끼고 자신이 권력을 휘두른다는 것을 증명하기 위해 점점 더 많은 권력이 필요하다. 모든 중독과 마찬가지로 이 과정에서는 조절 능력과 통제력을 점차 상실한다. 타인에 대한 학대와 굴욕은 권력 중독자를 기쁘게 한다. 그것은 그들에게 만족감을 불어넣고 그들이 우월하다고 생각하는 위치에서 다른 사람들을 비웃을 수 있게 해준다.

일상생활의 예

권력의 도취 효과에 대한 전형적인 예는 사회심리학자 필립 짐바르도(Philip Zimbardo)의 유명한 감옥 시뮬레이션 연구에서 학생-교도관의 행동에 나타난다. 이 연구는 "정상 학생"의 공격적인 경향을 보여주는 것을 목표로 했다.[16] 스탠포드 대학에서 짐바르도는 모의 감옥을 만들고 학생들을 죄수나 간수로 배정한다. 얼마 지나지 않아 간수들은 죄수인 동료 학생들을 너무 학대하게 되었고 짐바르도는 실험을 중단해야 한다고 느꼈다.

실험실 외부에도 사례가 풍부하다. 나머지 이웃들이 계획한 개조 공사를 지연시켜 건물에 대한 자신의 권력을 주장하는 아파트 주인을 생각해 보라. 또 다른 예는 단순히 자신이 상사임을 증명하기 위해 나머지 직원의 의견과 상충되는 결정을 내리는 직장 감독자다.

홀로코스트 및 기타 제노사이드 사례

홀로코스트 사진에는 나치가 유대인의 수염과 귀고리를 깎고 거리를 청소하도록 강요하는 모습이 담겨 있다. 이러한 고문자들은 굴욕적인 장면을 비웃고 즐거워하는 모습을 자주 볼 수 있다. 2006년 케냐에서 한 부족의 개인이 다른 부족의 사람을 학살하는 사진도 비슷한 메커니즘을 보여준다.

>>> 자기성찰학습 3을 참조하시오

권력의 위치에 따른 개인적 성격과 도덕적 자아의 변화

권력과 통제의 행사는 종종 사람들로 하여금 개인의 성격과 도덕성에 변화를 일으키는데, 이는 변태라고밖에 표현할 수 없을 정도다. 권력은 그것을 소유한 사람들을 도취시키고 겉으로는 그들을 "다른 사람"으로 변화시키는 것처럼 보인다. 권력에 대한 도취는 사람들에게 자부심과 더 많은 것을 얻으려는 강박적인 충동을 불러일으킨다. 그것은 또한 그들의 잠재적인 내면의 가학증(사디즘)과 잔인성을 자극한다.

일상생활의 예

명문 대학의 대학원장에 선임 교수가 임명됐다. 임명된 직후, 그는 자신이 수년 동안 가르쳤던 학과의 전 동료들에게 앞으로는 오랜 친구들과의 개인적인 교류를 포함한 모든 의사소통에서 자신을 "명예 학장"으로 부를 것을 통보한다.

홀로코스트 및 기타 제노사이드 사례

- ◆ 홀로코스트 당시 교도관과 살인자는 누구였는가? 어느 정도 그들은 새로 발견된 힘에 눈이 먼 '보통 사람들'이었다. 예를 들어, 노르웨이 교도관이 자국민을 극도로 잔인하게 대할 것이라고 누가 예상이나 했겠는가? 노르웨이의 나치 수용소에서 복무하는 경비원에 대한 연구에 따르면, 그들은 결코 사디스트가 아니라 오히려 자신의 권력에 중독될 정도로 술에 취한 평범한 노르웨이 시민인 것으로 나타났다.[17]
- ◆ 크리스토퍼 브라우닝은 유대인을 처형한 독일 경찰도 상관의 명령(민간인 살해 명령 포함!)을 따르는 평범한 남자였으며, 결국 누가 살고 누가 죽을 것인지 결정하는 데서 만족과 즐거움을 얻었음을 보여준다.[18]

이 주제에 대한 광범위한 통계 연구를 바탕으로 럼멜은 대량학살이 만연하는 주요 요인은 권력에 대한 중독이며, 이는 민주주의 정권보다 파시스트 정권에서 훨씬 더 명확하고 과장된 징후를 발견한다는 결론을 내렸다.[19]

이스라엘에서도 공연된 영국의 한 연극은 권위 있는 자리에 임명된 사람이 권력에 도취되는 과정을 보여준다. 주인공은 전쟁 전 독일 출신의 학자로, 유대인 정신과 의사인 친구와 긴밀한 관계를 맺고 있다. 히틀러가 권력을 잡자 그 사람은 제복과 지위를 부여받고 위협적이고 파괴적인 적으로 변한다. 〈굿(Good)〉이라는 연극의 이름 속에서 어떤 개념적 변형이 일어났는지 주목해 보라.[20]

짐바르도의 연구에서 우리는 "보통 사람들"이 죄수를 지키는 간수라는 임무를 맡을 때 어떻게 반응하는지 보았다. 짐바르도는 알려진 가학적 성향이 전혀 없는 젊고 정상적인 학생 대상을 선택하여 "죄수"와 "경비원"이라는 두 그룹으로 나누었다. 죄수들은 "감옥"에 갇혔다. 규율과 질서를 유지하는 임무를 맡은 간수들은 며칠 만에 극도로 잔인해졌고 수감자들에게 모욕을 주고 상처를 주기 시작했다.

나중에 짐바르도와 결혼한 크리스티나 왈라흐(Christina Wallach)의 흥미로운 이야기가 전해졌다. 왈라흐는 실험실 밖에서 학생 피험자 중 한 명을 우연히 만났고, 그동안 그의 매력과 유쾌한 태도에 놀랐다고 설명한다. 나중에 그녀는 실험실의 양방향 거울을 통해 그를 관찰했을 때, 그가 죄수들을 잔인하게 대하는 데 "뛰어난" 경비원 중 한 명이라는 것을 발견했다. 그녀는 학생 경비원이 초기의 정상적인 사회적 상황에서는 매우 좋은 사람이었음에도 불구하고, 그의 직업이 그의 오만함과 잔인성을 무서운 비율로 과장한 것처럼 보였다는 사실에 충격을 받았다. 즉 그는 자신의 직업에 취한 것이다. 그녀의 관찰에 비추어 볼 때, 짐바르도에게 실험을 중단해 달라고 간청한 사람은 왈라흐였다(왈라흐와 짐바르도는 당시 결혼하기로 약혼했다. 왈라흐는 자신의 조언이 그들의 관계를 깨뜨릴 수 있다는 것이 두려웠다고 솔직하게 썼다. 나는 건강한 결혼에 대해 가르칠 때, 커플들에게 이러한 진실성의 모범을 보여주는 것을 좋아한다.) 실험은 비록 곧 중단되었지만 시작된 이후, 짐바르도의 이 실험은 다른 사람들에 대한 권력을 부여받은 "보통" 사람들에게서 나타날 수 있는 잔인성을 보여주는 유명한 사례가 되었다.[21]

크리스티나 왈라흐의 이야기는 괴물 같은 행동을 수행하기 위해 명령을 따르려는 "보통" 사람들의 의지를 평가한 스탠리 밀그램(Stanley Milgram)의 유명한 실험 이후 새로운 발전에 관한 최근의 저서로 등장했다. 처음에 대학에서 수행된 이 연구에서 밀그램의 피험자들은 질문에 잘못된 대답을 한 피험자에게 전기충격을 가하라는 지시를 받았으며, 모든 잘못된 대답에 따라 전기충격의 강도가 증가하는 것으로 나타났다. 실제로 응답자들은 실제로 전기충격을 받은 것이 아니라 전기충격을 받은 것처럼 가장했다. 실제 대상은 점점 더 심해지고 심지어 생명을 위협하는 충격을 주도록 지시된 대상이었다. 이 피험자들은 응답자들이 충격을 받지 않았다고 생각할 이유가 없었다. 고통의 비명 소리도 피험자들이 스위치를 누르는 것을 멈출 만큼 충분한 동기를 부여하지 못했다. 많은 심리학자에게 짐바르도와 밀그램의 실험은 20세기의 가장 극적이고 중요한 심리학 실험을 대표한다.[22]

결론 2

부당한 권력의 과장된 사용은 개인 생활과 집단 관계에서 인간이 타인에 대해 저지르는 악(폭력)의 주요 원천이다. 다른 사람에게 해를 끼치는 것을 피하기 위해 사람들은 권력에 대한 욕구의 범위와 권력을 획득한 후 그것을 사용하는 방식을 잘 분별하는 방법을 배워야 한다. 가장 중요한 것은 권력을 즐기는 중독적인 과정을 멈추는 능력이다. 왜냐하면 권력은 자연적으로 중독성을 갖게 마련이고, 권력을 장려하는 문화에서는 더욱 그렇다.

●>>> 자기성찰학습 4를 참조하시오

비인간화

> ## 다른 사람을 비인간화함으로써
> ## 자신의 영토와 개인적 이익 보호하기

어떤 사람들은 "우리 중 하나가 아닌" 낯선 사람으로 분류되어 우리가 인간의 기본이라고 간주하는 권리를 누릴 자격이 없다.

- ➡ 타인을 비인간화하고, 타인을 대상화하거나 혐오스러운 것으로 분류하는 행위
- ➡ 사람을 "사물화"하고 분류하기
- ➡ 적을 향해 특별히 "인간이 아닌" 것으로 분류하여 그에게 악마적 힘을 부여하는 행위

"너는 원숭이야!" 세 살배기 남자아이가 친구나 부모에게 소리친다. 그런 다음 그는 자신의 말의 대담함에 겁을 먹고 얼어붙었지만 동시에 승리감을 느끼며 웃기 시작한다. 우리가 다른 사람을 비참하고 열등하다고 생각하는 대상으로 묘사하는 것은 기분 좋은 일이다. 다른 사람

을 모욕하고 조롱하며 우리가 그들보다 낮은 지위라고 생각하는 것에 맞서는 것은 기분이 좋다.

남을 모욕할 필요는 어디서 올까? 우리가 아는 한, 그것은 타고난 것이며, 우리의 발전 과정에서 우리 모두는 다른 사람을 비하하는 경멸적인 표현을 자동적으로 사용하려는 성향을 피하는 방법을 배워야 한다. 우리는 내면의 이러한 경향을 극복하고 진정한 평등을 바탕으로 다른 사람들과 상호 작용하는 방법을 배워야 한다.

나는 원시적이고 "파시스트"적인 사고가 인간 인지 발달의 초기 단계의 특징이라고 믿는다. 반면에 성숙하고, 과학적(편견과 이데올로기가 아닌 실증적 평가에 기초함)이고, 민주적(평등과 비폭력 목표 지향)인 사고를 하려면 타인을 폄하하는 원시적 경향에서 벗어나려는 훈련과 추가적인 개인적 발전이 필요하다.[23]

비인간화는 다른 인간을 근본적 인간성을 부정할 정도로 열등하고 가치가 없는 존재로 규정하는 것을 수반한다. 타인을 진정한 인간이 아닌 인간으로 분류한다는 것은 우리가 모든 인간에게 기본이라고 간주하는 도덕적, 법적 권리를 그들이 누릴 자격이 없다는 것을 의미한다. 비인간화의 대상은 국가, 종교, 인종 집단과 연관될 수 있다. 그들은 특정 성별에 속할 수도 있다. 그들은 특정 지역의 주민일 수도 있고, 특정 정치 진영의 지지자일 수도 있고, 특정 생활 방식을 유지하는 사람들(예: 지식인, 농민)일 수도 있다. 또는 아무리 비논리적이고 무작위적이며 어리석더라도 또 다른 구별 기준에 따라 분류될 수 있다.[24]

비인간화는 "그들"(유대인, 흑인, 이슬람교도, 중국인 등)이 "쥐", "바퀴벌레", "세균", "나병환자", "암" 또는 그 밖의 다른 명칭으로 특징지어지는 과정을 말한다. 대상 집단의 구성원을 인간이 아닌 존재로 묘사한다. 비인간화는 다른 사람의 인간성을 부정한다. 이것만으로도 역사를 통틀어 대량학살 피해자의 목록은 거의 끝이 없고, 미래의 잠재적 피해자 목록도 정말 무한하다는 것을 이미 볼 수 있는 이유다.

비인간화에 대한 은유는 종종 생물학적 용어로 표현된다. 한편으로 그들은 다른 동물, 특히 인간이 특히 혐오감을 느끼는 동물에 비해 인간의 생물학적 우월성을 주장한다. 특정 집단의 구성원을 동물로 묘사하는 것은 은유적으로 우리에게 그들을 사냥하고, 가두고, 일이나 애완동물로 길들이고, 죽이고, 어떤 경우에는 잡아먹을 권리를 부여한다. 우리는 우월하며 그들의 운명은 우리 손에 달려 있다.

비인간화의 또 다른 은유는 심각한 '질병'이라는 용어로 공식화된다. 비방과 박해의 대상이 되는 집단은 위험한 감염원이자 근절되어야 할 인류의 생물학적 적으로 묘사된다. 이를 근거로 피해자는 부당한 피해와 공격으로부터 인간을 보호하기 위해 고안된 규칙과 원칙에 의한 보호를 받을 수 없다.

비인간화의 언어는 생물학적인 것만이 아니다. 또한 다양한 종류의 용어를 사용한다. 일부는 종교의 세계(그들은 "신을 거부하는 이교도"다)나 경제적, 성적, 군사적 경쟁의 영역(그들은 통제에 대한 "욕망"이 있고, "도덕이 결여되어" 있으며, "우리에게 해를 끼친다")에서 나타난다. 비인간화의 가장 눈에 띄는 결과는 부정적으로 설정된 집단이 차별, 박해 및 기타 불행한 현상의 대상이 될 수밖에 없는 불가피한 결과다. 그들은 절멸을 포함하여 너무나 자주 "그럴 만한 존재"로 간주된다.

비인간화는 언어로 나타난다.

◆ 그들이 동물이고 사람이 아니라면 죽여야 한다.

- ◈ 그들이 해충이나 곤충인 경우에는 박멸해야 한다.
- ◈ 그들이 질병을 퍼뜨리는 경우 인간을 감염시키기 전에 절멸시켜야 한다.
- ◈ 그들이 만일 경제적 기생충이거나 종교의 적이라면, 만약 그들이 우리 여자들을 데려가겠다고 위협한다면, 또는 해당 지역에 정치적 위험이나 군사적 위협을 가한다면, 우리는 (위협에 대응하는 각 문화에 내장된 선호도와 가치에 따라 선택된) 박해나 탄압이나 투옥이나 학살 등 적절한 해결책으로 맞서야 한다.

일상생활의 예

- ◈ "폴란드 새끼들(Polack)은 언제 뭐라고 말해?"
- ◈ "루마니아 애들은 대대로 도둑놈들이지."
- ◈ "흑인 놈들은 무자비한 야만인이야."

세상에는 서로 다른 국가 및 인종 집단에 거칠고 부정적인 특성을 부여하는 인종차별적 언어의 사례가 가득하다. 처음에는 농담으로 사용하다가 나중에는 아주 진지하게 표현하는 경우가 많다. 이는 광범위한 모욕과 차별적 행동의 토대를 마련한다. 끝없는 사례 목록에는 이스라엘 유대인들이 아랍인(이스라엘 내 아랍 시민 포함)에 대해 자주 언급한 내용이 포함되어 있다. 또는 유럽 역사와 나치 문화 시대에 있었던 반유대주의 담론에서 유대인에 대한 전통적으로 부정적인 묘사, 그리고 현대 이슬람에 대한 광범위한 경멸이 있다. 이슬람에 대한 경멸은 오늘날 우리 세계에 압도적으로 널리 퍼져 있다. 우리 직장에서도 우월감에 젖어 다른 직원을 열등하다고 말하는 사람들을 발견할 수 있다.

홀로코스트 및 기타 제노사이드 사례

❖ 1994년 르완다 후투족은 정부 라디오 방송국에서 투치족을 인간이 아니라 곤충이라고 언급하면서 매일 학살을 요구하는 방송을 내보냈을 때, 단 100일 만에 약 80만 명의 투치족을 살해했다.[25]

❖ 폴 포트(Pol Pot)의 지도하에 캄보디아의 크메르 루즈(Khmer Rouge) 집권 기간 동안 그들은 죄수들을 노예로 불렀다. "너희들은 돼지야!" 군인들이 그들에게 소리쳤다. "우리는 그동안 많은 고통을 겪었다. 이제 너희는 우리의 명령을 따르며 고통을 겪게 될 것이다." 한 군인은 수감자에게 소 대신 너희 어머니가 죽는 것이 낫다고 말했다. 왜냐하면 "소는 우리에게 많은 것을 제공하고, 쌀을 먹지 않으며, 너희 돼지보다 훨씬 더 가치가 있기 때문이다."[26]

"사물화"와 분류화

어떤 집단의 사람들은 그들을 동물이나 질병에 비유하거나 인간성을 부정하는 경멸적인 용어를 사용하지 않고도 다른 사람들의 눈에 불신을 받고 사회 계층에서 낮은 지위로 강등될 수 있다. 예를 들어, 공장 관리자는 흑인, 유대인, 히스패닉계 고용을 중단하기로 결정할 수 있다. 다른 직장에서는 여성을 위해 낮은 직위를 지정하고 동일한 업무를 수행하는 남성에게 지급하는 것보다 적은 급여를 지급한다.

미국 심리학자 조지 바흐(George Bach)는 아내를 살해한 혐의로 종신

형을 선고받은 남편 집단을 연구했다. 언급한 바와 같이, 성격 발달의 중요한 부분은 타인에 대한 부정적인 감정을 수용하고 정서적, 은유적 공격성을 적절하게 관리하는 방법을 배우는 것이다. 이 원칙은 바흐의 연구에서도 분명하게 나타난다. 살인자가 아내에게 극도로 화를 냈을 때 그들은 자신의 분노를 느낄 수 없었고 감정적으로 분노를 해소할 수도 없었다. 대신 그들은 폭력으로 자신을 표현했다. 바흐는 또한 어느 시점에서 살인자들이 아내를 인간으로 보는 것을 중단하고 대신에 그들이 원하는 대로 조직하고 배열할 권리가 있는 "사물"로 여기기 시작했다는 것을 관찰했다. 그는 이러한 분류 과정을 "사물화(thinging)"라고 불렀다.[27] 대량학살의 연쇄 살인범은 수많은 희생자를 바라볼 때 사람이 아니라 "사물"로 본다.

전쟁과 집단적 트라우마 상황에서 의료 대응팀은 가장 많은 에너지를 쏟아야 할 환자와 덜 노력해야 하는 환자를 구별하는 이른바 "분류"라는 선택 프로세스를 적용한다. 분류 시스템을 안내하는 요소는 환자의 생존 가능성이다. 의료 당국이 일반적으로 적용하는 또 다른 원칙은 노인보다 더 오래 살 가능성이 있는 젊은 환자를 우선시한다는 것이다. 이러한 방식으로 우리는 분류가 관료 정부나 기타 강력한 기관의 이념적 목표뿐만 아니라 인도주의적, 윤리적 목표도 달성할 수 있음을 알 수 있다. 우리, 특히 노년층이 불편하더라도 객관적인 의학적 기준에 따라 수행되는 분류는 인간성의 요소를 반영하지만, 예컨대 정부나 다양한 인종, 종교 등에 의한 "사물화" 과정은 두 가지 모두를 고려하지 않는다는 것이다. 사람이나 그들의 필요보다는 오히려 정권의 목표를 우선시한다.

이스라엘에서는 수년 동안 내무부 관공서, 자동차 면허국, 심지어 일부 병원의 시민들에 대한 태도는 무관심과 냉담함으로 이루어졌다.

오늘날에는 이러한 관행 중 상당수가 근절되었으며, 대부분의 관공서와 의료 시스템은 대중을 훨씬 더 정중하고 효율적으로 대한다. 그러나 이 현상은 완전히 사라지지 않았으며 무장한 이스라엘 군인이 검문소에서 민간인을 확인해야 하는 경우와 같은 복잡한 보안 상황에서 여전히 관찰된다. 군인들이 직면한 실존적 위협과 그들의 권력 지위로 인해 일부 사람들은 아랍 주민들(영토 내의 팔레스타인인과 이스라엘의 아랍 시민 모두)을 굴욕적이고 공격적인 방식으로 대하게 되었다. 우리 중에 다른 사람의 멸시, 통제, 모욕, 무례한 대우로 인해 끔찍한 감정을 겪지 않은 사람이 어디 있겠는가?

일상생활의 예

- 부패한 관공서 직원은 뇌물을 받을 때까지 일반 시민을 위한 전화선 설치를 무기한 연기한다. 그러다 시민이 비용을 지불하면 전화선이 즉시 설치된다. 이런 일은 1960년대와 1970년대 초에 이스라엘에서 자주 일어났다.
- 분주한 공공 의료 시스템은 선착순으로 검사 및 수술 예약을 하므로 종종 시민들이 치료를 받기까지 몇 달을 기다려야 하는데, 지연으로 인해 사망 위험이 커질 수 있는 경우에도 마찬가지다.
- 운전 면허증을 발급하는 이스라엘의 자동차 면허국은 일반 대중을 무심하게 몇 시간씩 기다리게 할 것이다.
- '문선명'으로 더 잘 알려진 통일교는 수천 쌍의 대규모 결혼식을 동시에 거행한다. 그 직후, 배우자들은 함께 있는 것이 허용되기 전에 지정된 기간 동안 다른 방향으로 보내진다. 실제로 결혼식은 교회를 기리는 역할을 하며, 교회는 구성원들의 삶에서 가장 중요한 사실상의 궁극적 제도다.

◈ 항공사는 악천후나 기술적 문제로 인해 항공편이 취소된 승객을 위해 가능한 가장 빠른 대체 항공편을 마련하지 않는다.

홀로코스트 및 기타 제노사이드 사례

◈ 나치는 많은 희생자에게 식별 번호를 문신으로 새겼다.
◈ 1970년대에 캄보디아인들은 뚜얼슬랭 중앙 교도소의 수감자들을 기록한 사진과 기록을 보관했는데, 이 교도소에서 살아남은 수감자들은 극소수에 불과했다.[28]
◈ 1930년대 일본이 만주를 침략하자 일본의 이시이 시로 박사는 과학적 목적으로 중국인 포로들을 대상으로 잔인한 실험을 실시하고 그 결과를 기록했다. 말하자면, 그는 사람을 아프고, 고통받고, 죽어가는 인간이라는 대상으로 전혀 인식하지 않은 것이다. 나치 강제수용소에서 조세프 멩겔레(Josef Mengele)의 수술 절차와 마찬가지로 이시이의 수술은 마취나 통증 예방 조치 없이 매우 잔인하게 실행되었다.[29]

사물화와 분류화는 인간을 타인의 필요에 봉사하는 대상의 지위로 격하시키고, 기본적 인권을 보호해야 하는 인간으로서의 정체성을 박탈한다.

"인간이 아닌" 것으로 분류된 적에게 악마의 힘을 부여하는 것

앞의 비인간화와 '사물화'의 예에서 볼 수 있듯이, '사물'이나 '비인간'은 큰 힘을 지닌 것으로 묘사되는 경우가 많다. 그리고 그들은 자신들을 열등하다고 낙인찍은 사람들에게 해를 끼치거나 죽일 가능성이 있다. 이런 식으로 무가치하고 "인간이 아닌" 것으로 간주되는 사람들은 동시에 초인적 힘으로도 간주된다. 열등감과 과도한 힘이라는 두 가지 특성은 모순되는 내부 논리를 명백히 반영하지만, 인종차별주의자들은 전혀 주목하지 않는 모순이다. 반대로, 이제 그들은 대상 집단의 구성원을 경멸하는 두 가지 이유가 있다.

1. 그들은 우리와 너무 다르고 우리 눈에 보기 흉하고 혐오스럽다(비인간화).
2. 그들은 우리의 존재를 위협하고 우리를 멸망시키는 힘을 가지고 있다(악마화).

이것이 나치가 유대인을 묘사한 방식이다. 샤난 라파포트(Chanan Rapaport)와 나는 대량학살 조기 경보 시스템을 개발하는 데 수년을 바쳤다. 그 과정에서 우리는 대량학살로까지 확대되는 초기 과정을 확인했다. 모든 과정 중에서, 우리는 지정된 피해자에 대한 비인간화와 그들에 대한 초능력적인 악마화가 결합된 것이 특히 치명적이라는 것을 발견했으며, 대부분의 대량학살 사례는 두 가지 모두와 관련되어 있다.[30]

이 조합은 분명한 모순을 보여준다. 한편으로는 대상이 인류에 속하지 않을 정도로 열등한 것으로 묘사된다. 반면에 그들은 최고의 파괴력을 소유한 것으로 특징지어진다. 이 조합에 나타나는 모순은 '위험한 적에 대한 자기방어'라는 이름으로 폭력으로 전환되는 변증법적 에너지를 생성한다. 말하자면 그것은 지배 사회에 혐오스럽고 극히 위험한 대상에 대한 파괴를 정당화하는 것이다. 어떻게 우리는 그러한 적을 뿌리 뽑아내는 것이 정당하다고 느끼지 않을 수 있겠는가?

결론 3

타인에게 해를 끼치는 것을 피하고 싶은 사람들은 스스로에게 두 가지 질문을 던져야 한다. (1) 나를 열등하거나 인간이 아닌 것으로 간주하는 사람이나 집단이 있는가? (2) 잠재적으로 나와 내가 사랑하는 사람을 파괴할 수 있는 초능력을 소유한 것으로 간주하는 사람들이 있는가? 비인간화와 악마화를 타인에게 귀속시키는 개념의 연결은 이질적이고 위험하다고 인식되어 제거되어야 할 사람들을 살해하는 토대가 된다.

▶▶▶ 자기성찰학습 5를 참조하시오

• • •

살인자의 악마화 / 차임 샤츠커(CHAIM SCHATZKER)

이 현상에 직면한 우리의 개념적 무력감은 때때로 홀로 코스트 작전의 가해자와 집행자를 악마화하는 결과를 가져왔다. 이는 중세 시대의 사탄이 모든 악의 근원이라는 개념과 유사하다. 인간은 두려워하고, 거부하고, 미워하고, 끊임없이 싸우지만, 인간의 이해와 인식을 넘어서는 존재다.

사탄과 인간 사이에 비유를 그릴 수 없기 때문에 모든 악마화는 인간의 영혼에서 악을 찾는 대신 외부 대상에 악을 고정시키는 성격을 갖는다. 우리는 악의 기원과 악이 번성하는 것을 이해하고 미래에 그러한 현상을 좌절시키기 위해 행동해야 한다.[31]

• • •

미친 자의 정신 / 토마스 머튼(THOMAS MERTON)

아이히만 재판에서 밝혀진 가장 충격적인 사실 중 하나
는 정신과 의사가 그를 검사한 후 그가 완전히 제정신이라고
선언했다는 것이다. 나는 그것을 전혀 의심하지 않으며, 바로
그것이 내가 불안하다고 생각하는 이유다. 우리는 야만, 광기,
파괴로부터 세상을 보호하기 위해 세상의 건전한 사람들에게
의지한다. 그리고 이제 가장 위험한 사람은 바로 제정신인 사
람들이라는 사실이 우리에게 떠오르기 시작한다. 양심의 가
책이나 메스꺼움 없이 미사일을 겨누고 버튼을 누를 수 있는
사람은 바로 제정신의 사람들이며, 제정신의 사람들은 준비한
파괴의 대축제를 시작할 수 있는 사람들이다.

우리는 사람이 제정신이기 때문에 "올바른 마음"에 있
다고 더 이상 가정할 수 없다. 영적 가치가 의미를 상실한 사
회에서 건전한 정신이라는 개념 자체는 무의미하다. 만약 그
(현대인)가 조금만 더 제정신이 아니었다면, 조금 더 의심이 많
았고, 자신의 부조리와 모순에 대해 조금 더 인식했다면 아마
도 생존 가능성이 있었을 것이다.[32]

CHAPTER 4.

"다른 사람들처럼"

순응과 황금 송아지 유혹

> **타인이 나에게 기대하는 일을 하며,**
> **타인처럼 행동하라.**

여러 면에서, 우리가 악(폭력)의 기초라고 부르는 것의 기본 원칙은 그 자체로 매우 긍정적일 수 있다. 예를 들어, 개인이 공식 기관의 지시를 수행하거나 규범적인 집단행동에 참여하는 것은 일반적으로 사회에 건설적이다. 그러나 이러한 동일한 건설적인 행동은 인간의 삶을 파괴하는 행동에 대한 정당화 역할도 할 수 있다.

몇몇 민주주의 국가에서는 정부와 군대가 내린 명령을 포함해 "명령을 따른다는 것"이 자연적 이해에 따르면 '불법적'이라고 정의하지만, 엄밀한 의미의 "자연법"에 따르면 그 '명령 자체'가 '불법'이라는 점은 분명해 보인다.

예를 들어, 헛간에 갇힌 민간인을 불태우거나 비무장 남성, 여성, 아동 농업 노동자를 살해하는 것은 명백히 불법이다.

- ◆ 순종과 권위의 지배
- ◆ 적합성
- ◆ 관료화
- ◆ "소극적 마음": 책임감의 축소

복종은 규율에 따라 때로는 맹목적으로 명령을 따르는 것이다. 권위의 지배는 명령을 따르는 것 자체를 의미하는 것이 아니라, 지휘관, 관리자, 리더 또는 책임 있는 공권력의 역할을 의미한다. 복종의 개념이 누구에게든 시키는 대로 맹목적으로 행하는 행위를 뜻한다면, 권위의 지배 개념은 공권력에 대한 맹목적인 복종과 충성에 초점을 맞춘다. 이것이 바로 나치가 강조하는 총통과 그의 장교들의 지도력에 있어서 중요한 요소다.[1]

다른 사람에게 인정받고 싶어하는 것은 인간의 본성이다. 대부분의 개인은 눈에 띄게 특별한 사람처럼 보이는 것을 피하려고 노력한다. 표준적인 규범에서 벗어난 개인은 생활에 어려움을 겪기 쉽다. 주변의 모든 사람에게 유별난 규범과 원칙에 따라 행동한다는 사실은 "다른" 사람들에게 의심을 일으킬 가능성이 높다. 더욱이 공동체와 사회는 널리 받아들여지는 행동 규범 없이는 단순히 기능할 수 없다. 우리는 아이들에게 신호등이 빨간색이 아닌 녹색일 때 길을 건너도록 가르치거나, 항공기 조종사가 이륙 전에 모든 비행 시스템을 체계적으로 점검해야 하는 안전 규정을 따르기를 기대한다. 특히 이민, 출산, 주택 건설, 종교 활동 등 다양한 영역에서 법률이나 합의된 절차를 요구한다.

불행하게도 사회 질서를 확립하고 형성하기 위한 시스템은 종종 좋은 삶에 걸림돌이 되기도 한다. 가장 심각하고 아이러니하게도, 공공 질서라는 이름으로 발표된 법률과 선언문은 때때로 생명 파괴에 대한 대중의 참여를 조장하기도 한다.

•**>>> 자기성찰학습 6를 참조하시오**

우리 대부분은 "사람의 생명을 존중하라", "남에게 대접을 받고자 하는 대로 남을 대접하라", "네 이웃을 네 몸과 같이 사랑하라", "살인하지 말라"와 같은 표현에 동의한다. 역사와 정신 생물학은 많은 사람(아마도 대부분)이 타인을 살해할 수도 있는 사회적 과정에 기꺼이 참여하거나 협력할 의지가 있음을 명백히 보여준다. 예를 들어, 나치 독일, 마오의 중국, 스탈린주의의 러시아, 유고슬라비아, 르완다에서 일어난 사건을 생각해 보라. 살인 정권에는 살인자가 결코 부족하지 않다!

"우리에게 기대되는 일을 하는 것"과 "다른 사람처럼 되려고 노력하는" 경향은 긍정적인 특성과 부정적인 특성을 동시에 보여준다. 어떤 상황에서는 명령에 따르는 맹목적인 복종의 원칙이 중요하고 필요하다. 군사 작전, 긴급 상황, 민감한 작업 환경에서는 신뢰할 수 있는 지도자에게 기꺼이 복종하려는 의지는 일반적으로 성공 가능성을 높이고 종종 생명을 구한다. 그러나 그러한 상황에서도 사람들이 자신의 재량권을 행사하고 잘못된 명령을 내리는 지도자를 수정, 비판, 반대할 수 있다는 것은 여전히 중요하다. 예를 들어, 연구에 따르면 부기장이 기장의 잘못된 지시를 따르지 않았다면 항공 사고의 약 40퍼센트를 예방할 수 있었을 것이다![2]

어떤 상황에서는 사람들이 윤리적 기준을 위반하는 것으로 이해되는 행동을 취하라는 명령을 받고, 어떤 경우에는 국가법 또는 국제법을 위반하기도 한다. 많은 민주주의 국가에서 비무장 민간인을 살해하라는 명령은 명백히 불법이다. 이스라엘에서는 이 원칙이 크파르 카심(Kfar Qasim)에서의 대량학살 사건 이후 제정된 법률에서 결정적으로 표현되었다. 크파르 카심은 통금 시간이 시작된 직후 직장에서 집으로 돌아오던 중 49명의 무고한 비무장 아랍 남성, 여성, 어린이가 사망한 곳이다.

해당 지역(다른 지역은 아님)의 이스라엘 방위군(Israel Defense Forces, IDF)이 마을 사람들에게 알리지도 않고 그날 일찍 시행하기로 결정했다. 지역 장교들에게 통금 시간을 엄격하게 시행하라고 명령한 사람은 한 지역의 방위군 사령관이었다. 위반자를 무차별, 무자비하게 죽여야 함을 분명히 암시하는 표현을 사용했다. 이 한 가지 비극적인 예외를 제외하고, 같은 명령을 받은 다른 지휘관들은 모두 자신의 상관이 너무 멀리 나갔음을 인식하고 이를 따르지 않았다. 그들은 통금 시간을 모르고 직장에서 집으로 돌아오는 무고한 마을 사람들에게 해를 끼치지 않고도 통금 시간을 집행하는 것이 자신들의 임무라고 이해했다. 명령을 따르고 병사들에게 비무장 민간인을 쏘라고 명령함으로써 "완전한 복종"을 보여준 사람은 오직 한 명의 사령관이었다. 군인들은 그의 명령을 따랐으며, 물론 이 명령 역시 명백히 불법이었다.[3]

우리는 또한 일상생활에서 명백히 잘못된 일을 할 것으로 예상되는 상황에 직면할 때도 있다. 예를 들어, 한 남자가 직장에서 집으로 돌아오자 그의 아내는 그에게 낮 동안 완고하고 무례하게 행동한 자녀 중 한 명을 때리라고 요구한다. 아내의 요구를 남편이 이행하는 것이 옳은 일일까? 자녀를 향한 파괴적인 행동에 대한 부모의 공모를 연구한 프닌나 블리츠(Pnina Blitz)[4]는 사례의 16퍼센트가 "두 번째" 부모가 다른 부모가 시작한 과도한 파괴적인 행동에 가담했다는 사실을 발견했다. 그리고 54퍼센트의 경우에 "두 번째" 부모는 옆에 서서 반응하지 않았다. "방관자"라는 용어의 고전적 정의에 따라, 악이 다른 사람에게 자행될 때 기능하는 또 다른 가능한 방식으로 이 개념을 곧 살펴보겠다.

순응성

　　순응이란 다른 사람과 같은 방식으로 행동하려는 욕구를 말한다. 이는 종종 자신이 속한 공동체나 사회의 규범적인 다수에 따라 행동하는 것을 의미한다. 진정한 순응주의자는 타인의 행동을 맹목적으로 따라간다. 심지어 이것은 끔찍한 일을 의미할 때에도 마찬가지다.

　　순응은 종종 명령에 대한 맹목적인 순종이나 권위에 대한 무조건적 복종을 의미하지는 않지만, 종종 함께 진행된다. 순응 자체는 또한 비겁하고 맹목적이고 복종적인 행동의 위험을 초래한다. 개인은 대부분의 사람들이 특정 방식으로 행동한다는 사실을 자신도 마찬가지로 행동해야 한다는 명령으로 해석한다. "보통" 또는 평범한 사람들은 일반적으로 의견이나 선택에 대한 자신의 권리를 포기한다. 그들은 남들과 달라서 결과적으로 자신이 속한 집단이나 사회에서 받아들여지지 않는 것에 대한 잠재된 두려움이 있다.

　　심리적, 사회학적 관점에서 볼 때, 개인은 기본적으로 규범적이어야 하고, 자신의 공동체에 적응하며 사회적으로 수용 가능한 방식으로 행동하는 것이 확실히 바람직하다. 개인 심리학에 있어서 사회적 규범과 동떨어진 현저한 차이는 종종 다른 사람과 협력하며 상호 작용하는 것을 꺼리거나 무능력함을 보여준다. 눈에 띄게 다른 사람들은 이상하거나 불안할 수 있다. 그들은 부정적이거나 자기애적 성격 장애로 고통받을 수 있다. 그들은 심지어 정신병적인 정신 질환을 앓고 있을 수도 있다. 대조적으로 사회의 널리 퍼진 규범 모델에 따라서만 행동하는 사람은 표면적으로는 "개성", 독립성 또는 도덕적 의지가 매우 결여되어 있다. 그는 자신의 아이디어를 혁신하고, 형성하고, 창조하고, 발전시키는 능력을 포기했거나 개발하지 못했을 수도 있다.

순응성과 비순응성의 비교는 사회와 개인에 대한 의미를 고려해야 한다. 한편으로는 조직화된 사회의 모든 구성원에게 상당한 수준의 순응성이 분명히 요구된다. 반면, 사회에는 상당한 수준의 혁신과 창의성, 그리고 새롭고 풍요로운 개념의 추구를 장려하는 리더십이 부여되는 것이 유리하다. 따라서 이러한 역동성의 중요성은 모든 혁신적인 사고를 차단하는 군대의 운명을 살펴보면 더욱 분명하게 드러난다. 한 미국 군 사령관은 자신이 보기에 이스라엘 군대에서는 새로운 아이디어가 종종 '아래'에서 나오는 반면, 다른 많은 국가의 군대에서는 새로운 아이디어가 '위'에서만 나올 수 있다고 말했다.

대체로 순응은 개인과 공동체 모두에게 유익하다. 그러나 개인의 독립성 역시 사회적 규범에 얽매이지 않고 자신의 정직한 사고와 윤리 의식을 바탕으로 문제를 평가함으로써 사회가 필요로 하는 혁신을 만들어낸다. 개인의 독립성 없이 어떻게 치명적인 파시스트 사회의 출현에 저항할 수 있겠는가? 파시스트가 되기를 거부하는 문화적 영웅이 없다면, 우리 모두는 파시스트로 변한 사회의 규범적 파괴성에 익숙해지고, 빠져들고, 참여할 것이다.

다양한 많은 집단이 각자의 규범 준수를 요구하는 비전체주의적이고 치명적이지 않은 사회에서 순응과 개인의 자유 사이의 적절한 균형을 찾는 것은 어려운 과제다. 예를 들어, 유대교 인구가 많은 이스라엘 지역에서는 공개적으로 유대인 안식일을 지키도록 현지에 사는 세속적 세속인들에게 압력이 가해진다. 그러나 비종교인에게도 권리가 있다. 뒤따르는 투쟁은 단순히 다수의 선택에 맡겨질 수 없으며, 다수의 욕구와 개인의 자유를 모두 보호하는 민주주의의 전반적인 지침이 필요하다. 프랑스에서는 독실한 무슬림 여성이 학교에 가면 베일을 써야 한다는 이슬람의 종교적 요구와 다양한 종교 집단의 사람들이 서로 구별되지 않아 시민들 사이에 심각한 분리가 발생한다는 민주적 원칙을 놓고 투쟁이 전개되었다. 사회는 개별 종교 집단 내에 널리 퍼져 있는 순응에 굴복해야 하는가? 그리고 사람들이 자신의 종교적 정체성을 나타내는 개별 상징을 보여주지 말라고 요구하는 데 사회는 어디까지 갈 수 있는가?

완전한 헌신이 필요한 직업과 예술적 표현의 형태를 배우려면 어느 정도 순종과 순응도 필요하다. 예를 들어, 음악을 전공하는 학생, 조종사, 외과 의사는 매우 집중적인 훈련을 받아야 한다. 그러한 분야에 대한 연습생들의 상당한 순종과 순응이 없다면 사회는 중요하고 귀중한 분야에서 뒤처지게 될 것이며, 예술가와 전문가가 부족할 것이다. 정말 중요한 질문은 "명령을 따르지 않을" 장소와 때, 그리고 대다수의 다른 사람들이 행동하는 대로 따르지 않을 장소와 때인 것 같다.

이 질문에는 하나의 절대적인 정답은 없다. 순종과 순응은 정확성, 확실성, 상당한 연습이 필요한 분야에서 기술과 전문 지식의 기초를 마련하는 데 중요한 목적을 제공한다. 그럼에도 불구하고 우리는 자신의 진정한 개성과 충돌하는 지점에 복종하거나 순응하지 않도록 노력해야 한다. 전문적인 우수성을 달성하는 데 필요한 규율이 사회에 매우 중요한 혁신적인 예술가와 발명가를 양성하는 데 필요한 창의성을 막도록 허용되어서는 안 된다. 더욱 중요한 것은, 우리는 명백히 인간의 생명을 파괴하는 사회의 평범한 단원의 역할을 맹목적으로 복종하거나 수용하는 데 결코 굴복해서는 안 된다는 것이다.

당신이 '철학적 유머' 감각을 갖고 있다면, 우리는 이를 바탕으로 다음과 같은 역설적인 원리를 공식화할 수 있다. 무엇보다도 우리는 타인을 해치거나 죽이는 것을 금지하는 보편적인 도덕 윤리에 복종할 필요가 있다. 물론 우리를 죽이려는 누군가에 대한 정당방위를 위한 명확한 상황은 제외다. **이러한 보편 규칙에 대한 절대적 순응은 중요하다.**

미국 기독교 대학 협의회 의장이자 아랍 기독교 지식인인 하비브 말리크(Habib Malik)는 도덕적 가치는 본질적으로 보편적이라는 입장을 제시했다. 그는 인간의 마음과 양심은 지역적 상황에 관계없이 도덕적 보편성과 자연법의 부름에 언제 어디서나 응답할 것이라고 주장한다. 그는 보편적 가치에 대한 이슬람 세계의 인식에 결함이 있음을 인정한다. 그럼에도 불구하고 보편적 가치는 무슬림의 마음과 전반적인 이슬람 문화에 강하게 울려 퍼지고 있다고 말한다.[5]

관료화

관료화란 행정 시스템 내의 관리자, 공무원, 사무원이 사람들에게 지시와 규정된 절차에 따라 순종적으로 행동하도록 지시하는 방식을 말한다. 만일 순응하지 않을 경우 처벌을 받고 관료제 서비스에 대한 권리를 상실할 위험이 있다.

관료제는 본질적으로 상당한 복종과 순응을 요구한다. 본질적으로 관료제는 시스템 자체가 지침과 요구 사항을 따르지 않는 사람들에 대해 조치를 취한다는 전제에 기초한다. 심지어 사람들이 이러한 것이 불필요하거나 비논리적이라고 판단하거나 사람들의 건강과 보안을 위협할 때에도 마찬가지다. 다음은 이스라엘에서 과거와 현재의 학대 사례

중 일부다.

- ◈ 병원에서는 치료가 필요한 모든 사람이 동시에 병원에 신고해야 한다는 무감각한 정책을 취하고 있다. 결과적으로 환자들은 치료를 받기까지 몇 시간씩 병원에서 기다려야 한다.
- ◈ 특히 정중하고 사려 깊을 것으로 예상되는 큰 국가의 대사관(힌트: 국기에 별 50개가 있음)은 방문 비자가 필요한 외국 시민에게 대사관 직원을 만나기 전에 날씨와 관계없이 몇 시간 동안 대사관 밖에 줄을 서도록 요구한다.
- ◈ 공인 수입업자는 예비 부품에 대해 부풀려진 가격을 청구하며, 고객은 지불할 수밖에 없다.

관료주의가 인권을 침해하고 차별, 불법 체포, 박해, 인구 이동, 대량학살을 자행하는 많은 시스템에서 중심 역할을 한다는 것은 의심의 여지가 없다. 가해자의 입장에서 보면, 관료적 구조는 그들에게 국민을 통치할 수 있는 힘을 제공한다. 더욱이 권력의 중독적인 효과를 고려할 때, 우리는 관료주의가 본질적으로, 심지어 악의가 없더라도, 다른 인간에 대한 권위주의적 대우의 수준을 증가시킨다는 것을 이해할 수 있다. 많은 관료 사무원이 타인의 운명을 결정하는 주인의 역할을 수행하는 데 진정한 즐거움을 느낀다. 정말 훌륭한 관료는 자신의 지위에 만족하지 않고 대신 자신이 섬기는 사람들의 최선의 이익을 위해 일하겠다는 개인적 결정을 내려야 한다. 사람들의 필요와 이익에 진심으로 초점을 맞추도록 직원을 훈련하고 감독하는 관료는 얼마나 될까?

일상생활의 예

관료주의는 공공의 안전과 삶의 질을 유지하는 데 중요한 역할을 하지만, 종종 해를 끼칠 수도 있다.

- ❖ 감정이 없거나 분노한 표정으로 새로운 이민자들을 받아들이는 이스라엘 내무부 직원은 말 그대로 새로운 사회 구성원에 대한 무관심이나 굴욕으로 그들의 정서적 경험을 손상시킬 수 있다. 사실상 그는 이민자 흡수 과정을 방해하고 있으며, 그 피해는 앞으로도 오랫동안 사람들의 삶에 영향을 미칠 수 있다.
- ❖ 공감과 유쾌한 태도로 새로운 환자를 등록하고 완전한 쾌유를 기원하는 병원 접수원은 그들의 치유 과정에 매우 중요한 기여를 한다. 이런 관점에서 보면 접수원은 사실상 병원 의료진의 일원으로 기능하고 있는 것이다!

홀로코스트 및 기타 제노사이드 사례

관료들은 홀로코스트에서 중요한 역할을 수행했다.

- ❖ 서기는 수감자의 이름을 목록에 입력하고 각 수감자에게 일련번호를 할당하여 수감자의 몸에 문신을 새겼다.
- ❖ 철도 직원은 희생자들을 강제수용소로 수송하기 위해 "티켓"과 기차를 준비했다. 어떤 경우에 철도 당국은 군부 또는 정부 부서에 수송 비용을 지불하도록 요구했다.
- ❖ 트럭 운전사는 강제수용소에 음식과 장비를 배달하는 정규 작업을 계속했다.

- 자격증이 있는 의사는 "선별"이라는 과정을 통하여 누가 즉시 살해되고 누가 불확실한 기간 동안 살 수 있는지 결정했다.
- 의사들은 인간을 대상으로 잔인하고 치명적인 실험을 수행했다.
- 비서들은 실험 대상의 '수량'을 요구하는 편지를 타이핑하거나 살해된 시체를 태울 용광로의 가격 견적을 전달하면서 '꼼꼼하고 우수한 서비스'를 약속했다.
- 과학자와 기타 직원들은 치명적인 가스를 생산하는 공장에서 일했다.

●▶▶▶ **자기성찰학습 7을 참조하시오**

"소극적 마음": 책임감 축소시키기

히브리어 문구 '로시 카탄'(문자 그대로 "작은 머리"로 번역됨)은 시스템에 대한 사람들의 소박하고 맹목적인 참여와 그것이 규정하는 행동의 실행, 즉 요청한 것 이상도 그 이하도 하지 않는 것을 가리키는 데 사용되는 이스라엘식 표현이다. 이 문구에는 책임을 거부하는 요소도 포함되어 있으며, 이는 개인이 자신의 행동의 중요성을 이해하지 않기로 결정했음을 의미한다. 예시는 다음과 같다.

•❯ "선별 과정"에 참여한 나치 의사는 자신은 누가 일에 적합한지 평가했을 뿐이고 부적합하다고 판단한 사람들이 죽임을 당하리라는 것에 대해서는 전혀 몰랐다고 자신을 정당화했고, 전쟁 후에는 아마도 법원에 주장할 수 있다.

•❯ 기관사는 열차를 운전했을 뿐 열차의 상태와 열차가 목적지에 도착한 후 철조망 반대편에서 무슨 일이 일어날지 전혀 알지 못했다고 주장한다.

•❯ 편지를 타이핑한 한 비서는 자신이 편지를 읽지도, 거기에 포함된 정보를 이해하지도 못한 채 자동적으로 그렇게 했다고 주장한다.

남아메리카의 한 국가에서 온 한 심리학자는 그곳의 경찰서에서 일하면서 심리학자가 환자를 대하는 것처럼 경찰관을 대했다. 그 목표는 그들의 심리적 복지를 보장하고 직장과 삶에서 그들에게 가해지는 압력을 완화하는 것이었다. 그러나 몇 년 후, 미국 시민이 된 그는 건물 위층에서 치료사로 일하면서 아래층에서는 경찰이 명령에 따라 죄수들을 고문하고 처형하고 있다는 사실을 충분히 알고 있었다고 인정했다. (과테말라, 칠레, 아르헨티나에서는 몇 년 동안 수천 명의 사람들이 단순히 "사라졌다".)[6] 심리학자는 이 기간 동안 자신이 아래층에서 무슨 일이 일어나고 있는지 전혀 모르는 것처럼 완전히 무시하고 행동했다고 말했다. 그에 따르면 자신에게는 다른 선택지가 없었다는 것이다.

"소극적 마음"이라는 문구는 마치 사람이 자기 행동의 진정한 의미를 인식하지 못하여 책임을 지지 않는 것처럼, 사람의 책임감이 제한되는 것을 그래픽처럼 포착한다.

자녀와 근친상간을 저지른 가족의 경우, 의료 전문가는 가해자가 아닌 다른 부모(일반적으로 어머니)가 무의식적으로라도 무슨 일이 일어나고 있는가에 대해 알고 있는지 여부에 대해 종종 논쟁을 벌인다. 비록 어머니가 남편이 딸과 비밀리에 성관계를 갖고 있다는 사실을 명시적으로 알지 못하더라도, 심각한 문제가 발생하고 있다는 느낌을 가질 가능성은 여전히 높다. 개인적으로 나는 상대방 부모가 무슨 일이 일어나고 있는지 항상 감지하고, 실제로 알고 있다고 굳게 믿는다. 그러나 그러한 지식은 종종 잠재의식 속에 남아 있다. 의식적으로, 부모는 정말로 모른다. 이것이 소심한 마음속에서 작용하는 심리적 과정이다.

결론 4

타인에게 해를 끼치고 싶지 않은 사람은 출처에 관계없이 자신이 받는 지시를 주의 깊게 고려해야 한다. 여기에는 군사령관, 정부 지도자, 성직자 등 누구나 포함된다. 명령의 적법성이나 도덕성에 대해 의심이 든다면, 무조건적 복종은 용납될 수 없다. 우리는 직장에서도 주변 환경에 맹목적으로 순응해서는 안 된다. 우리 삶의 모든 영역에서 우리는 자신의 행동을 인식하고 책임을 져야 한다. 우리는 "소극적"이어서는 안 된다. 우리는 도덕적으로 "대담한 마음"을 가져야 한다. 우리에게 권위를 행사하는 사람들이 기대하는 대로 행동해야 한다는 이해 가능한 요구에도 불구하고, 우리 모두는 우리가 하는 일에 대해 도덕적인 책임을 져야 하며, 다른 사람에게도 그런 일이 일어나도록 허용해야 한다.

◆>>> 자기성찰학습 8을 참조하시오

무비판적 수동성

> ## "흐름 따라가기"

"흐름 따라가기"는 이유에 관계없이 우리의 행동 방향을 재평가하거나 수정하지 않고 우리가 하고 있는 일을 계속하는 것을 의미한다.

◆ 수동성
◆ 습관성
◆ 프로세스에 대한 맹목적 참여
◆ 주변 의견의 힘
◆ 과거 행위에 대한 소급적 정당화

많은 사람은 지시받은 일을 하고 주변 사람들의 행동을 따라 할 뿐만 아니라, 자신의 행동의 중요성을 평가하거나 보지 않은 채 이미 시작한 일을 계속한다. 그들은 변화하는 데 필요한 유연성이 부족하기 때문에 합당하지 않고, 건강하지 않으며, 어떤 경우에는 부도덕한 생활 방식에 얽매일 수 있다.

"흐름 따라가기"는 사람들이 윤리적, 도덕적 의미를 평가하지 않고, 단순히 "명령을 따르고" 주변 사람들이 하는 일을 수행하는, 이른바 우리가 설명한 인간 행동의 또 다른 계층을 나타낸다. 대부분의 사람에게는 '이게 맞나요?'와 같은 질문이 떠오르지 않는다. 나는 이 조치에 정말로 동의하는가? 나는 정말로 그들이 나에게 기대하는 것을 하고 싶은가? 너무 많은 사람이 주변 환경에 적응하고 유행하는 흐름을 따라 익숙한 일을 계속한다. 간단히 말해서, 인간은 관료주의의 기능, 권위의 수용, 유행 흉내내기, 일상적인 것에 대한 고수, 순응하려는 욕구에서 발생하는 많은 일이 일어나는 습관의 세계에 살고 있다.

규정된 방식에 저항하려는 사람들이 엄청난 어려움에 직면한다는 것은 의심의 여지가 없다. 왜냐하면 사회 시스템은 불평하는 사람들을 처벌하는 데 능숙하기 때문이다. 많은 사람은 그러한 투쟁을 어떻게 수행해야 할지 전혀 모르고, 변화를 가져오려는 노력도 전혀 하지 않는다. 그럼에도 불구하고, 세계 어디에서나 핵심적인 사람들은 자신의 내적 경험, 필요, 타인에 대한 존중에 따라 진정성 있게 삶을 살고 있다. 그들은 자신과 다른 사람을 향한 행동을 실제 방식으로 경험한다. 주어진 상황에서 행동의 옳고 그름에 대해 개인적 결정을 내릴 때 비판적 사고와 진정한 도덕적 판단을 행사하는 사람은 존경받아야 할 사람이다.

수동성

수동성은 적극적인 경험의 부재, 활동적인 에너지의 부족,

자신의 감정에 귀를 기울이지 않는 것과 대안적 반응의 가능성을 고려하지 못하는 것, 또는 무능력을 결합한 특성으로 정의될 수 있다. 즉 수동성은 무슨 일이 일어나든 마치 운명적인 것처럼 받아들이는 것이다.

다음 예는 이러한 역학을 보여준다. 많은 직원은 직위 고하를 막론하고 자신의 직장에서 '무엇이 이루어지든' 단순히 따른다. 예를 들어, 이스라엘 대학 시스템에 고용된 많은 강사는 성적이 매겨진 논문을 학생들에게 돌려주는 데 오랜 시간이 걸리는 경향이 있다. 이는 이스라엘이라는 국가에서 "용인되는" 행동이기 때문이다(한 박사 과정 학생이 그의 저명한 교수가 논문을 반환하기까지 1년을 기다리는 것을 보았다). 대부분의 결혼한 부부는 부부 중 좀 더 지배적인 쪽의 행동에 적응하는 경향이 있으며, 대부분의 경우 자녀도 마찬가지다. 기본적인 평등, 즉 결혼 생활에서의 성평등이나 두 부모가 근본적으로 동등한 부모 역할을 공유하며 보완할 비전은 없다.

개인 수준에서 수동성은 자신에 대한 개인의 약점을 나타낸다. 실제로 대부분의 정신과 환자는 내면적으로 깊은 수동성을 보이는 것으로 밝혀졌다. 자신의 일을 내면적으로 진정하게 관리하는 것이 외면적으로 완전히 "드러나지" 않을 수도 있다. 그리고 스스로를 적극적으로 책임지는 것처럼 보이는 사람 중 내면적으로는 매우 수동적인 것으로 판명될 수도 있다. 진정한 자기주장은 내면에서 만들어진다. 정말로 자기주장이 강하고 삶의 진정한 주인인 사람과 자기주장이 강한 것처럼 보이지만 실제로는 주변 환경, 감정, 일상, 습관에 의해 통제되는 사람 사이에는 큰 차이가 있다.

수동성은 대량학살의 심리학에서 중요한 역할을 한다. 역사적으로 중요한 사건에 직면했을 때, 많은 사람이 자신의 양심에 따라 행동하는 방법을 모르고 단순히 수동적인 태도를 유지한다. 살인적인 독재 정권 하에서는 많은 사람이 폭군에게 굴복하여 결국 희생자나 협력자가 되고, 심지어 다른 사람들을 적극적으로 박해할 수도 있다. 많은 사람은 인간 생명의 희생과 관련된 명령을 따르는 데 동의할 것이다. 왜냐하면 그들은 그렇게 하라는 지시를 받았기 때문이다.

홀로코스트 및 기타 제노사이드 사례

◆ 많은 사람은 홀로코스트 기간 동안 유대인들이 "도살장으로 끌려가는 양들처럼 갔다"고 주장해 왔다. 민족적, 시온주의적 관점에서 볼 때, 이러한 묘사는 많은 이스라엘인들에게 강한 수치심을 불러일으켰다. 그래서 반대로 이는 결코 다시는 수동적인 희생자가 되지 않을 강력한 유대 민족을 육성하려는 시온주의의 명확한 목표가 되었다. 그러나 당시의 지배적인 상황을 고려할 때, 나치의 살인 기계 앞에서 유대인들이 수동적으로 후퇴하는 것은 불가피하다는 것이 공유되고 있다. 사람들은 육체적으로나 정신적으로 망가져 있었고 실질적인 저항 수단이 전혀 없었다. 그러한 상황에서 우리는 뒤에서 그 사람들의 "수동성"을 판단할 수는 없다. 사람들이 다른 선택권을 갖고 있으면서도 여전히 가만히 있을 때만 우리는 수동성에 대해 진정으로 평가할 수 있다.

◆ 독일군과 사회의 침묵하는 다수의 행동과 나치에 의해 정복된 다른 많은 국가 집단(한 곳만 예를 들면 비시 프랑스)의 행동[7]은 이미 시작된 과정의 연속으로 이해될 수는 있지만 변명할 수는 없다. 그들은 유대인들을 기차로 죽음의 수용소로

보내라고 요구받았기 때문에 그들을 보냈다. "보통" 남자들은 유대인들을 학살하도록 요구받았고, 그래서 그들은 그렇게 했다. 의사들은 살 사람과 죽을 사람을 선택하도록 요구받았기 때문에 이에 따랐다.

습관성

습관성이란 주어진 행동이 바람직한가를 생각하지 않고, 평가 혹은 재평가를 하지 않고 행동하는 것을 의미한다. 이는 앞에서 언급한 우리 주변에서 볼 수 있는 행동을 재현하고 영속시키는 메커니즘과 관계된다. 사람들은 습관적으로 행동하는데, 이는 습관적으로 행동하기 때문이거나 "누구나 그렇게 하고 있기" 때문이다.

습관적인 행동은 자동으로 이루어지며, 생각이나 적극적인 선택 없이 수행된다. 정부와 정치 조직이 자행한 살인에 대해 사람들은 처음에는 두려움과 공포로 반응하거나 비무장 민간인 학살에 대해 의구심을 품지만, 곧 둔감해지고 감수성이 감소하거나 상실되는 것을 경험할 수 있다. 이는 그 행동이 그들에게 일상이 되었음을 의미한다. 그리스의 군사 정권과 같은 많은 정권에서는 이 원칙을 사용하여 감옥이나 강제수용소 경비원에게 잔인성을 심어주었다. 느리지만 확실하게 그들은 동료들이 "기여"할 준비가 될 때까지 경비원들을 동료들의 잔인한 행동에 노출시켰다. 나치 정권은 죽음의 수용소 의사들을 비슷한 방식으로 훈련시켰다. 특히 처음에 전문가에 대해 양심의 가책을 경험한 사람들은 점점 일상적인 "선택"에 익숙해졌다.

습관성은 사람들이 지도자의 지시나 사회 규범의 지시에 따라 행동을 수행하거나 주변 사람들의 행동을 모방한다는 점에서 복종과 유사하다. 그들은 행동에 동참하고 마치 자신을 흉내내는 것처럼 이미 하고 있던 일을 계속한다. 스탠리 밀그램은 자신의 연구 대상이 보여준 복종을 강조하면서, 상당수의 피험자가 실험에 참여한 다른 참가자가 하는 일을 관찰하고 다른 피험자가 중지하라고 요청하는 경우에도 계속해서 그들의 행동을 모방한다는 사실도 강조했다.[8] 브라우닝의 연구에 따르면, 나치 독일의 일부 개인은 명령 수행을 거부하여 처벌을 받지는 않았지만, 대부분은 명령을 따르고 잔인한 행동이 일상화되도록 허용했다.[9] (실제로 브라우닝이 조사한 작전의 사령관은 참여할 수 없다고 느끼는 사람들은 참여할 의무가 없으며 참여하지 않기로 결정하면 처벌을 받지 않을 것이라고 명시적으로 밝혔다.)

수동성과 마찬가지로 습관성은 먼저 그 행동의 장점을 인식하지 않고 행동하는 것을 포함한다. 습관성의 개념은 습관과 일상의 요소를 강조하며, 우리 주변에서 무슨 일이 일어나고 있는지, 우리 자신이 무엇을 하고 있는지 진정으로 알고 싶어하지 않는다는 점을 강조한다. 이는 "의식적인 결정을 내리지 않고도 이미 진행 중인 행동과 이미 일상화된 행동의 흐름을 따라가는 것"을 의미한다.

상당수의 정권이 명령 발동, 유인 제공, 개인의 반대 극복, 진행 중인 살인 작전에 개인을 명확하게 통합함으로써 대량학살에 가담할 다수의 개인을 모집하는 데 성공했다. 비극적이게도 너무나 많은 사람이 상대적으로 신속하고 큰 의심 없이 스스로 지속적이고 합법화된 살인 행위의 일상으로 끌려갈 수 있다.

맹목적 참여

어떤 과정에 대한 맹목적 참여는 "맹목"의 요소(진짜 무슨 일이 일어나고 있는지에 대한 이해 부족)를 추가하여 순응, 소극성, 수동성, 또는 습관성이라는 메커니즘을 기반으로 하는 또 다른 행동 계층으로 이해되어야 한다. 대다수의 공식적 선언은 옳은 것으로 간주되며, 사회가 단호하고 설득력 있게 추진하는 모든 이념과 정책에는 마술처럼 합법성이 부여된다. 이 메커니즘에 따르면 사람들은 다른 사람들이 말하고 행동하는 것에 따라야 한다. 다른 사람들이 그렇게 생각한다면 나도 그렇게 생각한다. 대다수가 동의한다면, 달리 생각하는 내가 누구이겠는가? 우리가 하고 있는 일을 "아는" 것(경험하고, 보고, 기록하고, 생각하는 것)도 중요하지 않다. 가장 중요한 것은 받아들일 수 있고 기대되는 일을 하는 것이다.

이것이 지금 일어나고 있는 일이고, 나는 그 한가운데 있는 나 자신을 발견한다. 나는 의심이나 질문이 거의 없다. 나는 내 운명과 역할을 받아들이고 그 역할에 참여한다. 우리는 사회와 싸울 필요가 없다. 상황이 딱 그렇다.

사회심리학자 솔로몬 애쉬(Solomon Asch)는 지배적인 의견을 견딜 수 있는 사람들의 능력을 평가하기 시작했다. 그리고 우리 대부분은 그것이 대다수의 의견이라고 믿는 한 노골적인 비상식을 기꺼이 믿을 정도로 우리 주변의 의견에 영향을 받는다는 것을 증명했다.[10]

애쉬는 긴 선과 짧은 선을 보여주는 소규모 4인 그룹의 피험자를 조사했다. 분별 있는 사람이라면 어느 줄이 더 길고 어느 줄이 더 짧은지 분명히 알 수 있었기 때문에 줄의 길이에 대해서는 실제 의문의 여지가 없었다. 그러나 애쉬는 각 테스트 집단의 세 명의 참가자에게 더 짧은 선이 실제로 더 길다고 주장하도록 지시했다. 실험의 목적은 이 잘못된 합의가 집단의 네 번째 피험자에게 미치는 영향을 평가하는 것이었고, 실제로 대부분의 실제 피험자는 "잘못된" 다수를 따랐다. 이 유명한 실험은 다양한 유형의 집단과 다양한 문화에서 여러 번 반복되었으며 결과는 항상 동일했다.

●>>> **자기성찰학습 9를 참조하시오**

주변 의견의 힘

사람들이 대다수의 의견과 행동을 받아들이고 채택하게 만드는 또 다른 심리적 메커니즘은 이미 입증된 의견(여론)의 힘이다. 사람들은 일반적으로 다른 사람들이 말하는 것이 터무니없는 말이나 거짓말일지라도 그것을 믿는다. 대다수의 견해뿐만 아니라 다른 개인, 특히 존경받는 사회 기관의 대표자의 진술도 우리의 행동에 영향을 미친다. 이러한 방식으로 영향을 받는 행동 유형의 예는 다음과 같다.

> ◆ 패션: 사람들은 스타일이 좋다고 생각되는 특정 유형의 옷을 입어야 하고, 유행에 뒤떨어진 옷은 입지 않으려는 욕구를 느낀다.

◆ 언어: 사람들은 목적이 없고 실제로 명확한 의사소통을 방해하는 경우에도 현재 사용되는 속어와 대중적인 표현을 채택하는 경향이 있다. 이 현상의 한 가지 좋은 예는 영어로 "like"라는 단어 또는 히브리어로 "k'eelu"라는 단어가 널리 반복적으로 사용되는 것이다.

◆ 재정적 문제: 금융 투자와 관련하여 사람들은 일반적으로 양처럼 행동하며, 주로 또는 전적으로 다른 사람의 행동에 대해 들은 내용에 기초하여 특정 투자를 시작하거나 철회한다.

◆ 타인의 의견: 사회의 대다수가 갖고 있는 의견은 필연적으로 올바른 견해로 빠르게 받아들여진다. 이는 특정 정치 지도자에 대한 대중의 지지와 소수 집단에 대한 의견에 있어서도 마찬가지다.

예를 들어, 널리 퍼져 있는 다음과 같은 수사학적 질문과 그에 따른 설명을 생각해 보라. "유대인들(세르비아인, 알바니아인, 아르메니아인, 투치족, 가톨릭 교인 또는 전 세계에서 박해 대상이 되는 끝없는 목록에 있는 다른 집단으로 대체해도 된다)이 그런 일을 당할 것이라고 생각하지 않습니까? 결국 많은 사람이 그들을 혐오하고 죽이고 싶어하는 것은 우연이 아니에요!"

대중이 그들 가운데 살고 있는 국가, 민족, 종교 집단의 구성원을 박해하거나 살해하기 시작한 르완다, 독일, 또는 세계 다른 지역에서 얼마나 많은 사람이 그러한 경멸의 말을 진심으로 믿었는지 알 방법은 없다. 그러나 언급한 바와 같이, 괴롭히거나 해를 끼치거나 살인하라는 범죄적 지시를 기꺼이 따르려는 개인이 부족했던 적은 결코 없었다. 실제로 많은 사람은 타인을 말살하는 것을 찬성할 뿐만 아니라, 스스로 두 손으로 그렇게 할 수도 있다.

과거 행위의
정당화

사람들은 또한 사후에 자신의 행동을 정당화하는 경향이 있다. 이를 통해 이미 수행한 작업과 자신의 행동에 의문을 제기하는 새로운 정보 사이의 모순으로 인해 발생하는 내부 심리적 긴장을 위해 심리학자 레온 페스팅어(Leon Festinger)가 만든 용어인 "인지 부조화"를 피하려는 경향이 있다. 페스팅어의 작업은 그러한 긴장을 피하려는 인간의 욕구를 조명한다. 그는 사람들이 새로운 정보의 의미를 완전히 무시하는 것을 포함하여, 자신의 행동이 자신의 견해와 일치하는지 확인하기 위해 필요한 모든 조치를 취하려 한다는 것을 보여주었다.[11]

전반적으로 사람들은 자신의 행동을 정당화하기 위해 엄청난 노력을 기울인다. 우리 모두는 우리의 입장과 행동을 정당화하기 위해 사물과 사태를 왜곡하는 죄를 범하고 있다.

결론 5

해를 끼치고 싶지 않은 사람들은 먼저 잠재적인 결과를 주의 깊게 평가하고, 모든 행동 과정의 옳고 그름에 대해 책임감 있고 독립적인 결정을 내리지 않고, 타인의 삶에 영향을 미치는 행동을 취해서는 안 된다. 우리는 수동성, 습관성, 맹목적 참여, 그리고 다른 사람의 의견과 우리 자신의 과거 행동에 대한 무비판적 수용을 거부해야 한다. 그것은 우리가 잘못되고 오해의 소지가 있는 행동을 모방하고 타인에게 상처를 줄 수 있는 약점이다.

방관자 시선

> 나는 볼 수 있지만
> 남에게는 보이지 않는 것처럼 남아 있기

타인의 불행에 직면했을 때 우리는 어떻게 자신을 보호하며, 타인의 고난으로부터 어떻게 유익을 얻을까? 타인의 고통에 직면했을 때 가장 손쉬운 심리적 과정은 단순히 우리의 의식적 인식을 깨끗하게 지우고 실제로 무슨 일이 일어나고 있는지 보지 않는 것이다. 그럼에도 불구하고 절대적인 것은 아니지만, 매우 효과적인 보호 조치는 옆에 서서 무슨 일이 일어나고 있는지 지켜보는 것이다. 그러나 자신이 보이지 않도록 주의하는 것, 즉 보이지 않는 것처럼 머무르는 것이다.

➜ 타인의 불행으로 인해 직접적인 이익을 얻지만 마치 아무 잘못도 하지 않은 것처럼 행동하는 사람
➜ 방관자

자신은 보지만 남에게는 "보이지 않게" 존재하는 사람들은 무슨 일

이 일어나고 있는지 관찰하지만 아무도 그것을 볼 수 없다는 것을 가능한 한 확신한다. 이러한 전술은 자신이 목격한 것에 대해 증언할 수 있다는 것을 타인이 알게 될 때 자신이 위험에 처할 수 있다고 믿는 사람들의 전형이다. 방관자는 악이 타인에게 닥치는 것을 지켜본다. 그들은 마치 정체성이 없는 것처럼 눈에 띄지 않도록 상황의 배경 속에 섞여 있다. 그들은 얼굴 표정을 억제하고 마치 개성이 없는 것처럼 행동한다.

"보이지 않는 사람들"은 주변 환경과 주변에서 일어나는 일에 대해 스스로 눈을 멀게 만든다. 공기처럼, 무(無)처럼 그들은 타인에 대해 별로 느끼지도 못하고 감정을 끌지도 않는다. 우리가 알고 싶지 않을 정도로 속상한 일을 목격할 때, 우리는 그 사건으로부터 거리를 두게 되고, 기억할 만한 어떤 것도 보지 않은 사람처럼 스스로를 변형시킨다. 즉 우리는 악의적인 계략이 아니라 고문, 살인과 같은 불안한 사건을 목격하는 것에 대한 진정한 혐오감과 두려움 때문에 이미 알고 있는 것을 억압하고 부정한다.

아이들은 종종 자신은 볼 수 있지만 남의 눈에는 띄지 않은 채, 그리고 사적인 위협은 받지 않으면서도 전지전능한 관점으로 볼 수 있는 자유를 경험하는 것이 어떤 것일까 하고 상상할 때가 있다. 나중에 위험이 닥치면 우리는 상상 속의 피난처로 돌아가려고 노력할 수도 있다.

나는 보지만 남에게는 보이지 않으려는 방관자 현상은 가족에게서 나타나는 일반적인 메커니즘이다. 예를 들어, 부모가 다른 가족 구성원을 학대하는 등 가정에서 학대 행위를 목격한 어린이는 자신이 본 것을 다른 사람이 모르면 자신이 더 나아질 것이라고 직관적으로 생각하는 경우가 많다. 실제로 대부분의 어린이는 가족 내에서 저지르는 해로운 행위를 잊어버리려고 한다. 오직 어른들만이 어렸을 때 목격한 많은 것들에 대해 더 명확한 관점을 재구성할 수 있다. 또한 많은 부모가 배우자가 자녀에게 가한 잘못을 알지 못하는 것처럼 행동하고 아무런 조치도 취하지 않는다.[12] 가족 치료사로 일하면서 나는 학대적인 행동을 방관하고 무슨 일이 일어나고 있는지 보거나 반응하지 못하는 많은 아이를 만났다. 그러한 상황에서 이것은 완전히 자연스러운 반응이지만, 그것을 경험하는 개인은 궁극적으로 성인이 되어서도 엄청난 죄책감과 후회에 시달린다. 충격적인 악의 행위를 목격하면서도 개입하지 못한 채 희생자들의 고통을 지켜보는 경험은 선량한 사람들의 영혼 속으로 스며들어 죄책감과 영원히 잠잠해질 수 있는 도덕적 '부채감'을 불러일으킨다.

이러한 메커니즘은 사회에 광범위한 영향을 미친다. 전 세계적으로 사람들은 직장에서 동료를 부당하게 해고하는 것과 같은 일상적인 행동에서 문자 그대로든 비유적으로든 매일 처형된다. 문제는 이 운명에서 탈출할 수 있는 손길이 닿지 않은 생존자인 우리가 사물을 있는 그대로 받아들이는 것이 더 나은지 여부다. 실용적인 수준에서 우리는 종종 그럴 때가 있지만 이것이 옳은 일이라는 의미는 아니다. 많은 상황에서 우리는 모르고 개입하지 않는 것이 더 나으며, 따라서 보고 듣는 것을 억압한다. 이런 식으로 강제수용소 근처에 살았던 사람들과 같이 끔찍한 사건 현장에 가까이 있는 많은 사람은 실제로 무슨 일이 일어나고 있는지 모르는 것처럼 남아 있다. 그들의 목적은 관심을 끄는 것을 피하고 사악한 행위를 저지르는 사람들의 대상이 되는 것을 피하는 것이다. 내가 아우슈비츠-비르케나우 강제수용소를 방문했을 때 근처에서 자란 누군가는 그의 가족과 이웃들이 수용소 내부에서 무슨 일이 벌어지고 있는지 전혀 몰랐다고 주장했지만, 의심의 여지 없이 모두 알고 있었다고 말했다. 현재 이 남자는 캠프에서 방문객 가이드로 일하며 빚을 갚기 위해 계속 노력하고 있다. 그는 아우슈비츠의 해악에 대해 감동적인 열정으로 이야기한다.

우리는 또한 직장이나 기타 사회적 맥락 등 일상생활에서 경영자나 소유주 등 권력을 가진 개인이 다른 사람을 폄하하거나 학대하는 상황에 직면한다. 어떤 경우에 피해자를 옹호하는 목소리를 내면 우리 자신의 지위가 하락할 수도 있다는 것을 우리는 알고 있다. 그러한 상황에서 우리는 대응해야 할까? 그렇다면 어떻게 해야 할까?

일상생활의 예

- ❖ 한 여성이 자신의 자녀 중 한 명을 학대하는데 가족 중 어느 누구도 개입하지 않는다.
- ❖ 성미가 급한 남편은 아내를 비웃고 구타하며, 오만한 아내는 의기소침한 남편을 학대한다. 아이들은 학대를 눈치채지 못한 것처럼 행동한다. 그들은 주변에서 무슨 일이 일어나고 있는지 보지 않으며, 의식적으로 인식하려 하지 않는다. 그것은 단순히 상황이 존재하는 방식이다.
- ❖ 젊은 사업가가 의료기관을 운영하고 수익을 늘리기 위해 고용된다. 그는 기관의 의료 책임자보다 더 강력한 기관의 이사와 활발한 관계를 맺고 있다. 새로운 관리자는 점점 더 많은 권력을 획득하여 심지어 의료 영역으로 빠져들게 된다. 어느 날 그는 행정 문제로 갈등을 빚은 의사의 해고를 요구한다.

홀로코스트 및 기타 제노사이드 사례

대량학살처럼 폭력적이고 문제가 되는 사건이 발생하는 동안, 박해를 받지 않는 국가, 민족, 종교 집단의 구성원들은 당연히 입장을 취하는 것을 놓고 찬반양론을 저울질한다. 그런 맥락에서 가장 쉬운 길은 보지도, 보이지도 않는 것이다.

◆ 집단학살 수용소는 주거 지역에서 불과 몇 킬로미터 떨어진 곳에서 운영되지만, 주민들은 거기에서 무슨 일이 일어나고 있는지 "인식하려 하지 않는다".

◆ 군대가 한 지역을 점령하고, 군대와 연계하여 활동하는 특수 부대가 살해될 모든 사람을 모으기 위해 현장으로 나간다. (민간인 학살 전문 부대 아인자츠그루펜은 독일이 소련을 침공하는 동안 포로로 잡힌 유대인들을 학살하기 위해 독일군을 따라 현장으로 나갔다.) 점령군 사령관들은 승리를 축하하고, 다음 군사 작전을 준비하며, 박해와 대량학살에는 아무 상관도 없는 것처럼 관심을 두지 않는다.

◆ 지역 병원의 한 의사가 부상당한 병사들을 치료하고 있는데, 추방이나 살인 피해자로 지정된 집단의 구성원 중 누구도 입원하지 않았다는 사실을 인지하지 못했다. 의사는 평소처럼 환자를 진료하고 그가 보지 못하는 것에 대해서는 질문하지 않는다.

마치 아무 잘못도 하지 않은 것처럼 행동하는 직접적 수혜자

많은 사람은 타인의 고통으로부터 직접적으로 이익을 얻는다. 일부 사람들은 자신의 재산이나 사회에서의 지위를 이용함으로써 대량학살 피해자들의 불행으로부터 직접적인 이익을 얻는다. 일부 수혜자는 자신의 개인적인 이익에 관심이 집중되는 것을 피하기 위해 최선을 다하기도 한다. 그들은 전리품을 성급하게 덮치는 것보다 전리품을 자신들의 무릎에 떨어뜨리는 것이 더 현명하다고 생각한다. 마치 정부 당국이 피해자의 집을 이용할 수 있다고 선언하고 집을 인수할 수 있는 자격 기준을 설정하듯 갑자기 발생한 것처럼 말이다. 갑자기 사라진 남자는 직장에서 그 자리를 누군가 채워줘야 하기 때문에 교체될 수 있다. 그러한 수혜자들에 관한 한 그들 자신은 그 과정에 전혀 참여하지 않았다. 전리품은 단순히 그들의 소유가 되었다.

일상생활의 예

어린 소년의 아버지는 아내로부터 끊임없는 비난을 받고 있으며, 아버지는 이를 멈출 수 없다. 동시에 어머니는 아들과 많은 시간을 보내며 특별한 사랑의 관계를 유지하고 있다. 그녀는 아들에게 친절하고 그를 아낌없이 칭찬한다. 물론 그녀는 비참한 남편보다 더 나은 부모라는 것을 아들에게 "증명"하고 있다. 그러나 아들은 성장해도 자신의 잠재력을 최대한 발휘할 수 없다. 그는 낭만적인 관계를 유지하는 것은 고사하고 여자를 사랑할 수도 없다. 왜냐하면 그는 그의 어머니가 그랬던 것처럼 누군가가 그를 숭배해 주기를 영원히 기다리고 있기 때문이다. 사실 그는 다른 여자보다 어머니를 더 사랑한다. 이런 식으로, 그의 어머니의 사랑과 그의 아버지의 실패로 인한 "이득"은 결국 그에게 엄청난 대가를 치르게 한다.

방관자

방관자는 다른 사람이 악을 저지르는 것을 허용하고 개입하지 않는다.[13] 그들은 불법 행위에 전혀 무죄인 것처럼 보이고 때로는 실제로 무고하며, 어떤 경우에는 실제로 도울 수 없는 경우도 있다. 그럼에도 불구하고, 그들의 개인적인 반응을 기록하는 것은 항상 중요하다. 그들이 주의를 기울이고, 의견을 형성하고, 도움을 줄 방법을 찾으려고 노력했을까? 아니면 그들은 무관심하고, 인식하지 못하고, 관심이 없었을까?

방관자 입장에서는 남의 불행에 연루되지 않는 것이 최선이다. 이 입장은 겉으로는 실용적인 차원을 가지고 있다. 우리의 무의식 속에는 상대방에게 나쁜 일이 일어나면 우리에게는 그런 일이 일어날 확률이 더 낮다고 믿는 경향이 있다. 우리의 보편적 잠재의식, 즉 우리 모두 안에서 작동하는 인지 장치는 분명히 다른 사람에게 부정적인 일이 일어나면 그 일이 우리에게 일어날 가능성이 줄어든다는 믿음으로 프로그램화되어 있다.

이것은 전투에서 자신은 살아남은 채 친구가 옆에서 죽는 것을 보는 군인의 특징적인 경험이다. 이 경험은 한때 "쉘 쇼크(shell shock)"라고 불렸고 오늘날 외상후 스트레스 장애(PTSD)로 알려진 증상의 핵심을 이룬다. 생존자는 살아남은 것에 대한 죄책감을 경험한다. 좀 더 구체적으로 말하면, 자신이 살아남았다는 것에 대한 완벽하게 자연스러운 내적인 기쁨에 대한 죄책감이다. 친구가 죽었을 때 어떻게 감히 그럴 수 있겠는가? 이러한 감정의 결합은 혼란, 안절부절, 고통스러운 우울증을 유발한다.

물론 실제로 그 반응은 완전히 비논리적이다. 총알이 머리 위로 윙윙거리고 주위에서 포탄이 터질 때, 친구의 죽음은 실제로 당신이 다음에 죽을 가능성이 매우 높다는 것을 나타낸다. 적은 당신이 있는 지역을 목표로 삼고 있다. 그리고 당신의 이웃이 당신의 지역에 만연하는 전염병에 감염되었다면, 이는 분명히 당신도 감염 위험에 빠뜨리는 것을 넘어 더 큰 위험에 빠뜨리게 된다. 당신이 살아남는다면 당신은 정말 운이 좋은 것이고, 왜 당신은 이런 행운을 누렸는데 다른 사람들은 그렇지 않았는지 아무도 모른다. 당신이 속이고 나쁜 짓을 한 것이 아니다. 그러나 그러한 상황에서 우리의 반응을 결정하는 것은 논리가 아니다. 인간 정신의 기능에 내재된 미신적인 사고에는 다양한 운명이 "우리 각자에게 할당되어 있다"는 믿음과 당신들 가운데 누군가가 죽으면 희생자가 될 가능성은 줄어든다는 믿음이 포함되어 있다.

물론 어떤 맥락에서는 이러한 사고방식이 실제로 어느 정도 진실을 담고 있을 수도 있다. 예를 들어, 적이 특정 할당량을 설정하는 경우—나치가 저항 세력에 대한 보복 살해로 특정 수의 희생자를 검거했을 때 그랬던 것처럼— 그들의 죽음은 어떤 의미에서 당신을 보호하는 역할을 한다. 살인적인 운명이 당신을 지나쳐 다른 사람에게 닥쳤다면, 당신의 사망 위험은 미신적인 수준뿐만 아니라 실제로도 감소했을 수 있다. 그러나 당신은 여전히 아무런 잘못도 하지 않았으며, 당신이 속으로 기뻐하는 것은 정상적인 일이다. 그렇다고 다른 사람들이 죽기를 바랐다는 뜻은 아니다. 미신적인 사고는 여전히 현실에서 근거는 없다.

많은 사람은 히틀러나 스탈린과 같은 대규모 살인자들이 집권 기간을 상당히 연장했다면 대량학살을 위한 추가 집단을 표적으로 삼았을 것이라고 믿는다. 따라서 역사가들은 히틀러가 "최종 해결책"의 대상으로 슬라브 민족도 포함하여 확장했을 것이라는 데 동의하는 경향이 있다. 나치는 이미 100만 명이 넘는 슬라브 전쟁 포로를 살해했다(많은 소련 군인이 유대인과 동일한 학살 수용소와 가스실에서 사망했다).[14] 스탈린은 또한 소련 유대인의 대량학살 계획을 시작하기 직전이었던 것으로 알려져 있다.

방관자는 자신이 개입하지 않음으로써 이익을 얻고 있다는 사실을 다른 사람이 알도록 허용할 수 없다. "보이지 않는" 방관자들은 양심의 고통을 겪지 않기 위해 무슨 일이 일어나고 있는지 "알지 못하는" 것이 더 좋다는 느낌을 받는다. 그들이 할 수 있는 최선의 길은 주변 사건에 대한 지식이 부족한 것처럼 보이도록 견지하는 것이다.

1964년 뉴욕 시 아파트 건물 부지에서 살해된 키티 제노비스(Kitty Genovese)의 극적인 사례는 이러한 메커니즘을 잘 보여준다. 오랫동안 그녀가 도와달라고 외쳤음에도 불구하고 38명의 이웃 중 누구도 그녀를 도우러 오지 않았고 심지어 경찰에 신고하려고 애쓰지도 않았다고 알려졌다. 이 사건은 확실히 미국 문화에서 소위 "방관자 현상"에 대한 강력한 상징이 되었다.[15] 나중에 일부 이웃이 도움을 요청하려고 시도했고, 경찰서가 방치되었다는 점이 분명해졌다. 그럼에도 불구하고 일부 이웃들은 확실히 아무것도 하지 않았다. 길 건너편 건물의 관리책임자는 첫 번째 찌르는 장면을 분명히 보았고, "야구 방망이를 가지러 아래층으로 내려가려고 생각했지만 대신 낮잠을 잤다"고 후에 검찰에 진술했다. 왜 도와주지 않았느냐는 검사의 질문에 그는 어깨를 으쓱했다. 이후 한 검사는 "이 사람을 상대하다 보니 속이 메스꺼웠다"고 말했다.[16]

홀로코스트 생존자 엘리 위젤(Elie Wiesel)은 그의 어느 책에서 유럽의 한 도시에서 죽음을 맞이하는 희생자들의 행진을 묘사한다. 한 남자가 창문 커튼을 통해 바깥 거리에서 일어나는 사건들을 관찰하고 있다.

어느 순간 피해자 중 한 명이 고개를 들어 관찰자와 눈을 마주친다. 잊을 수 없는 이 순간을 위젤은 이렇게 설명한다. "이 순간 관찰자가 자신을 돕거나 동정심을 느낄 것이라고 기대할 수 없다는 피해자 자신의 이해를 포함하여, 피해자의 운명에 대한 관찰자의 인식은 전기적인 에너지를 통해 두 사람은 서로 연결되어 있다."[17]

물론 때로는 피해자를 도우려는 노력이 소용이 없을 때도 있다. 그들은 도움을 받을 수 없다. 그러한 고통스러운 상황은 더 큰 질문들을 불러일으킨다. "다른 사람을 구하기 위해 우리 자신의 안전을 위험에 빠뜨리거나 심지어 희생하는 데 우리는 어느 정도의 한계를 설정해 두어야 할까?", "우리 자신의 안녕에 대한 관심이 다른 사람을 구하려는 시도를 막는 것을 어느 정도까지 정당화해야 할까?" 우리가 도울 수 없다면 그것은 한 가지 문제다. 그러나 도울 수 있다면 그것은 다른 문제다.

심리학자 존 달리(John Darley)는 명문 프린스턴 신학교에서 실험을 진행했다. 먼저 학생들은 선한 사마리아인의 고귀함과 자비심, 그리고 예수께서 모든 선한 그리스도인에게 요구하시는 품위 있는 자질에 관한 강의를 들었다. 강의가 끝난 후 학생들은 캠퍼스 내 스튜디오로 보내져 '자비로운 그리스도인과 구원자'에 대한 설교 샘플을 녹음했다. 어떤 사람들은 시간이 늦어 스튜디오로 달려가야 한다는 말을 들었다. 그렇지 않으면 예약된 시간을 잃어 녹음을 할 수 없게 된다. 다른 학생들은 아무 말도 하지 않았다. 학생들은 캠퍼스 반대편에 위치한 작업실로 가는 길에 누워서 고통에 몸부림치며 지나가는 사람들에게 도움을 청하는 한 남자(실제로는 연구원이 고용한 배우)를 만났다. 달리는 다음과 같은 연구 질문을 제기했다. "다른 사람을 돕는 것에 관한 설교를 녹음하기 위해 스튜디오로 가는 길에 실제 도움이 필요한 사람을 돕기 위해 멈추는 신학생이 몇 명이나 될까?"

결과는 실망스러웠다. 두 그룹 모두에서 높은 비율의 학생들이 그 남자를 돕지 못했다. 예상대로 지각하여 스튜디오에서 녹음 시간을 잃을 위험이 있다는 말을 들었던 학생들 사이에서 그 비율이 더 높았다.[18]

집단적 차원에서 이러한 결과는 집단, 정부 및 국제 사회의 태도를 조명해 줄 수 있다. 쉬운 대답은 없다. 우리는 우리의 영혼을 찾아야만 한다. 다른 사람이 곤경에 처해 있을 때 바람직한 "정상적인" 행동을 어떻게 고려해야 할까? 도움이 필요한 다른 사람들에게 대응하기 위한 "문명"의 지침은 무엇일까?[19] 현재 진행 중인 대량학살의 희생자를 구출하기 위해 우리는 어디까지 갈 수 있을까?

◆>>> 자기성찰학습 10을 참조하시오

결론 6

보는 사람에게는 장점이 있지만, 보이지 않는 것처럼, 나아가 조심스럽게 보이지 않는 것처럼 머물려고 노력한다. 그러나 우선 우리는 원칙을 지키는 사람들로 남아 있어야 한다. 남에게 해를 끼치고 싶지 않은 사람은 주변에서 일어나는 일을 보고도 모르는 척해서는 안 되며, 가능하다면 남에게 해를 끼치는 잘못된 행위에 반대해야 한다. 존경받는 랍비인 힐렐은 이렇게 가르쳤다. "인간이 선하지 않은 곳에서는 자신이 선한 사람이 되기 위해 노력해야 한다."

물론 우리가 어느 정도까지 우리 자신을 위험에 빠뜨릴 수 있어야 하는지, 그리고 타인을 돕기 위해 기꺼이 지불해야 하는 대가와 관련하여 어려운 질문이 있다. 이러한 질문에 대한 답은 우리의 직업, 가족, 정치적 삶의 다양한 측면에 중요한 영향을 미친다. 개인적으로 나는 나의 저항으로 인해 실질적인 이익이 없을 것 같으면 히틀러와 같은 무자비하고 부도덕한 폭군에 저항하는 위험을 감수할 이유가 없다고 생각한다. 그러나 나의 대담한 노력이 어떤 식으로든 살인적인 폭군의 행동을 방해할 수 있는 가능성이 있다면, 심지어 내 생명을 위험에 빠뜨리거나 희생하는 정도라 하더라도, 그것은 바람직한 일이다.

> ## 황금 송아지 주위에서
> ## 춤추기

감정적으로 흥미진진한 집단의식은 참가자들을 집단과 열정적으로 동일시하도록 유도한다. 집단의식은 우리의 본능적 충동을 자극하고, 현실감을 흐리게 하며, 합리적이고 비판적인 사고를 억압하기 위한 것이다. 성경에 나오는 황금 송아지 이야기는 이러한 메커니즘의 잘 알려진 원형이다. 보다 현대적인 예로는 뉘른베르크에서 열린 히틀러의 극적인 대규모 나치 전당대회와 르완다 교차로에서 열린 살인 집단의 집회가 있다.

- ◆ 집단 참여
- ◆ 집단을 통한 자기 정체성 상실 및 수용
- ◆ 집단에서의 난교적 경험

성서의 출애굽기 32장에 묘사된 황금 송아지 이야기를 상상하는 것은 어렵지 않다. 우리는 역사 전반에 걸쳐 행해진 난잡한 축제와 자유로운 파티의 많은 사례를 잘 알고 있다. 현대적인 예로는 인도 고아에서 수년간 진행되어 온 일종의 지속적인 파티라 할 수 있는 뉴욕주의 우드스톡 음악 축제와 매년 브라질에서 열리는 중독성 넘치는 에로틱 카니발이 있다. 강력하고 중독성 있는 본능적 충동의 방출을 포함하는 대규모 행사가 반드시 부정적이거나 부도덕한 것은 아니다.

구스타브 르 봉(Gustave Le Bon)은 1903년 고전이 된 『군중(The Crowd)』에서 통제력을 상실할 정도로 진행된 대중 현상 동안에 나타나는 무질서한 행동의 생생한 예를 설명한다. 이는 오늘날에도 여전히 관련이 있다.[20] 이 주제에 대한 보다 현대적인 작품을 보려면 엘리아스 카네티(Elias Canetti)의 눈길을 사로잡는 『군중과 권력(Crowds and Power)』을 참조하면 좋을 것이다.[21]

문제는 본능적 충동의 방출이 참여자 자신이나 다른 사람에게 해를 끼친다는 측면에서 인간 생명의 파괴를 초래하거나 촉진하거나 가능하게 하는 정도다.

심리학 이론은 "우리는 죽지 않았다"는 것에 대한 삶에 대한 원초적이고 기본적인 기쁨을 무의식적으로 경험한다고 가르친다. 인간의 기쁨의 에너지 중 상당 부분이 이러한 원시적 기질에서 나온다. 많은 기쁨은 죽음에 맞서 싸우는 것과 관련이 있는 것 같다. 더욱이 불행하게도 이러한 열정은 분명히 사람들로 하여금 타인의 불행을 기뻐하게 만들기도 한다. 즉 우리는 근본적으로 나쁜 일이 우리 자신보다 타인에게 일어나는 것을 선호한다. 예민한 사람들에게는 이것이 끔찍하게 들릴 것이다. 실제로 타인을 희생시키면서 그러한 기쁨을 누리는 것은 인간 본성에 있어서 보편적이지만, 품위 있는 사람들은 그것을 경험할 때 끔찍함을 느낀다. 우리가 살펴보았듯이, 외상후 스트레스의 많은 사례는 주로 자신은 살아남았고 자기 대신 타인이 죽임을 당했다는 사실에 깊이 감사하는 생존자가 경험하는 죄책감에 의해 발생한다. 이런 경우 가장 좋은 치료법은 생존자들에게 타인의 불행을 기뻐하는 것이 사악하거나 경멸적인 것이 아니라, 부끄러워할 수 없는 동물적 논리에 기초한 자연스러운 것이라고 설득하는 것이다. 물론 매우 실제적인 문제는 많은 사람이 실제로는 타인의 불행을 공개적으로 기뻐하고, 자신을 보호하고 타인이 파괴한 전리품을 스스로 취하기 위해 해를 끼치려고 한다는 것이다. 그들은 "축하하자! 그들을 쳐서 우리가 살게 하자!"라고 말하는 것 같다(폭력의 기초 10. "타인 희생시키기" 부분 참조). 이른바 '황금 송아지' 현상에는 다음과 같은 것들이 있다.

- ❖ 이데올로기적 차원에서든 집단행동에 맹목적으로 참여하는 형태로든 지도자나 집단에 대한 맹목적 복종.
- ❖ 한계, 자제력, 개인의 중요성, 자기 비판적 능력, 건전한 양심을 행사하는 능력의 상실 / 우리 내면의 완벽하게 자연스럽고 정상적인 부분이지만 이제는 무제한적으로 폭발하는 거칠고 도취적인 충동의 방출 / 분노나 잔인함, 가학성(이러한 경향을 가진 사람들의 경우)의 방출. 우리는 모든 군중에는 타인을 해치고 죽이려는 사람들이 일정 비율로 포함되어 있다는 것을 인식해야 한다.
- ❖ 대중 행동에 내재된 폭발력으로 집단 이데올로기적 주장을 표출할 가능성이 있는데, 특히 복수에 대한 강한 열망을 불러일으키는 종교적 또는 역사적 이데올로기와 기억에 의해 촉진될 때 더욱 그렇다.

대중이 '황금 송아지' 주위에서 춤을 출 때 사람들은 선한 인간임을 일깨워야 한다. 그러나 이것은 열정의 폭풍우가 몰아칠 때 종종 매우 어려운 일이며, 많은 사람이 열광할 때는 더욱 그렇다.

집단에 참여하기

인간은 본질적으로 집단에 속하고 주변 사람들과 어울리기를 원한다. 우리는 주변 사람들 대다수의 지배적인 행동 스타일을 정상적인 것으로 받아들이는 경향이 있다. 결국 다른 모든 사람이 착각한다는 것은 가능하지도, 그럴 것 같지도 않다. 집단에 속해 있음이 주는 따뜻함과 협력 정신을 바라는 것도 인간의 본성이다.

스포츠 경기에서 수천 명의 다른 팬들과 함께 우리 팀을 응원할 때 우리는 기쁨으로 가득 찬다. 정치 집회, 대규모 집회와 시위, 공개 기도에서도 동일한 역동성이 작용한다. 군중의 일원으로서 우리는 마치 올바른 일을 하도록 인도받고 있는 것처럼 행복하고, 인정받고, 정당화되고, 안전하다고 느낀다. 우리는 큰 집단으로 함께 활동하기 때문에 우리의 목표가 무엇인지, 왜 이 일을 하고 있는지 더욱 명확하게 알고 있다.

군중은 우리의 두려움, 의심, 양면성, 공허함, 혼란, 불안, 무력감을 종식시킨다. 갑자기 우리는 강력한 집단의 일부가 되었다. 그 조직된 힘은 영감을 주고 황홀케 한다. 집단의 구성원으로서 혼자서는 할 수 없는 일을 갑자기 성취할 수 있게 된다. 비극적이게도 여기에는 대량학살이 포함된다. **나는 집단의 일원으로서 파괴하고, 정복하고, 고문하고, 죽일 수 있다는 것을 알고 있다.**

일상생활의 예

기본적인 과정은 우리 모두가 다음과 같이 잘 알고 있다. 즉 개인이 스스로 달성할 수 없는 많은 일들은 다른 사람들과 협력하여 달성할 수 있다는 것이다. 크고 작은 모든 종류의 프로젝트는 팀이 수행할 때 더 잘 작동한다. 수술팀과 연구팀, 건설팀과 우주비행사 승무원을 생각해 보라. 같은 맥락에서, 은행 강도, 권력에 굶주린 반군, 살인 집단, 범죄자, 대량학살자의 활동에서 명백히 알 수 있듯이, 집단이 저지른 범죄는 협력적인 노력을 통해 더욱 효율적이고 효과적으로 수행될 수 있다.

홀로코스트 및 기타 제노사이드 사례

불행하게도, 사람들이 집단으로 참여하도록 요청받을 때, 대량학살 행위에 가담하도록 다른 사람들을 설득하는 것은 매우 쉽다. 1994년 르완다의 국영 라디오는 후투족에게 거리로 나가 교차로로 가서 투치족(그리고 투치족 동조자로 확인된 일부 후투족)을 죽이라고 촉구했다. 살인자들은 힘을 합쳐 피해자를 공격했고, 살인 집단은 행동하게 되었다. 새로운 사람이 살인 집단에 합류할 때마다, 집단의 베테랑 구성원들은 그에게 그렇게 하지 않으면 죽이겠다고 위협하면서 그를 잔혹한 살인을 실행하도록 유도했다. 역설적이게도 홀로코스트에서는 유도 방식이 덜 잔인할 수 있다. 따라서 강제수용소에 근무하러 출근하는 의사들이 자신의 역할에 대해 주저함을 표시하면서 처음에는 "주변적인" 업무를 배정받았다는 보고가 있다. 최소한 한 번은 수용소에 있는 의사들이 일반적으로 수행하는 '선택' 작업과 가스실에 지클론-B 가스를 주입하는 작업을 주저하는 의사가 의학 연구를 수행하는 책임을 맡게 되었다. 그것도 박식한 유대인 교수의 지도 아래서 말이다! 일단 의사가 수용소 분위기를 내면화하고 둔감해지면 그는 동료 의사들 옆에서 살인자로서 자리를 잡을 준비가 되었다. 말할 필요도 없이 그 유대인 교수는 처형당했다.

자아 정체성 상실과 집단을 통한 새로운 정체성 창조

집단의 일원이 되고 스스로 할 수 없는 일을 할 수 있는 능력을 갖는 경험은 우리 안의 많은 억압된 것들을 물리치고 우리를 다른 사람으로 변화시킨다. 심지어 우리의 성격마저 바꿀 정도다. 그것이 생명을 보호하고 보존하려는 목적이었다면 그러한 변화는 축복이다. 그러나 그것이 생명을 파괴하려는 일이라면 그것은 물론 저주다.

정체성 변화의 과정은 흥미로울 뿐만 아니라 '마술적'이며, 행복한 상황에서는 창의적인 잠재력을 가진다. 더 이상 존재하지 않던 사람이 존재하고, 갑자기 새로운 사람이 살아나는 것이다. 정체성의 변화를 겪고 있는 개인은 다음과 같은 경험에 기뻐할 것이다. "나를 보세요! 나는 날고 있어요! 나는 다이빙하고 있어요! 나는 성공하고 있어요!" 그러나 지금 자신의 활동이 내적으로 당황스럽거나 혼란스럽고, 후회나 죄책감을 느낀다면, 정체성의 변화는 우려와 불안을 불러일으킬 수 있다. "나 자신도 알아보지 못해요! 뭔가가 나를 사로잡았습니다! 갑자기 하기 싫은 일을 하고 있는 것 같아요!"

정신의학 분야는 다음과 같이 연속체(continuum)로 분류되는 다양한 형태의 정체성 상실²²에 익숙하다. 즉 사람들(특히 어린이)이 영화관을 떠날 때 자신과 가장 동일시되는 인물이라고 상상하는 것과 같은 경미하게 슬쩍 지나가는 현상이나, 더 문제가 되는 현상으로, 예컨대 사제가 인근 마을의 술집에서 매력적인 젊은 여성들과 격렬하게 춤을 추고 자신의 정체성에 대해 전혀 기억하지 못하는 경우나, 사람들이 자신을 예수, 나폴레옹, 히틀러 또는 기타 역사적 인물이라고 생각할 때와 같은 훨씬 더 극단적인 현상에 이르기까지 다양하다.

개인이 일상생활에서 이러한 심각한 현상을 경험하면 주변 사람들은 이를 인지하고 정신 보건 당국에 신고한다. 그러나 베를린 광장이나 르완다 키갈리 거리에서 집단적 정체성 상실이 발생하면 현대 '문명'은 이를 완전히 정상적인 것으로 취급한다. 그러나 이것은 환상이다. 냉혈한 살인이라는 목표를 취하는 것은 미친 짓으로 여겨져야 한다. 그리고 사회의 모든 구성원이 정신을 잃고 미친 행동을 취한다 하더라도 그들의 집단적 정체성은 미친 것으로 이해되어야 한다. 문명화된 문화에서 우리는 집단이 언제 미쳤는지 말할 수 있어야 한다.

실제로 정신의학에서는 일부 집단적 행동을 미친 것으로 분류하고 정신 질환을 나타내는 것으로 분류했다. 예를 들어, 프랑스 남부의 수녀 그룹이 종교적인 휴일을 축하하기 위해 강 위의 다리로 가서 집단 무아지경에 빠졌고, 너무 강렬해서 다리가 무너져 함께 있던 대부분의 사람이 사망했다. 그러나 정신의학계에서는 민간인 살해를 촉구하며 집단적 지원을 하는 폭군이나 지휘관에 대하여 아직까지도 그들이 미쳤다고 감히 정의하지 못했다.

정체성 상실과 정체성 변형의 경험은 의식에서 무의식으로 이어지는 연속체를 따라 진행되는 것으로 이해될 수 있다. 예를 들어, 한 군인은 자신이 동료 전사들과 동일시함으로써 전쟁의 압력을 견딜 수 있는 새롭게 획득한 능력을 설명할 수 있다. 그는 동료들과 함께 있을 때 능력에 대한 감각, 때로는 영웅주의에 대한 감각이 그의 두려움을 대체한다고 설명한다. 또 다른 군인은 훈련받은 대로 갑자기 모든 명령을 자동으로 따르는 자신을 발견하는 거의 꿈같은 경험을 바탕으로 좀 더 마법적인 변화를 묘사할 수도 있다.

베트남 전쟁에 참전한 미군은 때때로 미라이와 같은 마을에서 비무장한 남성, 여성, 어린이를 무자비하게 학살하는 잔인한 살인을 자행했다. 이러한 학살은 당연히 과거에 베트남 어린이와 노인들이 폭탄을 운반하여 설치한 함정에 대한 두려움에서 비롯되었지만, 군인들의 행동에는 다양한 다른 요인들이 동기를 부여했다. 일부는 지휘관의 명령을 수행하고 있었다. 다른 사람들은 동료 군인들의 모범을 따르고 있었다. 그리고 또 다른 사람들은 동료들의 죽음, 압도적인 공포, 그리고 피를 흘리고 살인적으로 날뛰는 흥청거림으로 인해 정신적 쇠약을 겪었다. 공통분모는 집단적 경험이 억압감을 완화하고 수많은 윤리적 지침을 무시하여 충동 중심의 행동이라는 빅뱅을 촉발할 수 있다는 것이다.

일상생활의 예

다음 이야기에서 집단은 가톨릭교회다. 이 이야기는 자신의 종교 집단에 대한 깊은 동일화로 인해 정체성을 상실하고 살인자로서의 정체성으로 대체된 19세 가톨릭 여성의 행동을 다루고 있다. 그 젊은 여자는 혼외 임신을 하게 되었고 가족과 동료, 그리고 자신의 양심이 어떻게 반응할지 몹시 두려워했다. 그녀는 너무 겁이 나서 자신의 임신을 숨겨야 한다고 느꼈고 심지어 자신에게도 임신 사실을 완전히 부인할 수 있었다. 젊고 체구가 컸기 때문에 임신의 징후가 뚜렷하게 드러나는 것을 몸에서 막을 수 있었다. 때가 되자 그녀는 잠긴 방에서 가상의 몽유병 상태로 출산을 했다. 정신의학에서는 "히스테리적 해리성 트랜스"라고 부르는 현실과 완전히 동떨어진 상태였다. 출산 후 그녀는 탯줄을 자르고, 아기의 목을 졸라 죽인 뒤, 시체를 쓰레기봉투에 담아 바깥 쓰레기통에 버렸다. 법원이 명령한 종합적인 심리 및 정신의학적 평가 결과, 이 젊은 여성은 의심할 바 없이 자신의 행동을 의식적으로 인식하지 못한 것으로 확인되었다. 그녀는 혼외 성관계라는 "죄"와 혼외 출산이라는 수치를 분명히 피하고 있었다. 재판부는 심리 결과를 근거로 그녀에게 살인이나 과실치사 혐의를 적용하지 않고 의무적인 심리치료를 선고했다.

홀로코스트 및 기타 제노사이드 사례

홀로코스트 기간 동안 유대인을 살해한 일로 스스로 목숨을 끊은 군인들에게 미친 영향에 대해 다양한 연구와 이론들이 있다. 예를 들어, 나치가 "최종 해결"이 시작되면서 러시아를 침공하고 계곡에서의 학살과 같은 유대인 대량 처형을 시작했을 때, 바비 야르(Babi Yar)의 일부 독일 군인들은 큰 불안에 시달렸고 명령을 수행하기 위해 술에 취해야 했던 것으로 알려졌다. 그들에게는 대량학살이 너무 과했다. 그들은 자신에게 부여된 임무를 완전히 인식할 수 없었다. 전쟁 후반기에 말살 작전이 더욱 일상화되고 더욱 조직적이고 질서정연한 형태를 취한 이후, 많은 살인자가 더욱 일상적인 방식으로 살해했다. 역사가 크리스토퍼 브라우닝은 일부 사람들은 분명히 살인으로부터 즐거움을 얻었지만, 대부분은 "단순히" 들은 대로 행했다고 말했다.[23] 이 설명에 따르면 대부분의 가해자가 자신의 살인 행위를 받아들이고 집단에 합법적으로 참여한다는 의미로 자신을 포장했다. (우리가 살펴본 바와 같이, 양심의 가책을 느꼈던 일부 군인들은 자신의 요청에 따라 살인에 가담하지 않는 것이 허용되었으며, 그 결과 어떠한 징벌도 받지 않았다.)

집단에서의 조직화 경험

•>>> 자기성찰학습 11을 참조하시오

집단에 더 깊게 참여할수록, 그것이 우리를 감정적으로 더 많이 사로잡을수록 우리의 열정은 더욱 강렬해진다.

- ◆ 관중들은 경기에서 인상적인 플레이를 한 유명한 운동선수를 응원한다.
- ◆ 정치 대표자들은 소속 정당의 후보에게 박수를 보낸다(미국 대통령 후보 지명 대회 참조).
- ◆ 로마의 수많은 군중은 아름다운 광장을 가득 메우고 발코니에서 경례하는 이탈리아 독재자 베니토 무솔리니를 열렬히 환호한다.
- ◆ 군중은 히틀러를 기리기 위해 뉘른베르크 광장을 가득 메우고 "문명의 이익을 위해" 유대인 악마를 절멸하라고 격렬하게 비명을 질렀다.

❖ 마오쩌둥 치하 중국의 문화대혁명 기간 동안 마을마다 "반역자"를 찾아낼 때마다 축하했으며, 시간이 지남에 따라 중국 전역에서 수백만 명이 살해되었다.

앞의 각 예는 집단적 열광에 휩싸이는 메커니즘을 보여준다. 뱃속에서 목청이 터지고, 원시적인 "리비도적"(본능적) 기쁨이 마음을 가득 채우고, 안도감과 책임감으로부터의 산만함이 많은 감각을 둔화시킨다.

그러한 집단적 황홀경 상태에서는 본질이나 내용은 이차적이라는 것을 이해하는 것이 중요하다. 대부분의 사람은 자신의 입장을 진지하게 고려하지 않고 지도자와 다수를 따른다. 운동 경기, 인도 구루의 공개 축하 행사, 인종차별, 증오, 살인 동원이 난무하는 동안 공통분모는 변화된 존재 상태와 자아와 양심의 상실이다. 그러한 상황에서는 사람들의 개인적인 판단은 기능할 수 없다. 오직 극소수만이 독립적인 판단을 행사하고 양심에 따라 행동할 수 있고 그런 의지가 있다. 이들은 차별과 살인을 촉구하는 데 동참하지 않을 것임을 의심의 여지 없이 알고 있다. 그러나 대량학살이라는 난교처럼 감정적으로 격양된 지옥에서 자신의 "영혼"을 유지하는 사람은 극소수에 불과하다.

더욱이 상당수의 사람은 실제로 지도자와 사회가 비인간적인 대우를 받을 자격이 있다고 지정한 차별 대상을 혐오하려는 기본적인 의지를 보여준다(폭력의 기초 3. "비인간화" 부분 참조). 피해자 집단은 역사적 맥락에 따라 다양하며, 유대인, 흑인, 백인, 중국인, 인도인, 공산주의자, 체첸인, 타밀인, 불교도, 가톨릭교인 등 수많은 사례가 있다. 실제로 목록은 사실상 끝이 없고 모든 것을 포괄한다. 박해를 받은 수많은 집단 가운데 많은 사람은 다른 많은 집단도 마찬가지로 고통을 당했다는 사실을 "모르거나" 인식하기 어렵다. 그들은 그렇게 많은 사람이 자신의 운명만큼 파괴적인 운명을 겪었다는 사실을 전혀 모르고 있으며, 적지 않은 경우에 그들은 자신의 끔찍한 역사와 함께 그러한 정보가 언급되는 것을 적극적으로 거부한다. 불시의 죽음은 모든 피해자에게 변함없는 결정적인 공통분모다.

대량 엑스터시로 이어지는 감정적 과정에 대해 더 많이 알수록 사람들은 "절멸이 필요한" 것으로 분류된 다양한 대상 집단을 어떻게 살해하게 되는지 더 잘 알 수 있다. 박해, 투사, 살인은 인간 본성에 내재한 본능적 측면이며, 특히 대규모 정서적, 난교적 선동을 통해 자극하는 일은 어렵지 않다. 대규모 엑스터시는 최면에 걸리고 흥미진진하며 우리 내면 깊은 곳의 원초적 열정을 불러일으킨다. 개인은 정상적인 자아에서 분리된 것처럼 보이며, 느리지만 확실하게 에너지의 파동에 의해 극적이고 난교적인 경험으로 옮겨진다.

우리 중 얼마나 많은 사람이 그러한 경험을 멈출 수 있을까? 우리 중 얼마나 많은 사람이 그러한 경험을 멈추고 싶어할까? 확신하기에는… 너무나 적다.

●**>>> 자기성찰학습 12를 참조하시오**

결론 7

감정적으로 영감을 주는 집단에 참여하고 그 집단과 동일시하면서도 남에게 해를 끼치고 싶지 않은 사람들은 그 집단이 다른 사람에게 해를 끼치는 행동 방향으로 움직이고 있는지 판단하는 능력을 유지하도록 주의해야 한다. 그들은 그러한 경우에 집단의 정책과 행동에 저항할 준비를 갖추고 어떻게 반대편에 설 것인지 계획해야 한다.

• • •

오스카 그뢰닝(OSKAR GRÖNING): **새 때문에 울었던 아우슈비츠의 경비병**

아우슈비츠 친위대 장교 오스카 그뢰닝은 2년 동안 아우슈비츠 강제수용소에서 복무했다. 그는 죽은 유대인의 돈을 세었고, 들어오는 화물 열차가 비참한 인간 화물을 내릴 때 보초를 섰다. 그는 어떤 범죄도 저지르지 않았다고 말한다. 지난 60년 동안 그뢰닝은 "죄책감"이 아닌 다른 단어를 검색해 왔다.

유대인들이 가스실로 끌려갔을 때 어떤 느낌이 들었나요?

"제가 말할 수 있는 것은… 아무런 느낌도 없었다는 것입니다. 끔찍한 일이 분명치 않았기 때문입니다. 살인이 일어나고 있다는 것을 알게 되면 사람들이 죽어가고 있다는 것도 알게 됩니다. 비명소리를 들었을 때 비로소 공포가 떠올랐습니다."

아우슈비츠에 익숙해졌다고 표현하는 것이 맞나요?

"시간이 지나면서 점차 안정되어 갔습니다. 좀 더 잘 표현하자면, 저는 그 지역 사회의 일원이 되었습니다. 아우슈비츠에서의 생활은 지극히 평범했습니다. 거기에는 뼈 수프도 살 수 있는 채소 가게가 있었어요. 그곳은 작은 도시 같았어요. 나는 부대에 속해 있었는데 가스실은 그 부대와 무관했어요. 아우슈비츠의 삶에는 두 가지 측면이 있었고 그 둘은 어느 정도 분리되어 있었습니다."

그는 새를 좋아한다. 최근 새 한 마리가 그의 우편함에 둥지를 틀고 있었다. 어느 날 새는 죽었다. 누군가 공기총으로 새를 쏜 것이다.

"저는 울 수 있을 것 같아요"라고 오스카 그뢰닝은 말했다.[24]

• • •

그들은 마오의 명령에 따라 자유롭게 살해했다 / 정창과 존 할리데이(JUNG CHANG AND JON HALLIDAY)[25]

마오쩌둥 치하의 공산주의자들은 마음이 원하는 만큼 사람들을 자유롭게 학살했다. 그들은 모든 지주를 폭군으로 분류했다. 그들은 기회가 있는 곳이면 어디든 피해자를 찾았다.

마오는 창처럼 긴 손잡이가 달려 있고 양날이 날카로운 칼인 수오뱌오라는 특별한 무기에 매료되었다. "혁명의 일군들은 청년과 중년 남자라면 누구나 하나쯤은 갖게 해주고 그 사용에는 제한이 없도록 해야 해."[26]

마오쩌둥은 지방 간부들이 너무 온화하다는 이유로 계속해서 명령을 내리고 더 많은 사망자와 대규모 살해를 요구했다. 예를 들어, 1951년 1월에 그는 한 지역이 "너무 관대하고 살인을 충분히 하지 않는다"고 비판했다.[27]

1927년 3월, 마오쩌둥은 보고서를 작성하여 "이전에 경험하지 못한 일종의 황홀경"을 느꼈다고 말했다. 잔혹한 살인에 대한 그의 묘사는 흥분을 불러일으켰고 아드레날린이 분출되었다. "훌륭해! 정말 훌륭해!" 그는 기뻐했다.[28]

THE GENOCIDE CONTAGION

HOW WE COMMIT AND CONFRONT HOLOCAUST AND GENOCIDE

CHAPTER 5.

아우슈비츠 친위대의 흔적들

수용소 친위대 제복 입고 타인 희생시키기

폭력의 기초 8   # 권위의 남용

> ## 죄수들을 억누르는 간수들, 과도한 권위주의 그리고 사람들을 "제자리에 두는 것"

권위 있는 위치에 있는 사람들은 빠르게 권위주의자가 되어, 자신의 권력하에 있는 사람들을 타락시키고, 심지어 자신의 통제하에 있는 사람들을 살해할 가능성이 있다. 의사나 사회복지사와 같은 전문직 종사자라도 환자에게 해를 끼치고 싶은 잠재된 충동에 사로잡힐 때가 있다.

➡ 직위의 남용
➡ 돕는 것과 파괴하는 것 사이의 변증법

    우리의 아이들은 도움이 필요할 때 제복을 입은 경찰관이 우리를 도와줄 것이라고 믿고 싶어한다. 원칙적으로 우리는 공직에 있는 사람들이 어려울 때 우리에게 좋은 조언과 도움을 줄 것이라고 믿는다. 잠재적으로, 생명을 구하는 데 전념하는 의사는 다른 모든 사람보다 높은

위치에 있다. 그러나 우리는 변호사, 회계사, 교사뿐만 아니라 정부 기관, 항공사, 철도 직원 등 모든 전문직 종사자의 임무도 대중에게 봉사하고 지원하는 것임을 알고 있다. 이는 전문가가 된다는 것의 핵심 의미다. 그들의 목표와 의무는 사람들이 더 좋고 건강한 삶을 살 수 있도록 하는 것이다.

하지만 일이 잘못되는 경우가 많다. 놀랍게도, 다른 사람의 삶을 결정하고 조직할 권한을 부여받은 많은 사람에게 추악한 일이 일어나는 것으로 밝혀졌다. 어떤 것은 사소할 수도 있지만, 어떤 것은 인생을 뒤바꿀 엄청난 규모에 도달할 수도 있다. 대중에게 봉사해야 하는 사람들은 지나치게 중요한 존재라는 느낌을 갖게 될 수 있다. 다른 사람의 운명을 결정하는 권한, 즉 권한을 부여하거나 승진시키거나 거부하거나 자격을 박탈하는 권한을 부여받은 많은 사람은 우월감에 사로잡힐 것이다. 그들이 자신의 힘(권력)을 행사할 때 그들의 눈에서 그들의 기쁨을 보는 것은 어렵지 않다. 권력을 휘두르는 사람들의 신체 언어는 그들의 도움이 필요한 의존적이고 "열등한" 사람들을 향한 오만함과 조롱을 반영한다.

앞에서 논의한 필립 짐바르도의 감옥 실험은 올바른 조건하에서 학계를 포함하여 겉보기에 선하고 '정상적인' 사람들로 구성된 대부분의 집단에서도 권력에 굶주리고, 사악하고, 잔인한 개인을 상당수 찾을 수 있다는 사실을 확인했다.[1]

더욱이 파시스트 정권은 일반적으로 정부 장관, 관료, 서기 또는 정책을 실행할 준비가 되어 있는 직원으로 구성된 팀을 임명하는 데 어려움을 겪지 않는다. 확실히 몇 가지 예외가 있기는 하지만, 그러한 정권 내에서 권위 있는 위치에 있는 대부분의 사람은 자신이 속한 국가 집단의 구성원이라도 기꺼이 억압하려고 한다. 실제로 모든 국가에는 정권의 명령에 따라 자국민을 처형하려는 충분한 수의 주민이 있다. 이를 바탕으로 나치는 자신들이 점령한 모든 국가에서 계획을 실행할 현지인을 임명할 수 있었다. 예를 들어, 영국 해안에서 떨어진 영국 통치령 하에 있는 섬에서 영국 시민들은 지시에 따라 섬에 사는 소수의 유대인을 독일로 추방했다.[2] 다른 곳에서 언급했듯이, 노르웨이에서도 마찬가지였다. 그곳의 현지인들은 나치 강제수용소의 교도관으로 임명되었을 때 엄청난 잔인함을 보였다.[3] 이러한 수많은 다른 사례는 짐바르도 실험의 결과를 반복적으로 확인해 준다.

루돌프 럼멜은 모든 대량학살을 부채질하는 주된 힘은 권력 추구라는 분명한 결론에 도달했다. 영국의 사상가 액턴 경(Lord Acton)이 말했듯이, "모든 권력은 부패하기 마련이고, 절대 권력은 절대 부패한다."

일상생활의 예

◆ 교육 시스템의 모든 수준에서 학생들은 어떤 교사가 학생을 무시하고, 굴욕감을 주고, 자신의 권한을 사용하여 학생의 존엄성을 모욕하는지 직관적으로 식별하는 방법을 알고 있다.

◆ 사회과학 교수는 일반적으로 석박사 과정 학생들에게 연구에 사용할 방법론 및 통계 데이터 분석에 대해 조언한다. 그러나 학생들이 논문을 방어해야 할 때가 되자, 그 교수는 자신이 추천한 바로 그 방법을 사용했다는 이유로 그들을 악의적으로 공격한다.

어떤 경우에는 이들 학생 중 한 명의 수석 지도교수를 맡았던 또 다른 교수가 논문 방어 과정에서 동료가 해당 학생에 대해 무분별하고 비합리적인 공격을 가한 것을 공개적으로 비난했다. "당신이 추천한 방법에 따라 정확하게 작업한 학생을 어떻게 공격할 수 있습니까?"라고 그는 물었다. "나는 당신과 그녀와 함께 원래 회의에 참석했고, 그녀가 적용한 정확한 통계 분석 방법을 당신이 추천했을 때 거기에 있었는데요." 이에 대해 교수는 불쾌해하며 어깨를 으쓱하고 신체 언어를 사용하여 명백한 무관심을 표현했으며, 심지어 동료의 주장을 확인했다. "당시에는 그렇게 권유한 것은 사실이지만, 이제는 비판하기로 했습니다. 내 마음대로 하는 것은 내 권리입니다." 그런 다음 그는 학생에게 낮은 점수를 주겠다고 주장했고, 그 학생은 감정적으로 산산이 부서지는 경험을 했다. 학장에게 그 교수의 결정에 대해 항소하라는 권고를 받았을 때, 그 학생은 항소하지 않고 이런 고문이 끝날 때까지 자신이 받은 어떤 성적도 받아들이겠다고 떨리며 말했다. 교수의 잔인한 권력 행사는 그녀를 무너뜨릴 뻔했다.

홀로코스트 및 기타 제노사이드 사례

- ◈ 물론 다른 사람의 생명을 앗아가는 것은 권력을 가장 파괴적으로 사용하는 행위다.
- ◈ 많은 대량학살 동안 살인 권한은 하급 공무원, 일반 경찰, 경비원에게 위임되었다.
- ◈ 캄보디아에서는 크메르 루즈가 나중에 "킬링 필드"로 알려지게 된 노동 수용소에서 복무한 군인들에게 살인 권한을 부여했다. (동명의 영화 <킬링 필드>는 100만에서 300만 명을 학살한 크메르

루즈의 끔찍한 진실을 고발했다.)[4] 뚜얼슬랭의 중앙 교도소에서 정권의 살해는 나치의 치밀하게 조직된 절멸 시스템을 연상시키는 "행정적 우수성"으로 체계적으로 문서화되었다. 크메르 루즈의 경우, 문서에는 처형 전 각 수감자의 사진, 개인 식별 정보 기록, 살인을 "정당화"하는 이유가 포함되었다. 교도소 직원인 한 사진사는 자신의 가족들 사진을 찍도록 강요받았으며, 그와 그의 불행한 가족 모두 그들의 관계를 폭로하면 사진사의 생명이 위험할 수 있기 때문에 감히 그들의 관계를 폭로할 수 없다는 것을 알고 있었다고 말했다.[5]

교도소 사진작가의 상황은 다른 사람을 죽이는 것을 도우라는 명령을 받고, 자신의 생명을 구하기 위해 명령받은 대로 행하는 다양한 상황의 전형을 보여준다. 불행하게도 많은 사람은 시키는 대로 행할 뿐만 아니라, 단순한 논리와 자연스러운 도덕 감각으로 인해 그들의 행동이 인류에 반하는 중대한 범죄라고 말하는데도 불구하고 동료의 생명을 앗아갈 수 있는 권력을 행사하는 것을 즐긴다.

돕는 것과 파괴하는 것의 변증법

해를 끼치고 파괴하려는 인간의 충동은 의사, 간호사 및 기타 의료 전문가가 잔인함을 보일 때 특히 가슴 아프게 표현된다. 몇몇 악명 높은 사건에서(그중 다수는 영국에서 발생함) 의사나 간호사가 자신의 환자를 연쇄 살인범으로 만들었다. 분명히 이러한 사례에는 병리학적으로 장애가 있는 소수의 개인이 포함된다. 더 문제가 되는 것은, 파시스트 정권에 봉사하라는 요청을 받았을 때, 많은 의사가 그들에게 요청된 모든 일을 하는 데 아무런 양심의 가책도 없었다는 사실이다. 나치 독일에서는 수백 명의 의사와 간호사가 정신 장애 아동과 정신 질환자를 절멸시키기 위해 고안된 정권 최초의 대량학살 프로그램 "T4 작전(Aktion T4)"을 실행했다. 살인은 이른바 "자비 살인"[6]이라는 이름으로 가장하여 저질러졌다. 독일뿐만 아니라 점령된 프랑스와 다른 곳에서도 T4 작전을 수행하기 위해 의사와 간호사가 모집되었다.

2차 세계대전 이전 몇 년 동안, 여러 나라와 미국의 여러 주에서는 수만 명의 정신 장애가 있는 사람들에게 불임 수술을 위한 법안을 제정했다.[7] 비록 살인과 같지는 않지만 불임 수술은 확실히 잔인하고 더 큰 의미에서는 매우 치명적이다. 나치가 살 권리를 소유한 사람과 소유하지 않은 사람을 결정하기 위해 극단적으로 채택한 것과 동일한 철학적 기반이 민주적인 미국에서 강제 불임 조치에 작용했던 것이다. 두 경우 모두 더 큰 정당성은 인류를 "개선"하는 것이었다. 물론 독일에서는 이 개념이 "완전하게" 채택되었다. 독일의 지식 엘리트[8]는 "살 만한 가치가 없는 삶"이라는 개념을 채택했고, 나치는 이 철학적 주장을 대량학살의 근거로 변형시켰다. 이 개념은 누가 삶에 "가치 있는" 사람인지 아닌지를 결정하는 기초가 되었다. 정신 장애자와 정신 질환자를 시작으로 학살은 유대인과 나치에 의해 살해된 민간인 1,400만 명으로 확대되었다. 나치가 전쟁에서 승리했다면 수백만 명이 더 이상 살 가치가 없는 것으로 간주되었을 것이다.

아르메니아 학자 배하큰 대드리안(Vahakn Dadrian)은 또한 아르메니아 대량학살에서 튀르키예 의사의 역할을 기록했다.[9] 이 책의 앞부분에서 우리는 1930년대 일본의 만주 침공 당시 '치료 실험'을 통해 수천 명의 중국 민간인과 전쟁 포로를 고문하고 학살한 일본의 이시이 시로 박사의 행위에 대해 언급했다.[10] 마치 홀로코스트 당시 독일의 악명 높은 조세프 멩겔레(Josef Mengele) 박사와 매우 유사하다.

미국의 정신과 의사 로버트 제이 리프턴(Robert Jay Lifton)은 아우슈비츠 의사들(우리가 알고 있듯이 멩겔레의 "의학 실험"을 도왔던 사람)과 지클론-B를 마치 의료 업무인 것처럼 가스실에 주입하는 일을 담당한 의사들의 의료 업무(이른바 널리 퍼진 "유대인 전염병"의 세계를 치료하는 것을 목표로 함)를 조사했다. 리프턴은 기본적으로 생명 보존에 헌신하는 직업인 의사가 어떻게 그러한 냉혹한 살인에 연루될 수 있는지 이해하려고 노력했다.

리프턴은 의사들이 자신의 경험을 여러 범주로 나눌 수 있었다고 설명했다. 즉 인간의 마음은 정신(영혼)과 분리되거나 연결되지 않은 사람에 의해 배치된 완전히 모순된 생각과 가치에 따라 행동할 수 있다. 리프턴은 인간이 인지할 수 있는 깊은 곳에 위치한 근원적이고 명백한 보편적 메커니즘을 "이중성(doubling)"이라고 명명했다.

마음 구조의 핵심에는 타인을 파괴하고 죽이려는 준비와 타인을 돕고, 구출하고, 치유하려는 준비가 변증법적 모순관계 속에서 서로 공존하고 있다. 리프턴은 생명을 보존하고 파괴하려는 의사의 노력 속에 있는 눈에 띄는 모순을 언급하기 위해 잊지 못할 은유적 용어 "치유-살해의 역설(healing-killing paradox)"이라는 용어를 사용한다.[11] 리프턴은 의사의 직업적 책임이 환자의 생명을 구하고 치료하고 재활시키는 것이라고 가정한다. 병자, 장애인, 도움이 필요한 사람들은 살인과 파괴의 본능과 구원하고 치유하려는 본능 사이의 보편적인 변증법적 긴장에 무의식적으로 종속되어 있었다. 치유해야 한다고 규정된 의무의 무게는 우리가 좋아할 수 있는 삶의 여러 영역에서 긴장감을 악화시켰다. 그리고 무거운 책임을 지고 있는 사람들은 자신이 지고 있는 짐에 대한 분노를 경험하며, 이는 다른 사람에게 해를 끼치려는 욕망을 불러일으킨다. 그것은 그들이 느끼고 있는 무거운 압력에 대해 항의하는 자연스러운 방법이지만, 물론 그것은 도덕적으로 가장 잘못된 것이다.

리프턴이 옳다면, 그의 연구는 인간이 타인에게 어떻게 큰 해를 끼칠 수 있는지에 대한 어려운 수수께끼를 이해하는 새롭고 유용한 방법을 제공한다. 이는 리프턴이 완전한 설명을 제공했다는 의미는 아니다. 우리는 윤리적 관점에서 볼 때 어떻게 사람들이 타인에게 의도적인 가해를 반복적으로 가할 수 있는지에 대한 도전적인 철학적, 과학적 수수께끼를 여전히 안고 있다. 리프턴의 분석은 확실히 살인 행위를 정당화하거나 "정상화"하지는 않는다. 그러나 그의 설명은 지금까지 알려지지 않은 인간 정신의 구조적 역학을 밝혀줄 수는 있다. 그리고 그런 점에서 우리는 우리 중 많은 "선한 사람들"을 포함하여 인간이 어떻게 살인이라는 행위를 자주 선택하는지 더 잘 이해할 수 있다(정당화될 수는 없지만!).

리프턴은 불멸을 향한 인간의 탐구에 대한 심리학 연구로도 유명하다. 그는 사람들이 어떻게든 죽음을 피하고 불멸을 얻을 수 있다고 믿을 수 있도록 자신을 속이기 위해 어떤 노력을 해야 하는지 연구했다. 우리는 다른 사람을 희생하는 것에 대해 논의하는 동안 이 개념을 더 깊이 탐구할 것이다. 불멸을 추구하는 심리학에 대한 리프턴의 공헌은 다른 사람에게 죽음을 강요하는 것이 어떻게 자신에게 이익을 가져올 수 있는지에 대한 이해에 많은 도움이 된다. 당신이 죽으면 내 삶의 기회가 증가한다고 인간의 마음속에 있는 마법적 사고가 말한다. 많은 사상가가 인생은 말하자면 "쌍둥이"이며, 삶의 부재는 죽음을 의미하며, 삶과 죽음은 영원히 강력한 변증법으로 연결되어 있다는 사실을 여러 세대에 걸쳐 증언해 왔다. 삶은 자연적으로 모든 생명체를 기다리는 확실한 죽음을 준비하는 과정을 포함한다. 치유의 개념에도 비슷한 것이 적용된다. 본질적으로 그것은 치유되지 않을 가능성, 더 심각하게는 죽음을 초래할 가능성을 암시한다. 실제로 우리 마음속에서는 모든 개념이 동시에 정반대를 가리키고 있다. 이것은 자연스러운 결합 과정에 의해서만 가능하다. 인간 마음의 이러한 측면은 간단한 논리를 사용하여 이해할 수 있다. 그리고 우리의 정신 내면을 더 깊이 탐색할 것을 요구하지도 않는다.

우리 모두가 의식을 통해 끊임없이 흐르는 생각과 감정에서 알 수 있듯이, 때때로 우리 모두는 자신이나 다른 사람, 또는 둘 다에 대해 생명력 있는 생각과 동시에 파괴적인 충동을 동시에 갖고 있다. 생각은 확실히 행동과 구별되는 것으로 이해되어야 하지만, 우리 모두 내면 깊은 곳에는 악의적인 충동이 있다는 사실을 계속 인식하는 것이 중요하다. 삶의 아름다움 앞에서도, 삶을 사랑할 때에도 우리는 주기적으로 형편없고 심지어 아주 사악한 생각의 공격을 받는다. 이것은 우리 모두가 받아들이고 맞서 싸우는 법을 배워야 하는 자연스러운 메커니즘이다.

리프턴의 치유-살해 역설론은 우리 중 많은 사람이 우리의 기본적인 인간 본성을 특징짓는다고 믿는 인간 정신의 수많은 근본적인 변증법적 과정 중 하나일 뿐이다. 우리는 사랑하면서도 미워하고, 온유하면서도 거칠고, 예민하면서도 무감각하고, 관대하면서도 인색하다. 실제로, 우리 모두 안에 존재하는 상호 모순되는 특성의 목록은 끝이 없다.[12] 오늘날 상황에서 리프턴의 작업은 인간의 생명을 보존하고 거룩하게 할 것인지, 아니면 파괴할 것인지에 관해 모든 치료사와 모든 인간이 항상 직면하는 결정을 더 잘 이해하는 데 도움이 된다.

일상생활의 예

❖ 우리는 부모와 자녀가 서로에 대한 강하고 상호적인 사랑의 감정 외에도 서로에 대해 적대적이고 악의적인 감정을 경험한다는 점을 앞서 언급했다.

❖ 인간의 사랑을 감동적인 시로 표현한 시인 칼릴 지브란(Khalil Gibran)은 밤에 "잘 자요, 내 사랑", "잘 자요, 사랑하는 어머니"라는 소망을 품고 잠에 드는 여인과 딸의 모습을 그려낸다. 그러나 어머니는 딸의 젊음에 대한 극심한 질투심으로, 딸은 어머니의 추악하게 늙어가는 모습에 대한 혐오감으로 서로에 대한 조롱과 증오의 마음으로 밤이 깊어지자 깨어난다.

❖ 우리는 또한 영국의 정신 분석가 도널드 위니콧이 모든 부모가 자녀에 대해 증오심을 경험해야 한다고 주장한다는 점도 지적했다. 이러한 감정은 자녀가 독립적으로 발달하고 점진적으로 부모로부터 분리될 수 있도록 하는 데 건강한 역할을 한다. 우리가 살펴보았듯이 위니콧은 또한 심리치료사가 환자가 치료사에 대한 분노를 경험하고 표현하도록 돕는 것뿐만 아니라, 환자에 대한 증오를 경험하고 심지어 표현할 수 있는 방식으로 치료를 수행할 것을 권장한다. 두 경우 모두, 목표는 이러한 증오의 감정을 더 광범위하고 포괄적인 사랑의 경험으로 수용하는 것이다. 병리학적 상태에서는 증오가 사랑을 압도하고 지배적인 감정으로 나타난다.[13]

통제, 파괴, 살인은 인간 병리의 궁극적 징후다. 감정적으로 건강한 관계에서는 사랑이 지배적이며, 발생하는 분노와 증오를 성공적으로 억제한다.

결론 8

타인에게 해를 끼치고 싶지 않은 사람들은 타인을 해치거나 죽이는 데서 즐거움을 얻을 가능성을 포함하여 권위주의적인 행동을 향한 인간의 타고난 성향에 대해 책임을 질 수 있어야 한다. 우리 각자 안에는 부각될 기회를 기다리는 권위주의적인 경찰관이 있고, 배려하고 치유하는 의사 옆에는 살인 의사가 있다. 그러므로 유대 명절의 시학에서 우리는 누가 살고 누가 죽을 것인지, 그리고 우리 중 누가 살인에 책임이 있으며, 타인을 돌보고 보호하는 윤리를 옹호할 것인지 자문해야 한다.

이데올로기화

> ## 이데올로기의 신성한 부르심에 대한 완전한 헌신

이데올로기에 대한 사람들의 동일화와 헌신은 그 이데올로기가 실제로 신학이나 종교 운동과 연결되어 있는지 여부에 관계없이 신적이거나 신학적인 의미와 중요성을 갖는다.

- ❖ 이데올로기와 이데올로기화
- ❖ 이데올로기와의 동일시를 통한 권력 획득
- ❖ 이데올로기라는 이름으로 권력의 사용을 정당화하는 행위

나이에 관계없이 아디다스(Adidas)나 레비 스트라우스(Levi Strauss)와 같은 잘 알려진 로고나 브랜드 이름을 알고 있음으로써 더 큰 힘을 얻지 못한 사람이 있을까? 우리 옷에 있는 사소한 상징을 바탕으로 우리 자신을 잘 알려진 대중적 운동과 동일시하는 것이 "알몸"일 때보다 더

큰 힘과 압력을 더 효과적으로 견딜 수 있는 능력을 우리에게 불어넣을 수 있다는 것은 이상해 보인다. 우리 자신의 정체성 외에는 아무것도 입지 않았다. 우스꽝스럽게도 체육복, 청바지, 신발에 있는 로고는 우리가 다른 방법으로는 누릴 수 없는 힘을 느끼게 한다. 이러한 권한 부여는 우리 인간이 겪고 있는 심오한 약점과 우리가 다른 사람들의 유행과 평가에 얼마나 민감한지를 반영한다.

그러나 대중 운동이 물질적 대상이 아니라 인간을 고통에서 구원하고, 신자들과 충성파들에게 과거의 역사적 영광을 회복하고, 잃어버린 정의를 회복하려는 진지한 이데올로기에 기반을 두고 있다면 그 열정과 헌신은 무한할 수 있다. 지지자들은 이데올로기를 삶의 모든 불평등에 대한 치료법으로 인식하고, 그들의 이데올로기적 목표를 달성하면 인간사를 더욱 정의롭게 재조정할 것이라고 믿는다. 사람들은 기념비적인 대의의 이름으로 불신자, 반대자, 반역자의 생명을 희생시키는 것은 물론, 자신이 가진 모든 것, 심지어 자신의 생명까지도 기꺼이 바친다. 이는 개념 정의상 가치가 거의 없으며, 이데올로기의 성취가 세상에 가져올 잠재적인 "에덴동산"과 비교할 때 확실히 하찮은 것이다. 언급한 바와 같이, 사람들은 그처럼 고귀하고 숭고한 목적을 위해 "모든 것"을 바칠 수 있다.

역사가들이 저지르는 흔한 실수는 주요 역사적 사건을 형성한 이데올로기의 영향을 주로 이데올로기가 제시하는 개념의 관점에서 이해하려고 노력하는 것이다. 그들은 이데올로기를 수용하려는 인간의 기본적인 욕구가 너무 강력해서 사람들이 거의 모든 이념을 믿을 준비가 되어 있다는 사실을 이해하지 못한다. 역사적 렌즈를 통해 볼 때, 이데올로기에 대한 열정은 상당히 오해를 불러일으킬 수 있으며, 사람들의 주된 동기가 실제로는 이념 자체라는 잘못된 인상을 줄 수 있다. 나치즘에 대한 믿음은 종종 권력 그 자체를 위해 자신을 동일화할 수 있는 기회를 환영하는 것이었으며, 어떤 체제가 장려하는 이념과는 거의 관련이 없다.

역사가들의 또 다른 초점은 이데올로기를 전파하려는 노력의 정치다. 어떤 이데올로기 옹호자들은 어느 정도까지 권력을 축적했으며, 자신의 신념을 대중에게 전파하고 반대 세력을 물리치기 위해 어떤 수단을 사용했을까? 이번에도 권력 투쟁을 이념과 이념적 목표를 둘러싼 경쟁으로 보는 경향이 지배적이다. 그러나 많은 경우 승리는 상대방이 더 큰 권력을 모으는 기능에 가깝다. 진정한 승리는 반드시 이념의 결과가 아니라 이를 촉진하는 데 사용된 전략과 권력 수단의 결과다. 많은 선거와 많은 수상한 사업 거래 또는 민주주의 국가를 포함하여 전 세계 로비스트 간의 거래에서 금융 부패가 미치는 영향을 생각해 보라. 이러한 권력 메커니즘은 투옥(미얀마), 독살(우크라이나), 처형(짐바브웨)과 같은 정치적 경쟁자에 대한 잔인한 처우에서도 분명하게 드러난다. 히틀러가 처음에 독일에서 승리한 것은 그의 정치의 결과였을까? 아니면 더 간단히 말해서, 그는 단순히 잔인한 수단으로 권력을 장악하고 독재자로 자리매김했을까? 민주주의의 가장 한심하고 치명적인 오류는 민주적 절차에 대한 맹목적인 믿음일 수 있지만, 다른 사람들은 점점 더 많은 권력을 모으기 위해 민주적 절차를 이용하느라 바쁘다는 것이다.

역사가들은 신원 확인의 강력한 과정과 그에 따른 신자들의 개인적 권한 부여를 항상 이해하는 것은 아니다. 그들은 또한 이데올로기를 열렬히 장려하는 운동의 개념 및 목표와 함께 식별 과정이 어떻게 작동하는지 이해하지 못한다. 이데올로기에 대한 대중적 동일화를 동원하는 과정은 "정신 건강을 지지하지 않으면 당신을 죽일 것입니다!"라는 익살스럽고 아이러니한 진술에 반영된 것처럼, 아주 사소한 문제를 포함하여 다양한 문제에 적용할 수 있다. 이 논평은 어떤 믿음에 대해서도 맹목적인 믿음이 갖는 아이러니를 설명하기 위한 것이다.

이데올로기를 효과적으로 전파하기 위한 방법에는 가치 있는 사상을 홍보하고 전파하는 것뿐만 아니라, 그 사상을 살아 있는 신의 계명으로 식별하는 옵션도 포함한다. 누구의 마음이 떨리지 않을 것인가? 우리 중에 가르침과 계명으로 우리를 인도하고 전능하신 신과 하나가 될 수 있게 해줄 신성한 구속자에 대한 어린아이 같은 두려움과 갈망을 완전히 극복한 사람은 누구인가? 만일 하나님께서 금하시지만 하나님의 계명을 어기면 현재의 삶뿐만 아니라 영원토록 심한 형벌을 받게 될 것이라는 걱정에서 완전히 자유로운 사람이 우리 중에 얼마나 있을까?

이 시점에서 나는 종교적 신앙에 진심으로 동의하는 독자들에게 나의 의도는 종교를 비판하려는 것이 아니라는 점을 분명히 하고 싶다. 종교가 사람들이 생명의 신성함에 헌신하는 영적 인식의 수준을 달성할 수 있도록 하는 틀을 제공할 때, 이것은 신자와 비신자 모두에게 선물이다. 그러나 나는 추종자들이 무엇을 옹호하는지에 관계없이 모든 종교 지도자의 권위를 받아들이고 비참하고 어리석은 복종으로 이끄는 모든 이데올로기를 비판하고 싶다. 그들의 추종자들은 다른 사람들을 박해하고 죽이려고 한다. 나는 비무장하고 무방비 상태인 사람들을 대상으로 폭력적인 마녀사냥을 자행하는 종교를 존중할 의무가 없다. 그들이 적으로 간주된다 할지라도 그렇다. 여기에는 알라의 이름으로 "이교도"에 맞서 지하드(성전) 임무를 수행하도록 추종자를 파견하는 이슬람 성직자와 과거에 수많은 유대인과 무슬림을 학살한 십자군 전쟁에 추종자를 파견한 기독교 성직자도 포함된다. 이스라엘에서 나타난 유대 근본주의 운동은 그렇게 널리 퍼져 있지는 않지만, 표면적으로는 신의 이름으로 무고한 팔레스타인인들을 학살한 유대인 의사 바룩 골드스타인(Baruch Goldstein)과 같은 살인자들을 배출한다.

사람들을 통제하고 다른 사람들에 대해 범죄 행위를 저지르게 만드는 종교의 힘은 모든 사람과 모든 생명의 창조자이자 유지자인 신에 대한 계몽적 개념과는 모순된다. 문제의 근원 중 하나는 자신을 영적 지도자나 종교 연구 기관의 수장이 아니라, 맹목적인 복종을 요구하는 신의 대표자로 여기는 종교 지도자들의 태도에 있다. 공개 토론에서는 이 문제를 다루지 않는 경향이 있다. 마치 그렇게 하는 것 자체가 반종교적이고 하나님의 뜻에 반하는 것이기 때문이다. 너무나 많은 사람이 종교나 신과 전혀 관련이 없는 문제에 대해 맹목적으로 종교 지도자에게 조언을 구하는 경향이 있다. 때때로 그러한 호소는 마치 성직자가 인간의 운명을 결정할 수 있는 능력을 가진 전지전능한 하나님의 대표자인 것처럼 단순히 초자연적인 개입을 요청하는 것일 수도 있다. 그리하여 이념에 대한 맹목적인 믿음과 이념체계에 대한 비굴한 복종의 문화가 출현하게 된다. 이는 자기 자신의 진정한 정신을 예속시키는 것으로써, 참된 종교적-영적 신앙을 표현하는 부적절한 방법이다.

물론 일부 부도덕하고 살인적인 이념 운동은 종교적으로 정의되지 않고 확실한 신앙으로 발전하기도 한다. 나치즘이 그 추종자들에게 "세속적 종교"가 되었다는 점은 종종 지적되어 왔다. 공산주의는 또한 모든 것을 포괄하는 유사종교 운동이다. 이러한 방식으로 이데올로기 운동의 지도자들은 종교 지도자들이 열렬한 신자들을 보내 "불신자들"을 살해하는 것과 마찬가지로, 추종자들을 속여 파괴적인 행위를 저지르도록 유도할 수 있다.

본질적으로 모든 이데올로기는 거의 모든 사람에게 어린 시절부터 매우 친숙한 종교적 신앙의 고풍스러운 힘을 활용한다. 이는 모든 인간이 공유하는 근본적인 실존적 불안을 완화하기 위한 것이다. 마음속 깊은 곳에서 우리 모두는 망각과 무존재, 그리고 우리 모두를 기다리고 두렵게 하는 궁극적인 죽음으로부터 우리를 구해줄 신에 대한 필요성을 갖고 있다.

우리가 말했듯이, 많은 학자가 나치즘을 혈통, 인종, 영토, 국가를 포함하는 "종교적" 원칙을 지닌 세속 종교[14]로 간주한다. 적어도 세 개의 공산주의 정권(소련, 중국, 캄보디아)이 비슷한 유사종교적 형태를 채택했다. 흥미롭게도 이 세 정권은 모두 공산주의 체제였지만 반드시 서로를 모방하지는 않았다. 오히려 각각은 총체적이고 절대주의적인 면에서 종교와 유사한 이데올로기를 발전시키는 개별적 과정을 겪었다. 공통분모는 그들의 폭군적이고 파괴적인 성격으로 인해 정권에 대한 '무조건적 믿음'을 보여주지 못한 수많은 사람이 살해당했다는 것이다.

일본인들도 왕을 신으로 믿었고, 2차 세계대전에는 왕을 대신해 태평양을 정복하기 위해 전쟁에 나섰다. 최근에는 오사마 빈라덴(Osama Bin-Laden)과 알카에다(Al-Qaeda)가 무슬림의 관점에서 "유일한 참 신을 모욕"하고 "살아갈 가치가 없는" 이교도 유대인과 미국인을 물리치기 위한 선전 선동에 착수했다. 더욱이 이교도를 죽이라는 지시를 받은 사람들은 종종 막대한 대가를 치르게 된다(예: 자살 폭탄 테러). 무슬림의 견해는 모든 선량한 무슬림은 알라를 섬기는 순교자로서 기꺼이 자신을 희생해야 한다는 것이다. 사람들은 그러한 믿음에 대한 대가를 목숨으로 바친다!

각성한 신자를 포함하여 깨달은 사람들과 고등교육기관은 '반종교적'이라는 낙인이 찍힐까봐 두려워하지 않고, 이러한 현상에 대해 솔직한 학문적 토론을 해야 할 때가 왔다. "안티"라는 접두사는 일반적인 종교적 신념에 대한 것이 아니라, 인간 생명의 파괴에 대한 맹목성과 악에 대항한 것이다. 결론적으로, 모든 인간은 살 권리가 있다!

이데올로기와 이데올로기화

이데올로기화는 불신자를 학살하라는 명령을 따르는 것을 포함하여 신자에게 완전한 복종을 요구하는 표면적으로는 신성한 코드로 특정 신앙을 구성하고 승격시키는 것을 의미한다.

이 책의 기본 원칙은 인간 생명의 신성함이다. 전통적인 신념을 가진 종교인을 공격하려는 의도가 전혀 없으며, 우리는 추종자들이 신앙에 대한 헌신의 표현으로 비신자를 죽여야 한다고 요구하는 모든 신념, 이데올로기, 종교, 운동, 정권 또는 개념에 단호히 반대한다.

직업 세계에서는 또한 불신자들을 은유적으로 "제거"하는 사례를 너무 많이 보여준다. 예를 들어, 치료 심리학의 전문적인 세계에서는 잘못된 사상 학파로 인식되는 추종자들에 대해 "전문적 암살"이 정기적으로 수행된다[프로이트학파 대(vs) 융학파, 행동주의자 대 가족 시스템 치료사, 내러티브 및 포스트모더니즘 치료사 대 실존주의 치료사 등등]. 우리는 또한 전문직 정치 분야에서 "지적인 암살"을 주기적으로 목격한다. 이에 따라 논쟁은 이념 경쟁을 중심으로 전개되는 것처럼 보일 수 있지만, 진정한 목표는 분명히 경쟁자를 없애려는 것이다. 우리와 다른 관점을 옹호하는 사람들의 직업적 지위를 공격하고 부정하는 데 얼마나 많은 에너지가 소비되는지는 충격적이다.

노골적인 살인이 수반되는 실제 정치적 상황에서는 위험이 훨씬 더 크다. 모든 유형의 독재 정권에서, 지배 정권이 승인하지 않은 지적 전망을 보유하는 것은 사람들을 기소, 투옥, 고문 및 처형을 포함한 기타 징벌 조치에 취약하게 만든다. 최근의 예로는 러시아의 블라디미르 푸틴(Vladimir Putin) 정권에 반대했던 여러 언론인의 살해가 있다. 다른 많은 예가 발견될 것이다. 예를 들어, 중국은 군사적, 경제적 초강대국이자 자랑스러운 올림픽 개최국이라는 지위에도 불구하고, 사람들이 민주주의, 민주적 항의, 중국 정부의 과거 공식 입장과 일치하지 않는 역사 문제에 대해 '바람직하지 않은' 질문을 하지 못하도록 경찰의 조치와 투옥 위협을 계속하고 있다.

이데올로기화는 우리가 의지할 수 있는 신념을 갖추려는 인간의 욕구를 반영하는 보편적 메커니즘이다. 신념 체계를 중심으로 조직될 때, 우리는 다양한 자연재해(쓰나미, 홍수, 지진)를 포함하여 임박한 죽음의 끝없는 위험에 직면한다는 무서운 실존적 진실에 대해 그렇지 않은 경우보다 더 안전하다고 느끼고 훨씬 덜 불안해 한다. 교통사고, 비행기 추락, 테러, 심장마비, 뇌졸중, 암 등 생명을 위협하는 질병 등은 모두 젊고 건강하더라도 일어날 수 있는 일이다. 아휴… 반쯤 예민한 사람이라도 예수를 놀라게 하는 것만으로도 충분하다.

원칙적인 생각, 자신의 삶을 이끄는 목적에 대한 열정적인 믿음, 운동, 지도자, 국적 또는 종교에 대한 충성은 실존적 불안으로 인한 암울한 두려움과 긴장을 어느 정도 완화시킨다. 물론 우리는 전반적으로 체제에 대한 믿음이 일반적으로 사람들과 문명에 많은 혜택과 많은 진보를 제공한다는 점을 기억해야 한다. 모든 사람은 자신에게 중요한 것이 무엇이든 믿고 자신의 신념을 표현하고, 자신의 정체성을 적절하다고 축하할 자격이 있어야 한다. 그러나 인간은 타인의 파괴를 요구할 자격이 있어서는 안 되며, 자신의 신념이라는 이름으로 타인에게 해를 끼칠 수도 없다.

모든 의미 있는 신념에서 자신을 분리하고, 의미 있는 원칙과 목표를 동일시하고 장려하는 것을 중단한 사람들은 자신을 고정시킬 만한 맥락이 없기 때문에 공허하게 되고, 어떤 의미에서는 자기 자신이기를 중단한다. 흥미롭게도 일부 공허한 사람들은 특정 종류의 폭력에 더 취약하지만, 여기서 중요한 점은 자연이란 것은 공백을 싫어하고 많은 사람이 자신들을 채울 수 있는 이데올로기 체제에 굶주려 있다는 것이다.

흥미롭게도 우리 자신의 신념과 목표에서 어느 정도 벗어나면 이점도 있다. 일부 철학자와 심리학자들은 삶이 무엇을 제공해야 하는지에 대한 관점을 얻고 삶이 존재한다는 이유만으로 삶의 의미와 가치를 긍정하는 능력을 얻기 위해서는 모든 사람이 일정 기간 동안 자신의 가치관과 개인적 지향에서 벗어나야 한다고 주장한다.

나는 살아 있기 때문에 존재하고 또한 존재해야 하며, 어떤 행동으로도 내 존재를 정당화할 필요는 없다. 나는 나의 지위나 행동, 신념 때문이 아니라, 단지 내가 살아 있고, 살아 있을 자격이 있기 때문에 존재할 가치가 있다. 나는 훌륭한 생명체다. 나는 삶을 사랑하며 살아 있을 자격이 있고, 삶이 나를 사랑할 자격이 있다.

내 생각에는 사람이 삶의 목적을 갖는 것은 매우 바람직하다. 그럼에도 불구하고 우리는 특별한 이유나 정당성을 염두에 두지 않고 정기적으로 자신의 존재를 확인하고 또 확인할 수 있어야 한다. 두 개념 모두 의미가 있고 서로를 보완한다. 철학적으로나 심리학적으로 바람직한 목표는 우리가 누구인지에 대해 기쁨을 누리는 동시에 역할을 맡고 사회에 기여하는 것을 포기하지 않는 것이다. 의미 있는 역할을 수행하는 것 또한 큰 아름다움을 갖고 있으며, 단순히 살고, 휴식을 취하고, "존재"를 즐기는 능력을 기르는 동시에 우리를 확인시켜 준다.

이데올로기화의 결정적인 문제는 그것이 종종 특정한 사상과 목표를 신성화하고, 많은 신자가 비신자들과 다른 신앙과 정체성을 가진 사람들을 기꺼이 죽이려 한다는 것이다. 이 책은 타인에 대한 어떠한 박해도 단호히 거부한다. 그것은 우리 자신과 타인의 생명을 거룩하게 할 것을 요구한다. 사람을 판단하는 우리의 근본적인 기준은 그들의 행동이 인간 생명의 보존과 질에 기여하는지, 아니면 인간 생명의 살인과 파괴에 기여하는지 살펴보는 것이어야 한다.

심리학자로서 나의 전문적인 업무에서 이러한 원칙은 심리적 건강과 질병을 정의하는 주요 기준으로 사용한다. 앞서 언급했듯이, 나는 동료들에게 이 원칙을 정상성이라는 정신의학적 개념 정의의 영구적인 기초로 받아들일 것을 권장한다. 모든 경우에 우리는 다음 두 가지 질문을 던져야 한다.

❥ 그 사람은 자신의 삶에 파괴적인가?
❥ 그 사람은 타인의 삶에 파괴적인가?

최면을 거는 이데올로기의 힘은 사람들의 공허함을 채워주고 두려움과 불안을 누그러뜨려 많은 사람을 구원한다. 그러나 너무나 많은 신념 체계가 사람들을 사소하고 마술적인 신념으로 이끌고 있으며, 너무나 많은 신념 체계가 사람들을 경직된 파시스트(전체주의) 운동으로 이끌고 있다. 너무나 많은 사람이 너무 약하고 취약하며 영적으로 공허하기 때문에 자신의 신념을 확실하게 선포하고 매혹적인 자신감을 발산하는 지도자의 부름에 응답할 것이다. 폭군들의 대규모 모임에 난잡한 열정으로 박수를 보내는 수많은 사람을 생각해 보라. 대규모 대량학살과 칠레에서 자행된 살인(아우구스토 피노체트 치하의 "실종" 기간 동안), 아르헨티나(일반 인구에 비해 유대인 희생자 수가 불균형적으로 높았던 곳)와 과테말라(인디언들이 주로 표적이었던 곳)와 같이 보다 제한적인 살인 행위를 통해 사람들을 박해하는 관료 정권에 대한 저항이 부족한 것을 보라. 대량학살이 마땅하다고 선언된 민족, 국가, 종교 또는 기타 집단을 대상으로 대량학살 선동을 시작한 지도자들에 맞서 실제로 얼마나 많은 국가와 민족이 봉기했는가?

광범위한 박해를 요구하는 카리스마 넘치는 지도자와 광범위한 이념 운동이 결합하면 가장 치명적인 상황이 발생한다. 이는 지도자의 영향력과 집단적 프로세스의 영향력 사이의 강화된 상호작용인 시너지 효과를 창출하여 살인의 목표를 더욱 매력적으로 만든다. 그러나 박해 행위에 폭넓게 참여하기 위해서는 두 가지 요소 중 어느 하나라도 충분하다. 살인적인 정권이 그들의 가장 큰 잔혹 행위를 부정하고 은폐하는 데 능숙하며, 심지어 "생명의 신성함"에 대해서도 긍정적인 모토를 부여하는 것에 주목하라. 북한은 주민들이 굶어 죽을 정도로 굶주리자 '사랑하는' 폭군을 찬양하는 공개선언을 한다. 프랑스 혁명 동안 군중은 자유(!), 박애(!), 평등(!)의 이름으로 표면적으로 자행된 공개 참수에 환호했다.

그리고 해마다,[15] "대규모 폭력의 폭발 속에서, 성스러운 도시 메카를 방문하는 수많은 무슬림이 지도자의 지시가 아니라, 군중의 광란의 결과로 수천 명의 자국민의 죽음을 초래한다. 마오쩌둥의 통치하에서 중국 인민들은 카리스마 넘치는 지도자에게 속아 할당된 모든 유해한 임무를 수행했다. 심지어 이것이 큰 인명 손실을 초래했음에도 불구하고, 우리는 마오쩌둥이 3,600만 명 이상의 자국민을 살해했다는 것을 기억해야 한다!"

치명적인 이념적 과정은 엄청나게 강력한 잠재력을 가지고 있다. 그들의 엄청난 난교적 흥분은 매우 매력적이며 일반적으로 사회적 규범을 준수하고 동일시하는 것이 훨씬 더 유익하고 안전한 것으로 보인다. 지도자와 집단의 결합된 영향력은 매혹적이며 군대, 민간인, 신자들, 그리고 살인적인 이데올로기에 따라 기꺼이 행동하려는 많은 사람의 열렬한 지지를 결집한다.

무자비한 폭군의 프로젝트를 실행하려는 사람들이 부족한 적은 없었다. 이는 히틀러, 스탈린, 마오쩌둥, 폴 포트, 르완다의 후투족 지도자, 슬로보단 밀로세비치(구 유고슬라비아의 세르비아 지도자) 및 기타 많은 살인 독재자에게 해당되었다. 우리가 살펴보았듯이, 스탠리 밀그램은 또한 다른 사람들에게 위험한 전기 충격을 가할 의사가 있는 미국 사람들이 많다는 사실을 발견했다. 분명히 인간이라는 존재는 뭔가 형편없는 면이 있다.

이데올로기 동일시를 통한 권력 획득

이데올로기에 자신을 동일시함으로

써 개인은 안정감, 힘, 삶의 목적에 대한 감각을 갖게 된다. 그것은 우리 모두를 사로잡는 공허함과 실존적 두려움을 완화시키고, 우리에게 보호 감과 힘을 제공한다. 이념에 대한 동일시는 다음과 같은 권력의 여러 측면을 제공해 준다.

- 지배적인 정치 실체를 지원함으로써 얻을 수 있는 실용적인 유익
- 지배적인 정치 주체에 대한 지지를 아끼지 않음으로써 얻는 안전성 및 기타 이점
- 소속을 나타내는 기호, 유니폼 및 기타 표시
- 환호하는 군중의 일부가 됨으로써 느끼는 엄청난 힘, 더 비유적으로 말하면 자신의 삶을 통제하고 자신의 힘을 통제할 수 있다는 느낌에서 비롯되는 의기양양함
- 자신의 문화나 국가의 지배적인 사상이나 운동과 연관되어 발생하는 우월감
- 다른 사람을 조롱하고, 박해하고, 학대할 수 있는, 이른바 겉으로는 도덕적이고 때로는 합법적인 권한

생명을 소중히 여기는 모든 사람은 타인을 박해하도록 조장하는 집단적 규범에 저항하는 데 필요한 힘을 자신이 갖고 있는지 자문해 보아야 한다. 그들은 지도자를 지지하라는 명령에 저항하거나 잔혹한 폭력과 살인적인 행동을 통해 아무런 잘못도 없는 운동에 동참할 수 있을까?

중학교 교사인 론 존스(Ron Jones)는 학생들에게 히틀러가 집권하게 된 과정과 히틀러에게 맹목적으로 복종하려는 독일 국민의 의지를 가르

치고 싶었다. 사전 설명 없이 존스는 학생들에게 특정한 날부터 규정된 방식으로 경의를 표하고, 그가 그룹에 부여한 이름을 부를 때마다 규정된 슬로건으로 대답해야 한다고 발표했다. 존스는 또한 일부 학생을 감독관으로 임명하여 다른 학생을 담당하게 했다. 놀랍게도 그의 학생들은 충성스럽고 규율 있는 그룹을 형성했다. 그들은 선생님과 동질감을 느꼈고 선생님이 교실에 도입한 새롭고 활기찬 분위기에 감탄했다. 존스는 특히 항상 다른 학생들과 어울리지 않는 모습으로 눈에 띄던 한 소년이 이제는 자신의 강력한 지도자를 충성스럽게 섬기겠다는 목적의식과 신나는 마음으로 가득 차 있다고 묘사했다. 존스가 도입한 규율적인 프레임은 이 학생에게 이전에 경험하지 못했고 스스로 달성할 수도 없었던 힘과 우월감을 부여했다.[16]

또한 일부 문화, 종교, 조직 및 집단에서는 회원들이 본질적으로 명백히 파시스트적인 명령을 따르지 못하도록 방해하기 위해 노력하고 있다는 점에도 유의해야 한다. 예를 들어, 대부분의 독실한 유니테리언교, 바하이교, 퀘이커교, 여호와의 증인은 지정된 비무장 인구를 차별하거나 고문하거나 살해하라는 명백히 불법적인 명령을 따르지 않을 것으로 예상할 수 있다. 홀로코스트 기간 동안 여호와의 증인은 나치의 명령을 따르기를 거부했다. 그 결과 많은 사람이 수용소에 갇혔고 일부는 살해당했다.[17]

유대교에는 다른 나라를 지배하려는 역사적 전통이 없으며, 확실히 점령 주민들을 유대교로 개종시키기 위한 것은 아니었다. 그럼에도 불구하고 유대교는 파괴적인 이데올로기적-영적 전통을 어느 정도 보유하고 있다. 예를 들어, 아말렉(구약성서에 나오는 이스라엘의 오래된 적 - 옮긴이 주)을 치라는 성경의 계명을 생각해 보라. 현대 이스라엘은 군사적 상황뿐만 아니라 잔혹한 면모도 갖고 있다. 여성 인신매매와 외국인 근로자에 대한 폭력적인 착취가 그 두 가지 예다. 수년에 걸쳐 유대인 테러와 무고한 비무장 아랍 민간인 살해 사례도 있었다.

모든 개인은 다른 사람에게 행한 희생의 대가로 기꺼이 자신을 강하게 만들 수 있는 한계가 어디까지인지를 고려하고 결정해야 한다.

무력 사용에 대한 이데올로기적 정당화

"나는 다른 사람에게 해를 끼치는 것이 아니다. 오히려 나는 내 장교, 조직, 정권, 이념, 문화의 명령을 수행하고 있을 뿐이다."

우리는 죄수들을 학대한 혐의로 재판을 받고 있는 군인들과 경비원들이 "단순히 명령을 따랐을 뿐"이라고 주장함으로써, 자신의 행동을 정당화하고 형량을 줄이려고 하는 것을 종종 들었다.

민주주의 국가에서는 법원이 그러한 주장을 거의 대부분 기각한다. 그러나 심리학적 관점에서 이러한 주장이 항상 허구인 것은 아니다. 수년에 걸친 많은 사례를 통해 보듯이, 스스로 "파리 하나도 다치게" 할 능력이 없거나 원하지 않는 사람들도 집단에 의해서는 깊은 영향을 받을 수 있음을 보여주었다. 그들은 이를 다른 사람에게 해를 끼치거나 어떤 경우에는 죽이는 것으로 수행해 낸다. 그들은 자신에게 영향을 끼치는 집단에서 자신을 분리할 수 없다. 이데올로기와 집단은 추종자들에게 다른 사람을 살해하라고 명령할 때 매우 강력하다.

●>>> **자기성찰학습 13을 참조하시오**

우리는 인간이 어떤 형상으로 창조되었는지 질문해야 한다. 많은 생각을 해볼 이유가 되고 대학에서 많은 논의의 주제가 되어야 하는 솔직한 대답은 인류가 대체로 약하고 부도덕하다는 것이다. 타인의 생명을 보호하는 긍정적인 사람이 되려면 인간으로서 스스로 노력해야 한다.

전체주의 국가의 민족적 또는 문화적 도덕 전통의 결정체

모든 문화는 고유한 이념과 생활 방식을 발전시킨다. 이미 언급했듯이, 종교는 신의 이름으로 다른 사람을 기꺼이 죽이려는 의지가 서로 다르다.[18] 정치 문화는 서로 다르게 진화한다. 일부는 권력과 정복을 옹호하고, 다른 일부는 사람들이 "자기 포도나무와 무화과나무 아래"(미가 4:4)에서 두려움 없이 앉을 수 있는 평온한 삶을 옹호한다. 사람들은 일반적으로 자신이 살고 있는 사회가 정한 규칙에 따라 행동하려는 의지가 있으며, 모든 사람은 자신을 구별시켜 주는 영향 집단이 있다.

하지만 사람에게는 선택할 권한도 있다. 따라서 고려해야 할 흥미로운 질문은 사람들이 다른 사람을 말살하려는 조치를 취할 때 자신이 속한 집단으로부터 자신을 분리할 수 있는지 여부다. 청소년들이 말살 명령과 규범에 반대하는 목소리를 내도록 가르치는 책임은 누구에게 있을까? 그러한 저항을 선동으로 간주하여 처벌해야 할까? 대부분의 상황에서 사람들은 자신의 문화에 규정된 행동을 따르며, 대다수의 사람은 지도자와 문화가 지시하면 타인에 대한 파괴적인 행동에 쉽게 참여할 것이다. 그렇다면 인간 생명의 신성함을 믿는 도덕적인 사람들이 변화를 가져올 수 있을까? 정부나 지도자가 살인적인 정책을 추진하기 시작하면 관심을 갖고 있는 사람들이 변화를 가져오는 데 도움을 줄 수 있을까?

이 책의 전제는 품위 있는 사람은 명령에 복종해서는 안 되며 대량학살을 목표로 하는 집단적 과정에 참여하는 것을 거부해야 한다는 것이다.

결론 9

타인에게 해를 끼치고 싶지 않은 사람들은 이데올로기나 신념에 자신을 동일시함으로써 공격적이고 잔인하며 파괴적인 행동의 당사자가 될 수 있다는 점을 인식해야 한다. 비록 처음에는 그것이 우리가 공유하는 칭찬할 만한 목표와 가치를 대변한다고 해도 우리는 그러한 파괴적인 행동을 저지르는 운동에 결코 충성을 해서는 안 된다. 개인 차원에서는 어떤 이데올로기에 대한 열정을 조절하는 것이 가장 좋다. 비록 그것이 우리에게 매우 중요하더라도, 집단 참여로 인한 힘에 지나치게 의존하지 않도록 주의하는 것이다. 우리는 운동이나 신념과의 동일시를 통해 우리가 끌어낼 수 있는 강력한 자존심의 기초를 개발하는 것이 현명할 것이다. 이러한 노력은 일반적으로 긍정적이고 인간의 삶에 헌신하는 이데올로기에도 적용된다.

희생양 만들기

궁극적 학대:
자신의 생명을 위해 타인의 생명을 희생시키는 행위

타인의 생명을 기꺼이 희생하려는 의지는 초자연적이거나 마술적인 사고와 타인의 죽음이 우리의 죽음 가능성을 줄여준다는 느낌과 기쁨에 크게 영향을 미친다. 마술적 사고는 다른 희생자가 어떻게든 우리를 대신하거나 대표하는 역할을 하여 우리를 죽음에서 면제시킨다고 주장한다. 더욱이, 타인을 희생시킬 수 있는 능력은 우리가 타인의 운명을 결정할 수 있음을 보여줌으로써, 우리의 신성한 본성을 증명한다. 왜냐하면 결국 하나님 자신은 불멸이시기 때문이다. 타인을 희생시키는 것은 타인의 생명을 끝내고 우리 자신의 죽음을 지연시킬 수 있는 능력을 확립하는 것처럼 보인다.

◆ 불멸을 향한 인간의 끝없는 추구
◆ 잔인성과 살해 욕구: 감정적, 상상적 해방 vs 현실에서의 실제 잔인성
◆ 지정된 피해자를 위한 죽음의 용광로 건설로 이어지는 무자비한 투사
◆ 타인 희생시키기: 나 대신 네가 피해자가 돼라!

과거에는 많은 사람이 신의 이름으로 타인을 희생시켰다. 이들 집단 중 다수는 더 순수하고 신의 호의를 받을 가능성이 더 높다고 생각되는 어린아이들의 희생을 특별히 강조했다. 예를 들어, 아즈텍인과 몇몇 남아메리카의 잉카인은 인간 희생 의식을 행했다.

오늘날 무슬림 샤히드("순교자")의 가족은 희생된 사랑하는 사람의 행동에 자부심을 갖고 있으며, 자신들에게 큰 영예를 안겨준 것에 감사한다.[19]

사람들은 쉽사리 잘못 인도되는 경우가 많으며, 많은 개인과 국가 집단이 자신과 타인을 희생시키는 것에 대한 왜곡된 생각을 갖도록 설득하는 것은 분명히 어렵지 않다. 오늘날 우리는 세계에서 자살과 테러 공격에서 타인의 희생이 연관되어 있다는 사례를 너무 많이 목격하고 있다. 우리가 기억해야 할 그러한 연관성은 무슬림 집단뿐만 아니라, 자살 공격을 정치적으로 활용하는 데 있어 무슬림보다 앞섰던 스리랑카의 타밀족과 같은 다른 집단에서도 발생한다.[20]

나는 고급학위를 소지한 실무치료사를 대상으로 진행하고 있던 가족치료 훈련 프로그램의 세미나에서 희생이라는 주제에 관한 연습을 실행하게 되었다. 목표는 한 구성원을 "실패한" 사람, "바보", "범죄자", "술에 취한 사람" 등으로 지정하는 가족에서 발생하는 심리적 과정의 원시적 기초를 이해하는 것이었다. 내부 과정은 비록 모든 사람이 볼 수는 있지만, 실제로는 지정된 가족 구성원의 장애를 강화하고 이용하려는 의도를 갖고 있음을 의식적으로 인식하지 못한 채 무의식적으로 발생한다. 어떤 방식으로든 장애가 있는 것으로 특징지어지는 피해자에게 투사하는 것은 너무 극적이어서 외부인으로서 우리는 육안으로 볼 수 있는 과정의 진행 과정을 거의 볼 수 있다. 그럼에도 불구하고 대부분의 경우 의식이 없다. 지정된 피해자를 정신적 장애자로 간주하는 사람들은 희생에서 즐거움을 얻고 우월감을 느끼면서도 가족들은 자신이 무엇을 하고 있는지 인식하지 못한다. 이런 식으로 "장애인", "병자" 또는 "불안한" 개인은 타인의 범죄와 결점을 속죄하게 된다.

세미나 참가자들은 이 연습이 자신들의 과거 고통스러운 문제를 다루었기 때문에 어렵다고 느꼈다. 어떤 사람들은 어렸을 때 사랑받지 못했다고 느꼈고, 가족들로부터 "충분하지 않다"고 여겨졌다. 어떤 사람들은 과거나 현재에 가족 구성원들에게 적대적인 행동을 했다.

불멸을 향한
인간의 끝없는 추구

우리는 일반적인 중독, 특히 타인의 생명을 희생시키는 중독의 주요 원인이 죽음에 대한 두려움과 영생에 대한 열망이라고 믿을 만한 충분한 이유가 있다. 무서운 죽음의 위협에서 벗어나기 위해 우리는 그것을 타인에게 전가한다.

그러나 우리는 지금 죽고 싶지 않을 뿐만 아니라, 결코 죽고 싶지도 않다. 우리는 영원히 살고 싶어한다. **너, 내 길에서 비켜라! 어떤 대가를 치르더라도 살고 싶다! 맹세코, 너는 내 앞을 가로막지 못할 거야! 너는 죽고 나는 살 것이다!**[21]

사람들은 자신의 생명을 연장하고 죽음의 위협을 없애기 위해 거의 모든 일을 할 것이다. 그들은 자신의 이름을 기념하고, 높은 건물을 짓고, 발명하고, 창조하고, 시를 쓰고, 연극을 공연하고, 책을 쓰고, 자녀를 낳고, 깃발을 흔들고, 전쟁을 벌이는 등의 일을 위해 자선 기부를 한다.

불멸 추구의 심리학에 대한 리프턴의 심층 연구에 따르면, 불멸 추구의 주요 목표는 우리 자신의 육체적 죽음에 따른 모든 가능한 위험과 위기를 완화시키는 것이다.[22] 그러나 불멸성에 대한 추구는 육체적 죽음의 예방을 넘어 개인의 이름과 정체성이 영원히 영속되는 것(그 사람이 다른 사람의 마음속에 영원히 남아 있음을 보장하는 것)과 같은 더 넓은 의미를 포괄한다. 리프턴에 따르면, 사람들은 자신을 영속시키고 자신의 생명을 보호하려는 의지가 강해서, 자신의 길을 가로막는 사람들을 밀어내기 위해 무엇이든 할 것이다.

사람들이 자신의 죽음과 이 세상에서 사라지는 것을 막기 위해 어떤 노력을 기울일 것인지 파악하면, 우리는 수많은 사람이 타인을 기꺼이 죽이려는 의도를 더 잘 이해할 수 있다. 원시인은 자신의 생명을 구하기 위해 타인을 죽이는 것이 정당하다고 믿는다. 매우 인간적인 유형의 투사는 자연스럽고 널리 퍼져 있다. 사실 그것은 너무나 원시적이어서 우리는 그것을 어느 정도 본능적이라고 생각할 수 있다. 그러나 우리는 또한 살인은 많은 사람에게 자연스러운 선택이기는 하지만, 그것이 반드시 미리 결정된 결과는 아니라는 것도 알고 있다. 우리는 또한 생명을 거룩하게 여기고 타인을 희생하지 않겠다고 결심할 수도 있다.

워싱턴 DC에 있는 미국 홀로코스트 기념 박물관의 연구 책임자로 다양한 직위를 역임했던 마이클 베렌바움(Michael Berenbaum)은 몇 년 전 야드 바셈(Yad Vashem) 박물관에서 열린 새로운 프레젠테이션에 대한 논평을 썼다. 그는 홀로코스트를 이해하는 것이 왜 중요한지 다음과 같이 강조했다.[23]

"야드 바셈은 살인자들의 인간적인 이야기도 제시해야 합니다. 이것은 필수적입니다. 우리 유대인들은 살인자들이 비인간적이라고 확신했기 때문에 궁극적인 진실, 즉 그들은 인간이었다는 사실을 직시하지 못합니다. 새로운 야드 바셈 기념관을 방문하는 사람들은 이데올로기, 순응, 주변 사람들과 다르게 보이지 않으려는 욕구, 그리고 자신의 양심을 침묵시키려는 살인자들의 투쟁 역할과 중요성을 이해하게 될까요? 그들은 살인자들이 우리 세계의 일부이므로 우리에게 심각한 위협이 된다고 이해할까요, 아니면 그들을 우리 세계에서 분리시키고 우리에게 어떠한 실질적인 의미도 없다고 생각할까요?"[24]

●>>> **자기성찰학습 14를 참조하시오**

잔인성과 살해 욕구:
감정적, 상상적 해방 vs 현실에서의 실제 잔인성

아주 많은 "선하고", "도덕적이고", "신실한" 사람들은 타인에게 결코 해를 끼치지 않을 것이라고 확신하기 때문에 지금의 토론에서 어떤 배울 점도 없다고 생각한다. 일부는 맞을 수도 있다. 그럼에도 불구하고 우리는 사람들이 태어날 때부터 우리에게 내재된 원시적 투사를 의식적, 혹은 무의식적 결정으로 전환하여 우리 자신과 타인의 생명의 신성함을 최고의 절대 원칙으로 유지하기를 바란다. 우리는 이것이 살인 행위가 세상에 만연하더라도 타인에게 해를 끼치지 않기 위해 우리가 의지할 수 있는 더 많은 선한 개인의 존재를 보장할 것이라고 믿는다. 이런 유형의 사람은 많을수록 좋다!

그러나 불행하게도 '도덕'과 '의'의 길을 걷는 일부 사람들의 행동은 피상적이고 부모와 다른 사람들의 인정을 얻으려는 욕구에서 비롯된다. 그들은 대체로 '착한 소년, 소녀'처럼 행동한다. "나쁜"이라는 낙인이 찍히는 것을 피하기 위해 노력하지만, 실제로 시험을 받게 되면 그들은 자신의 부도덕한 충동에 대해 충분한 저항력을 갖지 못한다. 사악한 충동이 강렬하게 모일 경우, 이러한 개인은 충분히 보호되지 않는다. 그러한 "선한" 사람들은 비록 상당 부분 무의식적이긴 하지만, 그들 안에 존재하는 본능과 감정을 거부하는 기초 위에 그들의 내면세계를 구축한다.

최선의 보호 기제는 폭력적 감정은 자연스럽고 합리적이지만, 폭력적 행동은 완전히 불법적이고 금지되어 있다는 점을 분명히 이해하는 것이다. 우리 자신이 타인에게 잔인하게 행동한다고 상상하는 것은 아주 자연스러운 일이다. 가장 다정하고 온순한 아이들도 놀면서 타인을 고문하고, 죽이고, 살해하려는 생각을 갖고 있으며, 자신이 부당한 대우를 받았다고 느끼고 복수를 갈망할 때는 말할 것도 없다. 인간의 마음은 본질적으로 모두 "좋은" 것과는 거리가 멀다. 우리 중 많은 사람이 깨어 있는 시간은 아니더라도, 꿈속에서는 순간적인 폭력적 생각과 감정에 익숙하다.[25]

심리학 연구에 따르면, 우리 세계의 많은 선의의 범죄자와 살인자들은 자신의 진정한 감정을 경험하는 것을 매우 두려워하며, 분노와 살인을 상상적으로 표현하여 분노를 분출할 수 없다는 사실이 밝혀졌다. 많은 사람이 피해자가 분노를 표출하는 것은 상상할 수 없으며, 피해자의 폭력적인 감정을 표출할 수 있는 실행 가능한 배출구를 거부한다. 그들은 행동 자체에 의해서만 감동을 받는다. 즉 그들이 하는 일을 "차가운 마음으로" 한다는 뜻이다.

이는 사람들이 자신의 생각과 상상을 통해 분노를 표현하도록 장려하는 것이 더 나을 수도 있다는 예상치 못한 결론에 이르게 한다. 언급한 바와 같이, 유죄 판결을 받은 배우자 살인범에 대한 조지 바흐의 연구에서는 대부분의 사람이 피해자에 대해 강렬한 분노를 경험하고 표현할 수 없다는 사실을 발견했으며, 많은 경우 이러한 무능력이 궁극적으로 최악의 실제 살인이라는 폭력의 폭발을 초래했다고 결론지었다.[26]

정신과 의사 슐로모 쿨스카(Shlomo Kulscar)와 그의 아내 심리학자 쇼샤나 쿨스카(Shoshana Kulscar)는 나치의 대량학살자 아돌프 아이히만(Adolf Eichmann)에 대한 심층 분석을 바탕으로 아이히만이 분노, 증오 또는 혐오의 감정을 느낄 수 없다고 결론지었다.

이 무한 살인의 대가는 다른 사람에게 해를 끼치려는 폭력적 욕망을 경험하지 않았다.[27] 대부분의 증거에 따르면, 만일 우리가 건강한 어린이가 한두 번쯤 폭력적인 생각과 감정을 상상하고 경험하는 것을 하지 못하거나 하려 하지 않을수록, 우리는 실제 살인범 대열에 합류할 확률은 그만큼 높아진다는 것이다.

또한 대부분의 증거에 따르면, 자신의 감정과 접촉하고 자신의 감정과 상상을 통해 자신의 감정을 표현하는 사람들은 자신이 진정으로 싫어하는 사람을 상대로도 해로운 행동을 저지를 가능성이 훨씬 적다. 인류에 대한 강한 사랑을 지닌 좋은 사람으로 알려진 유명한 정신과 의사 칼 휘태커(Carl Whitaker)는 공개 발표에서 자신은 가장 죽기를 바라는 다른 사람들의 목록을 항상 가지고 다녔다고 말했다(그의 청중 중 사람들은 동정적인 웃음을 터뜨릴 것이다).

그러나 그러한 상상력의 사용에는 한계가 있다. 우선 어떤 상황에서도 폭력적인 생각이 실행되거나 적극적인 폭력 계획으로 이어질 수 없다는 점을 항상 명백하게 밝혀야 한다. 이런 방식으로 우리의 상상력을 과도하게 사용하지 않는 것도 중요하다. 이러한 종류의 공격적인 상상은 폭력적인 충동에 대처하고 괴로움, 증오, 공격성의 감정이 심화되는 것을 방지하기 위해 해방감과 내적인 힘의 감각을 얻는 것을 목표로 한다.[28]

결국 심리 치료는 사람들이 자신의 모든 내면의 충동에 따라 행동하는 것이 아니라, 오히려 이를 인정하면서 긍정적이고 우호적이며, 도덕적으로 건전한 사회 구성원이 되고, 또한 그 상태를 유지할 수 있도록 노력하는 것이다.

나는 이 접근 방식의 주요 목표가 어떤 종류의 폭력적인 행동도 하지 않고 감정을 표현하는 것임을 다시 강조한다. 의심할 바 없이, 우리는 감정을 관리하는 데 한계를 설정할 필요가 있다. 우리는 감정과 행동의 근본적인 차이를 결코 간과하지 않는다. 가장 중요한 것은 상상으로 복수할 때라도 감정적 극단에 치우치지 말고, 실제 파괴적인 행동을 계획하지 않는 것이다. 우리 안에서 이루어지는 상상 속의 정서적 자유는 분노한 감정의 건강한 방출로 남아 있어야 한다. 우리의 목표는 분노에 압도당하는 것이 아니라, 분노를 극복하기 위해 정서적 해방을 위해 노력하고, 자신을 정직하게 경험할 수 있는 능력을 개발하는 것이다.

가능하다면 상상력을 분노와 폭력적인 충동을 표현하는 도구로 사용하여, 현실에서는 분노의 대상과 긍정적인 관계를 얻을 수 있는 모든 것을 키우는 것이 유익하다.

나는 내가 미워했던 부모님 중 한 분과 이런 일을 했다. 우리 둘 모두에게 행복한 결과는 내 내면의 분노가 너무나 자유로워졌다는 것이었다. 이제 나는 부모님을 훌륭한 자질을 갖고 사랑하고 존경할 수 있게 되었다. 그리고 나는 그의 노년기에 진정으로 동정심 많고 도움이 되는 아들이 될 수 있었다.

물론 이것이 항상 가능하거나 바람직한 것은 아니지만, 상상을 통해 건전하게 분노를 해소할 때 관계의 긍정적인 측면에 집중하고 강화할 수 있는 선택지가 새롭게 마련된다는 점을 아는 것이 좋다. 때때로 그 결과는 자신이 미워하는 사람에 대해 계속해서 분노와 증오를 느낄 때에도 그 사람과 상대적으로 건전하거나 적어도 예의 바른 관계가 발전하는 것일 수 있다. 철학자 리오넬 루비노프(Lionel Rubinoff)는 이렇게 말했다.

> "악의 상상: 그런데 어떻게 폭력을 저지르는가? 실제로는 아닙니다! 실제로 그것을 저지르는 것은 그것에 항복하는 것이기 때문입니다. 그러나 상상을 통해 거기에 들어가는 것은 그것을 초월하는 것입니다. 실존의 순간은 상상적이기 때문에 치료적입니다. 상상력이 풍부하기 때문에 필요한 정신적 혼란을 허용합니다. 이것이 없이는 초월이 있을 수 없습니다. 상상을 통해서 사람은 타락하지 않고 온갖 죄와 부패를 견딜 수 있습니다."

> 자신의 본성 속에 있는 악마적이고 야만적인 차원을 상상하며 살아온 사람은 그런 방향으로 그를 유혹하는 상황이 발생할 때 오히려 자신을 악에 굴복하지 않을 가능성이 높다.[29]

그럼에도 불구하고 루비노프는 폭력적 충동을 이용하기 위해 상상력을 사용하는 것이 때로 병리적이고 외설적일 수 있으며, 폭력 행위를 예방하는 것이 아니라 오히려 저지르는 결과를 초래할 수 있다는 점도 간파했다. 이러한 이유로 그는 인간의 생명을 보존하기 위한 긍정적인 생활 방식에 우리 내면의 상상과 악을 통합하는 능력에 대한 우리의 이해를 발전시키기 위해서는 악의 심리학과 사회학의 발전을 요구했다. 흥미롭게도 루비노프는 마키아벨리에 의해 언급된 16세기 문서에서 다음과 같은 내용을 인용한다. "나는 천국에 가는 가장 짧은 길은 지옥으로 가는 길을 배워 지옥을 피하는 것이라고 믿는다."[30]

　　결론적으로, 어떤 약도 무제한으로 복용할 수는 없다. 여기서도 복용량이 중요하므로 잔인한 상상을 과도하게 실행해서는 안 된다. 우리가 상상력을 사용하는 철학적 목표는 매우 중요하다. 분노를 해소하고 더 큰 내면의 평화를 얻는 것이지, 우리 안에 살인자를 키우거나 실제 생활에서 살인을 저지르기 위한 계획을 세우는 것이 아니다. 심리치료를 할 때, 나는 환자들에게 자신 안에서 증오의 수준이 증가하거나 잔인함이나 폭력에 대한 더 큰 성향을 발견하는 순간, 상상력 운동을 중단(심각한 부작용이 나타나면 약을 중단하듯이)하고, 다시 한번 자신의 문제를 인정하라고 말한다. 그래야만 분노의 감정을 표현할 수 있는 좀 더 냉철한 상상을 재개할 수 있을 것이다. 그러나 타인에게 신체적 위해를 가하는 것을 절대 삼가고, 싫어하는 사람과도 합리적인 관계를 유지할 수 있는 방법을 찾기 위해 성실한 노력을 기울이는 좀 더 평화로운 사람이 되는 것을 분명한 목표로 삼는다.

지정된 피해자를 향한
무한 투사 및 죽음의 용광로 건설

우리는 투사의 심리적 메커니즘을 이해하려는 시도를 통해 인간이 어떻게 인간 생명에 대해 심각한 범죄를 저지를 수 있는지 이해하려고 이 책을 시작했다. 그렇게 함으로써 우리는 타고난 인간 본성으로 인해 우리 모두는 자신의 실패, 범법, 수치심을 부정하고 오히려 타인을 비난할 수 있다는 것을 알게 되었다.

"그 애가 했어요."
"그 여자애가 시작했어요!"
"나는 그 애한테서 그것을 뺏지 않았어요!"
"나는 그 아이를 만지지 않았어요!"

우리는 아이들에게서 흔하게 이런 말을 듣는다. 사실상 우리 모두는 좀 더 어른스러운 언어로 거의 같은 종류의 말을 한다. 예를 들어, 자동차 사고 현장에서 충돌을 일으킨 운전자는 종종 어린아이처럼 "당신이 갑자기 튀어나왔어!"라고 소리칠 것이다. 아니면 "이런 길에서 대체 어떻게 운전하는 거야!?"(나도 내 차의 후면을 들이받은 운전자에게서 이런 말을 들은 적이 있다.)

우리는 비인간화, 인종차별, 차별, 박해 등 파괴적인 사회 현상의 끝없는 목록, 즉 "더러운 유대인", "더러운 깜둥이", "저주받은 세르비아인", "역겨운 중국놈", "예수 증오자," "무함마드에 대한 불신자",

"위대한 지도자의 적"은 사람들이 편견, 인종차별, 차별, 박해를 표현하고 정당화하기 위해 만들어 낸 수많은 투사 기반의 멸시 용어 중 극히 일부에 불과하다. 이 현상의 광범위하고 위험한 범위를 인식해야 한다.

심각하지만 예측할 수 있는 것은 이런 투사는 박해와 학살로까지 확대될 정도로 매우 심각한 결과를 초래할 수 있다는 것이다. 투사의 광범위한 메커니즘은 대량학살을 초래할 수 있다. 투사는 나치 독일의 가스실과 용광로와 같이 전 세계 수백만 명의 사람들을 죽음으로 인도하는 가장 끔찍한 대량학살 프로젝트의 초석이었다. 날마다, 해마다 투사의 심리적 메커니즘은 모든 논리가 결여된 타협할 수 없는 대량 살인을 촉진한다. 투사의 도취는 만족할 수 없는 중독이 된다.

우리 자신을 구하기 위해 "타인" 희생시키기: 희생자는 내가 아니고 너야!

당신은 죽었어!

나는 당신의 죽음을 결정했다. 내 손에 의한 냉혹한 살인(높은 수준의 "용기"가 필요한 것으로 간주되는 일종의 살인)을 통해서든지, 아니면 너에게 사형 집행 명령을 내리는 것을 통해서든지 말이다(그리고 나와 당신의 쓰라린 운명 사이에 더 큰 거리를 유지한다).

당신의 죽음을 선포함으로써 나는 신성한 속성을 갖게 된다. 왜냐하면 우리가 알고 있듯이, 삶과 죽음은 하나님의 손에 있기 때문이다. 당신의 죽음은 나의 신성을 증명할 것이다.

그리고 일단 내가 하나님이라는 것을 증명하면, 나는 반드시 영원히 살 것이다. 왜냐하면 하나님은 죽을 수 없고, 나는 하나님이기 때문이다.

이 책의 끔찍한 주제는 우리가 다루고 있는 삶의 끔찍한 현실을 단어와 개념으로 번역하는 방법에 관한 어려운 딜레마를 제기한다. 사실은 모든 사람이 죽음을 위해 일할 것인지, 생명 보존을 위해 일할 것인지를 결정해야 한다는 것이다. 생명과 죽음은 삶의 궁극적 사실이며, 그것들은 철학적으로 검토할 수 있는 어떤 능력보다 현실에서 우리를 더 크게 어둡게 한다. 그럼에도 불구하고 우리는 인간의 정신, 특히 대량학살을 저지르는 사람들의 정신을 최대한 깊이 파고들어 그러한 범죄를 저지를 때, 그들이 어떻게 기능하는지 이해하려고 노력할 수밖에 없다.

사실은 고대부터 우리 인간은 대량학살을 즐겨왔다. 우리 인간 살인자들 세대는 남편과 아버지, 젊은 남성, 여성과 어머니, 생명을 바쳐야 할 젊은 여성들, 사춘기를 맞이하는 십 대들, 약혼한 소년 소녀 등 학살된 인간의 시체 더미 위에서 승리의 함성을 질렀다. 공부와 어린 시절 게임에서는 세상에 갓 태어난 순진한 영유아들이 등장한다. 사람들은 끝없이 다양한 방법으로 누군가를 죽일 수 있다. 잔인한 고문, "과학적 연구"를 가장한 가학적 실험, 부상자, 질병자, 약자에 대한 주의 분산 및 무관심, 민간인에 대한 억제되지 않은 공격, 또는 생명을 가질 가치가 없는 것으로 정의된 사람들의 세계를 "정화"한다는 명분의 인종차별적 프로젝트를 통해서 말이다.

나와 우리는 살인의 신이다.

나와 우리는 우리의 무한한 삶을 위하여 당신의 생명을 빼앗는 신이다.

철학자 어니스트 베커(Ernest Becker)의 통찰에 따르면, 죽음을 부정하는 것은 일반적으로 잔인함의 뿌리며, 특히 타인의 생명을 희생하는 것이다.[31] 그는 자신의 임박한 죽음을 늦추려는 욕구가 종종 타인의 죽음을 초래하는 결과를 낳는다고 가정한다.

결론적으로, 희생이라는 심리적 과정은 타인에게 악을 행하는 기반이 된다. 슬프게도 그것은 타인은 죽더라도 나는 살고자 하는 우리의 전적으로 정당한 욕구에서 시작하여 우리가 살기 위해서는 타인이 죽는 것이 더 낫다는 확신으로 빠르게 발전하는데, 기본적으로 자연스러운 일이다. 그것은 처음에는 어떤 악의도 없이 우리의 모든 정신에서 작용하는 메커니즘이다. 심리학은 이러한 역학이 우리 모두에게 무의식적으로 영향을 미친다고 가르친다. 심지어 생명 보존에 진심으로 헌신하고 진실의 순간에 남다른 용기를 발휘하고 타인을 구하기 위해 목숨을 바칠 수도 있는 선한 사람들에게도 영향을 미친다. 이 특별한 사람들조차도 타인의 죽음에 직면하여 자신의 살아 있음을 기뻐할 수 있다. 우리가 살펴본 바와 같이, 그러한 좋은 사람 중 일부는 자신의 감정에 충격을 받고 정신적 쇠약을 겪을 것이다. 즉 타인의 죽음을 기뻐하는 죄책감으로 인해 우리가 "쉘 쇼크" 또는 "외상후 스트레스 장애"로 알고 있는 증상을 겪게 되는 것이다.

그러나 살아 있음에 대한 자연스러운 기쁨을 경험하는 것, 더 나아가 우리 자신이 아닌 타인의 죽음에 대한 무의식적인 기쁨을 경험하는 것은 결코 우리를 대신하여 누군가를 희생시키는 것과 같지 않다는 것을 기억해야 한다. 또한 살고자 하는 우리의 욕구와 타인의 불행한 운명을 무의식적으로 축하한다고 해서 우리가 타인에게 실제로 해를 끼칠 수밖에 없다는 의미도 아니다. 별말씀을! 비록 그 느낌이 자연스러울지라도 우리는 실제로 해로운 행동을 취하는 것을 예방하고 보호하는 방식으로 그것을 관리할 수 있다.

진정으로 도덕적인 사람들은 자신의 이익을 위해 결코 타인을 희생시키지 않을 것이라는 점을 알고 있다. 설령 희생시킬 수 있는 가능한 생각들이 그들의 마음속에서 일어나더라도 그렇다.

결론 10

당신 동료의 삶은 당신의 삶만큼이나 당신에게도 신성하고 소중할 것이다. 타인에게 해를 끼치고 싶지 않은 사람은 자신의 생명을 구하기 위해 타인을 위험한 상황에 노출시킬 수 있다는 확신을 갖지 않도록 해야 한다. 타인을 함정에 빠뜨리고 희생시키는 것은 보편적인 인간 정신에 각인된 것으로 보이는 오래된 정신 메커니즘을 구성한다. 우리가 개인적으로나 집단적으로 이러한 경향을 극복할 수 있을 때까지는 우리 역시 우리 자신의 생명을 보존하고 표면적으로 연장하기 위해 다른 인류를 희생하는 데 동참하게 될 위험에 여전히 취약하다.

• • •

아르메니아 국가 위원회: 보스턴 글로브와 뉴욕 타임즈, 아르메니아 집단학살 부인을 중단하다

25년이 지난 후, 보스턴 글로브(Boston Globe)는 아르메니아 집단학살을 제노사이드로 언급하지 않는 정책을 종료하겠다고 발표했다. 해당 신문의 수석 편집자인 마이클 라르킨(Michael Larkin)은 2003년 7월 8일자 서한을 통해 미국 아르메니아 국가 위원회에 이 메시지를 전달했다. 신문 편집자들은 최근 아르메니아 공동체의 대표자들과 예루살렘의 홀로코스트 및 제노사이드 연구소 소장인 이스라엘 차니 교수를 만났다. 얼마 지나지 않아 뉴욕 타임즈(New York Times)는 편집 정책에 유사한 변경 사항을 발표했다.[32]

집단학살을 부정하는 중국이 일본에 집단학살 부정을 중단할 것을 요구하다

중국이 광기에 빠졌던 시기인 문화대혁명은 1960년대 중반에 시작됐다. 이 과정에서 중화인민공화국 주석 류사오치(劉少奇)는 자본주의 반역자라는 비난을 받고 심한 구타를 당했다. 중국 역사의 어두운 장을 기념하기 위해 최근 설립된 중국 박물관의 섬세한 표현에 따르면, 그는 "비극적인 상황에서" 사망했다.

중국은 최근 1937년부터 1945년까지 일본이 중국을 점령했을 때 일본이 저지른 만행을 인정할 것을 요구하기 시작했다. 그러나 중국의 문화대혁명에 관한 기록 보관소는 여전히 폐쇄되어 있으며, 이 주제에 관한 학술 세미나 및 회의 개최는 금지되어 있다.[33]

CHAPTER 6.

"나는 아무 잘못도 하지 않았다"

부정화와 부적절한 감정 관리

부정화

> ## "이런 일은 결코 일어나지 않았다":
> ## 타인에게 행한 불법 행위를 부정하기

그들은 살해되지 않았다. 물론 나나 우리 중 누구도 아니다. 우리는 누구도 살해하지 않았다. 이해가 안 가는가? 이런 일은 결코 일어나지 않았다! 부정에 대한 특히 눈에 띄는 예를 보려면 아르메니아 대량학살에 대한 튀르키예의 부정을 참조하라. 이러한 태도는 100년이 지난 오늘날에도 지속되고 있다.

- ◆ 죽음에 대한 부정
- ◆ 과거 범죄에 대한 부인
- ◆ 우리 손으로 저지른 악을 부정하는 것

　"이런 일은 결코 일어나지 않았다"는 말은 실제로 자행된 악에 대한 포괄적인 부정이다. 나도, 내 사람들도 누구에게도 해를 끼치지 않았다. 홀로코스트는 없었다. 가스실은 없었다. 그리고 시체를 태우는 거대한 화장터도 없었다. 아우슈비츠에서 그들은 수감자들의 오락을 위해 교향곡을 연주했다. 아르메니아에서는 아르메니아인을 절멸하려는 튀르키예 정부의 계획은 없었다. 사실은 그 반대다. 아르메니아인들이 우리를 공격했고, 우리는 그들이 저지른 대량학살 동안 우리 몸을 던졌던 집단 무덤을 지금 발굴하고 있다. 우리는 잃어버린 이들을 위한 기념비를 세우고 있다.

인간과 국가가 역사적 사실을 부정하고 왜곡하고 다시 쓰기 위해 의식적으로 사용하는 창조적 속임수에는 한계가 없다. 부정하는 사람은 부끄러움이 없다. 그들이 말하는 거짓말에는 한계가 없다. 그들은 자신의 입맛에 맞는 거짓 역사 서술을 홍보하고, 이를 '사실'로 확립하기 위해 무엇이든 말하고 출판할 것이다. 그들은 정부 선언문, 신문, 잡지, 인터넷 게시물, 영화, 텔레비전과 라디오 방송, 서적, 장식 앨범, 기념물, 국제 모임, 대중 집회, 학술 행사, 박물관에서 주저 없이 그렇게 한다. 대량학살을 부정하는 데 있어 금지되는 보류란 없다. 모든 것이 가능하다. 이는 유대인 홀로코스트, 아르메니아 대량학살, 중국 정부가 티베트와 중국 내에서 자행한 대량학살(베이징 천안문 광장에서 발생한 학생들에 대한 대량학살 등)을 부정하는 경우에 해당될 것이고, 그 외에도 다양한 국가에서 끝없는 다른 사례가 있다.

부정하는 사람들은 피해자가 실제로 피해자라고 주장함으로써, 살인 사건에 대한 대중의 이미지를 뒤집는 데 뚜렷하고 특별한 즐거움을 느끼는 것 같다. 이러한 유형의 부정은 피해자에 대한 특히 굴욕적이고 조롱 섞인 공격을 의미하며, 피해자에 대한 반복적인 승리를 의미한다. 예를 들어, 튀르키예인들은 출판물을 통해 아르메니아인에 의해 살해된 사람들을 위한 기념비, 박물관, 추모일을 설립하고, 가장 최근에는 "튀르키예인에 대한 아르메니아의 학살"을 불멸화하기 위해 튀르키예인의 대량 무덤을 폭로하겠다고 약속함으로써 이 전술을 사용한다.

튀르키예인들은 아르메니아인뿐만 아니라, 같은 기간 동안 기독교 아시리아인과 그리스인, 이교도 예지디스를 포함한 다른 비무슬림 집단에 대해 저지른 살인을 완전히 부정하기 위해 수십 년을 투자해 왔다. 이 모든 대량학살의 공통분모는 희생자들이 갖고 있는 비무슬림이라는 정체성이었다. 아르메니아인들이 튀르키예인들을 학살했는가? 실제로 일부는 그랬지만 어느 정도는 자신을 방어하기 위한 반격이었다. 튀르키예의 비난은 바르샤바에 있던 게토에서 일어난 봉기 동안 유대인들에 의해 살해된 동료 독일인들을 추모하기 위해 독일인들이 기념비를 세우는 것과 비교할 수 있다(아니다. 독일인들은 그렇게 하지 않았지만, 튀르키예인들은 그렇게 했다).

부정화의 과정은 다음과 같이 요약할 수 있다. "죽여라, 부정하라, 그리고 도망가라!" 대량학살을 부정하는 방법은 완전한 부정에서부터 사실의 노골적 왜곡, 사건을 대량학살이 아닌 것으로 재정의하는 것, 사람들이 진실을 말하지 못하게 하는 정치적 전술의 사용에 이르기까지 다양하고 매우 매력적이다. 다양한 부정화 방법에 대한 카탈로그는 "제노사이드 연구 저널(Journal of Genocide Research)"에서 찾을 수 있다.[1]

분명히 "이런 일은 결코 일어나지 않았다"는 주장은 무엇보다도 법적 환경에서 범죄로 기소될 가능성이 있는 개인을 보호하려는 의도가 있다. 그러나 더 크게 보면, 이는 역사적 기록을 왜곡하는 데 이해관계가 있는 집단이 사용하는 탈법적 전술이다. 부정은 가해자가 처벌을 회피하는 수단일 뿐만 아니라, 자신의 행위를 보지도, 기억하지도, 양심의 가책도 느끼지 않기를 바라는 가해자의 심리적 욕구를 충족시켜 준다.

국가 차원에서 부정화 과정은 왜곡된 역사와 거짓말 문화에 대한 집단적 헌신을 낳는다. 부정화는 국가의 구성원으로 하여금 더 이상 진실과 거짓을 구별할 수 없는 상황으로 이끌고 간다. 부정은 의식적인 전략적 목표로 시작될 수 있지만, 이를 반복하고 집단에 대한 충성심의 행위이자 시험으로 채택하게 되면, 여러 세대에 걸쳐 사람들에게 집단 문화의 주문으로 변모하여 자리잡게 된다!

우리(우리 민족과 우리 문화)**가 그런 일을 할 수 있었다는 것은 상상할 수 없는 일이야.**
우리를 향한 비난은 '유혈 명예훼손'에 지나지 않아.

일반 시민들은 자신의 국가와 문화를 믿고 동질화할 수밖에 없다. 그리고 해마다 공개적인 부정만 듣는다면, 그들은 자연스럽게 충격을 받을 것이며, 자신의 선배들이 실제로 다른 집단을 학살했다는 역사적 사실을 접할 때 마치 거짓 비난을 받고 있는 것처럼 느낄 것이다.

그리고 동족들과 함께 존경받는 대학에서 가르치고 연구하는 학자에게는 무슨 일이 일어날까? 이 학자는 천성적으로 자신을 믿고 역사적 진실을 진지하게 추구하며, 어떤 개인이나 기관을 위해 거짓말을 하는 데 동의하지 않을 것이라고 가정해 보자. 그리고 그가 이미 학계 내에서 확고한 입지를 굳혔고, 그가 마음대로 말한다면 지위가 하락할 가능성이 낮다고 가정해 보자. 그럼에도 불구하고 그와 같은 학자들 역시 "당노선을 따르라"는 엄청난 사회적, 제도적 압력에 직면해 있다. 이러한 상황에서 교수들은 아마도 무의식적으로 국가-정치-학문 세계를 지배하는 부정 선전을 정당화하고, 이에 가담하려는 심한 유혹을 받을 수 있을까? 불행히도 대답은 '그렇다'이다. 그리고 부인하는 데 주도적인 역할을 하는 저명한 교수들은 끝이 없다. 홀로코스트를 유럽 역사에서 반복되는 박해 패턴에 지나지 않는다고 규정하는 독일 교수, 홀로코스트를 제외한 다른 모든 대량학살 행위는 "제노사이드"가 아니라고 주장하는 유대인 교수, 미국 대사 헨리 모겐소(Henry Morgenthau Sr.)의 유명한 자서전과 튀르키예(!) 군법회의 의정서와 같은 기타 문서가 위조되었다고 주장하는 튀르키예 교수 등. 모두가 같은 천으로 잘라낸 것이다.

베니스 시 근처 산 라차로 섬(San Lazzaro Island)에서 열린 튀르키예-아르메니아 관계에 관한 회의에는 아르메니아 홀로코스트의 사실을 부인하지 않는 몇몇 용감한 튀르키예 교수들이 참석했다. 그러나 그중 한 명은 튀르키예 정부가 아르메니아 국민 전체를 말살시킬 때, 그들이 아르메니아인이라는 이유 때문은 아니었기 때문에 제노사이드로 분류되어서는 안 된다고 주장했다. 그의 평가에 대한 나의 대답은 다음과 같았다.

> "내가 보기에는 튀르키예 대학에서 가르치는 것과 당신처럼 튀르키예인들이 아르메니아인들을 대량학살했다는 사실을 규명하기 위해 애쓰는 것이 쉽지 않은 것 같습니다. 이스라엘의 다른 학자들이 나보다 앞서 '아르메니아 홀로코스트'라는 용어를 사용했음에도 불구하고, 유대인 홀로코스트를 제외한 다른 사건을 언급하기 위해 '홀로코스트'라는 단어를 사용하기가 종종 어려운 이스라엘인으로서, 나는 그것이 얼마나 어려운지 이해합니다. 당신의 나라에서는 '제노사이드'라는 단어를 사용하십시오.

저는 여러분에게 해결책을 제안하고 싶습니다. 제노사이드를 뜻하는 히브리어 레트자크 암(retzakh am)을 빌려드리겠습니다. 그리고 여러분이 튀르키예에 계시다면 아르메니아 제노사이드를 레트자크 하암 하 아르메니(retzakh ha-am ha-Armeni)로 부르시기 바랍니다. 이렇게 하면 아무도 당신을 이해하지 못하더라도 동료와 정부를 괴롭히지 않고 진실에 충실할 수 있습니다. 그 답례로 '홀로코스트'에 해당하는 튀르키예 단어를 친절히 빌려주시면 이스라엘에서는 아르메니아 홀로코스트, 르완다 홀로코스트 등 대규모 제노사이드를 가리키는 또 다른 단어로 사용하겠습니다. 이렇게 하면 나도 진실하게 말할 수 있지만, 이스라엘의 감수성을 모욕하지 않고 유대인 홀로코스트에 대해 완전히 독특한 지위를 유지할 의무가 있는 많은 동포를 화나게 하지 않으면서 그들 중 소수만이 튀르키예어로 된 내 말을 이해하게 될 것입니다."

연단에서 나는 내 제안에 대해 참석자 중 절반, 특히 아르메니아 제노사이드를 대담하게 인정한 것으로 알려진 다수의 튀르키예 학자들이 웃음을 터뜨린 반면, 청중의 나머지 절반은 아무 반응도 하지 않는 것을 보았다. 몇몇 사람들은 당황스러워서 무슨 느낌을 받아야 할지 확신이 없는 것처럼 보였다.

히브리 대학에서 행한 강의에서 한 유명한 학자는 유대인 홀로코스트만이 제노사이드로 간주될 수 있다고 주장했다. 왜냐하면 유대인 맥락에서만 유대인 정체성을 가진 모든 사람을 완전히 말살하려는 명백한 의도를 찾을 수 있기 때문이다. 이 주장을 통해 이 학자는 유대인 홀로코스트를 제외하고 역사 전반에 걸쳐 자행된 수많은 대량학살을 단호히 부정한다.[2] 그 강사는 그를 초청하고 주관한 교수로부터 엄청난 표창을 받았고, 그는 홀로코스트의 독특함을 옹호한 사람으로 오랫동안 잘 알려져 있었다. 최근 몇 년 동안 그는 홀로코스트를 포함한 대량학살에 대해 보다 비교적인 견해를 채택하기 위해 자신의 입장을 완화하기 시작했지만, 초대받은 강사로서 자신의 극단주의를 거부할 수는 없었다[그 강사의 이름은 스티븐 카츠(Steven T. Katz)이며, 홀로코스트 예외주의자로 평가된다 – 옮긴이 주].

대량학살을 부정하는 것은 비극에서 살아남은 사람들에게 어떤 영향을 미칠까? 부정은 대량학살 생존자이자 피해 국가의 일원으로서 가장 상처받고 고통스러운 측면을 공격한다. 가해자들은 우리를 말살하려 했을 뿐만 아니라, 이제는 자신들의 행위에 대한 사실을 부인하고 있다. 부정의 중요한 심리적 목표는 피해자를 화나게 하고 더욱 굴욕감을 주는 것이라는 점에는 의심의 여지가 없다.

아르메니아 출신의 미국 하원의원은 자신이 사는 주에 있는 학교에서 대량학살이라는 주제를 가르치도록 요구하는 법안을 제정하려고 했다. 그 결과 그는 아르메니아 홀로코스트를 부인하고 그 증거에 이의를 제기하는 사람들의 의견과 이른바 자신들의 "조사 결과"를 가르칠 권리가 있다고 주장하는 튀르키예 당사자들에 의해 법정에 회부되었다. 대량학살에 초점을 맞춘 교육 프로젝트를 전문으로 하는 교육자가 법정에 참석했고, 나중에 나에게 설명하기를, 아르메니아 의원은 법적 싸움에 대응하는 것 외에도 역사적 사실을 옹호해야 하는 입장에 놓이게 되어 깊은 상처를 받았다고 말했다. 그 자신도 대량학살 생존자인 부모 밑에서 자랐으며, 사랑하는 사람이 살해당했다는 기억이 미국에서 새로 안정을 찾던 삶에 깊은 슬픔을 안겨 주었다. 이제 그 의원은 "이런 일은 결코 일어나지 않았다"고 주장하는 살인자들의 후손들과 직접 대면해야 한다는 사실을 깨달았다.

나는 대량학살을 부정하는 것은 가해자뿐만 아니라 대량학살을 자행한 국가 집단의 국제적 지위와 이미지를 보호하기 위한 것이 아니라는 점을 거듭 강조한다. 또한 피해자를 모욕하고 모욕하려는 의도도 있다. 그들은 이렇게 말할 것이다. **여기서 우리는 다시 당신을 학대하는 즐거움을 누리고 있다고.**

부정하는 자들 역시 오만하게 '역사를 인질로 잡는' 일을 하고 있으며, 사실상 다음과 같은 주장을 하여 전 세계를 향해 도전하고 있는 것이다.

> "우리는 인류 역사의 주인이고, 여러분은 모두 우리가 읽고 싶은 대로 역사를 다시 쓰는 우리의 노예다."

홀로코스트 부정에 관한 중요하고 유명한 책에서 유대인 연구 및 홀로코스트 교수인 데보라 립스타트(Deborah Lipstadt)는 영국 역사가 데이비드 어빙(David Irving)이 홀로코스트를 부정하고 역사를 왜곡했다고 비난했다. 결국 어빙은 런던에서 그녀를 명예훼손 혐의로 고소했다. 전 세계의 다른 많은 유대인과 마찬가지로, 립스타트는 유대인 지도자와 그 지역의 성직자 또는 지역의 통치자 사이의 논쟁을 통해 유대인 공동체의 운명을 결정했던 유대인 역사의 전설적인 이야기에서처럼 큰 두려움으로 법원의 판결을 기다렸다. 다행히 사건을 심리한 런던 법원은 어빙이 실제로 홀로코스트를 부정하고 맹렬한 반유대주의자였다고 결정적으로 판결했다.[3]

죽음의
부정화

　　어니스트 베커(Ernest Becker)가 퓰리처상을 수상한 책에서 죽음에 대한 부정이라는 심리적 현상은 널리 퍼져 있으며 매우 강력하다. 많은 사상가는 죽음을 부정하는 것이 "모든 부정의 어머니"라고 주장한다. 무엇보다도 그것은 죽음으로부터의 탈출이 우리의 모든 자연적인 생활에서 근본적이고 변하지 않는 사실임을 분명히 보여준다. 결국 죽음은 참으로 두렵고 위협적인 주제다. 많은 사람이 우리 모두가 언젠가는 죽을 것이라는 사실을 인정하지 않으려는 것은 비밀이 아니다. 그들은 이 주제에 대해 눈을 감을 수 있는 모든 일을 할 것이다.

　　일부 의료 시스템은 또한 죽음을 하나의 삶의 사실로 회피하려는 경향이 있다. 연구에 따르면, 평판이 좋은 서구 병원의 일부 의사와 간호사가 죽어가는 환자와 의사소통을 자제하거나, 가족에게 임박한 죽음에 대해 분명하게 말해주지 않음으로써 자신의 불안을 억제한다는 결과가 있다. 실제로 죽음에 대한 서구 사회의 반응 중 상당수는 죽음의 실체를 급하게 가리고 숨기는 과정을 보이는 경향이 있다.

　　우리는 불멸을 향한 지칠 줄 모르는 인간의 추구에 대한 로버트 제이 리프턴의 연구를 이미 언급한 바 있다. 노골적인 논리의 부족에도 불구하고, 우리 모두가 결국 직면하게 될 피할 수 없는 죽음은 인류의 가장 잘 지켜진 비밀 중 하나로 드러나며, 우리 일상의 의식에서 영원히 숨겨질 것이다.

　　언급한 바와 같이, 많은 사상가는 죽음을 거부하는 것이 보편적인 방어 메커니즘이라고 지적해 왔다. 이는 아마도 인간 심리학에서 가장 강력한 방어 메커니즘일 것이다. 따라서 철학적 관점에서 볼 때, 대량학살에 대한 부정은 궁극적으로 우리 자신의 미래 죽음에 대한 보편적인 부정을 강화한다.

이런 일은 결코 일어나지 않았다. 홀로코스트도 없었고 대량학살도 없었다. 그들은 그들을 죽이려는 사람들의 손에 죽지 않았다. 그리고 우리가 그들의 죽음에 대한 사실을 부정할 수 있는 것처럼, 우리도 죽지 않을 것이라고 선언할 수 있다. 우리는 현실을 다시 쓸 수 있고 무엇보다도 불멸을 원한다. 죽음에 대한 부정은 타인의 생명을 희생시키는 사람들의 능력을 촉진하고 강화하는 기본적인 메커니즘으로도 나타난다. 우리가 본 바와 같이 근본적인 사고 과정은 다음과 같다.

당신은 죽을 것이다!
나 말고!
당신들은 내 손으로든 내 명령으로든 죽을 것이다.
나의 힘은 신성한 힘이다.
삶과 죽음은 내가 결정한다.
당신의 죽음은 내가 신에 걸맞게 영원히 살리라는 것을 증명한다!

타인에 대한 대량학살을 저지르는 것은 우리의 궁극적인 죽음을 부정하는 목적에 상당 부분 기여할 수 있다.

과거 범죄의
부정화

"아무 일도 일어나지 않았다"라는 문구는 "이런 일은 결코 일어나지 않았다"보다 훨씬 더 기본적인 종류의 전형적인 부정이다. 결국 아무 일도 일어나지 않았다면 이야기할 것이 전혀 없다.

현실에서 일어난 사건과 행동을 숨기고 무시하는 것이 아무리 어렵더라도, 우리 인간은 일상생활에서 우리가 실제로 행한 해악을 부정하는 경우가 많다. 유아와 어린이는 우유를 흘리거나, 장난감을 부수거나, 사탕을 훔치는 등의 행위를 부인한다. 어른들은 돈이 없어졌다는 것, 집에 귀중품이 없어졌다는 것, 차에 이성이 함께 앉아 있었다는 사실을 부인한다. 거짓을 말하면서 부정하는 것은 우리 대부분이 인생을 살아갈 때 유용한 도구다.

물론 주제가 심각할수록 부정화는 더욱 중요해진다. 더욱이 부정화가 사회 및 정부의 사건 및 행동과 관련이 있는 경우, 이는 개인적인 불편함이나 수치심을 방지하는 것과는 관련이 없으며, 대중과 국제 사회에 대한 책임을 제도적으로 위반하는 것이 된다. 홀로코스트와 아르메니아 제노사이드와 같은 대량학살을 부인하는 것과 관련하여, 부정화는 인류 역사를 악의적이고 부정직하게 다시 쓰는 것일 뿐만 아니라, 이제 더 이상 진실한 역사의 연속성에 기반을 두지 않을 인류의 미래에 대한 공격으로 이해되어야 한다.

1930년대 만주에서 일본군이 강제수용소에서 잔혹한 실험을 자행한 것, 그리고 불과 몇 년 후 조세프 멩겔레 박사가 매우 유사한 실험을 한 것을 누가 기억하겠는가?[4] 세계는 오늘날까지 일본의 만행을 크게 기억하지 못한다. 만주에서 자행한 대량학살 행위를 부인한다. 부정화는 매우 효과적일 수 있다. 오늘날까지도 일본은 만주에서 자행한 학살, 2차 세계대전 당시 미군 포로들을 잔혹하게 살해한 일, 그리고 일본군이 수천 명의 한국 여성에게 부과한 성노예 생활 등 수많은 잔학 행위가 드러나지 않도록 열심히 노력하고 있다(일본 내에서 자신들의 역사를 인정하자는 인식이 늘어나기는 했지만 일관성이 없고, 대부분의 집단은 여전히 부정하고 있다).

그리고 마오쩌둥이 수백만 명의 중국인을 살해했다는 사실을 아는 사람은 얼마나 될까? 중국은 일본이 자신의 행동을 인정할 것을 요구하지만, 마오쩌둥 치하에서 자행된 잔학 행위, 티베트인 말살, 천안문 광장의 학생 학살 등은 인정하지 않는다. 언론이 끝없는 신문 보도, 라디오 방송, TV 영화, 전문가와 아마추어 사진가의 녹음과 촬영을 통해 역사적 사건을 철저하게 기록하고 있는 오늘날에도 우리 인간은 여전히 자신이 타인에게 해를 끼치는 일에 대해 뻔뻔한 거짓말을 하고 있다.

무기나 여성 등의 불법 거래를 공개하지 않는 민주주의 국가를 포함한 정부의 상업 거래 의혹도 부정하고 있다. 미국 대통령 로널드 레이건(Ronald Reagan)이 이란에 무기를 보냈을까? 그가 그랬던 것처럼 보이지만, 소수의 인물만이 혐의가 제기되었고, 레이건의 역할 문제는 미국인들의 대통령에 대한 맹목적인 지지 때문에 결코 대중의 조사 대상이 되지 않았다. 이스라엘은 1994년 르완다의 후투족 살인자들에게 도달할 수 있는 무기를 판매했을까? 여기서도 대답은 긍정적인 것 같다. 프랑스, 독일, 영국은 대량살상무기를 생산하기 위해 이라크에 장비를 팔았을까? 미국이 사담 후세인이 그러한 무기를 가지고 있다는 이유로 그에 대한 공격을 조직화하고 있었던 것과 거의 동시에? 이번에도 대답은

'예'인 것 같다. 거짓말이 너무나 많은 세상에서 일부 사람들이 홀로코스트와 기타 제노사이드를 부정하는 것은 전혀 놀라운 일이 아니다.

우리 손으로 저지른
악의 부정

"나는 그것을 하지 않았다!" 모든 문화권에서 어린아이들이 하는 건강한 반응이다. 아니, "건강하다"는 말은 오타가 아니다. 그러한 진술은 아이들이 하는 많은 작은 일들에 있어서 그렇게 끔찍한 것은 아니다. 적당히 부인하는 것은 보편적으로 자연스러운 방어 기제다. 그러나 더 심각한 문제, 예를 들어 한 어린이가 다른 어린이에게 상처를 주거나 다른 어린이를 위험에 빠뜨릴 수 있는 일을 반복적으로 하는 경우, 우리는 어린이도 자신의 행동에 책임을 져야 한다고 주장해야 한다. 어린이의 부인 행동은 정직성에 대해 가르칠 수 있는 중요한 교육 기회를 제공한다. 우리는 적절하게 교육받은 어린이들이 자신의 행동을 인정하고 책임을 지며, 앞으로 그러한 행동을 반복하지 않겠다고 다짐하기를 기대한다. 우리는 파괴적인 행동을 지속적으로 부정하는 것을 인격 장애로 간주한다. 분명히 우리 모두, 즉 어린이, 성인, 사회는 의미 있는 수준의 책임감, 진실성 및 성실성을 달성해야 한다.

하지만 인생 경험을 통해 우리는 사회 각계각층, 다양한 국가의 많은 성인이 자신의 실수와 결점에 대한 진실을 인정할 수 없다는 사실을 알게 된다. 실수를 저지른 의사 중 실제로 자신의 실수를 인정하는 사람이 얼마나 될까? 사건에서 패소한 변호사 중 자신이 저지른 실수를 인정하는 변호사가 몇 명이나 될까? 자살했거나, 정신병을 앓았거나, 부모의 방치나 기타 부모의 실패로 인해 부정적인 생활 방식을 채택한 자녀를 둔 부모 중 얼마나 많은 부모가 자녀의 어려움에 대한 자신의 역할을 인식할까? 도움이 필요할 때 형제자매나 친구에게 적절한 도움을 제공하지 못했다는 사실을 인정하는 사람이 몇 명이나 될까?

삶의 중요한 영역에서 실수, 어리석음, 실패 또는 무능함을 인정하는 능력은 많은 사람이나 대부분의 문화에 내재되어 있지 않다. 그러므로 많은 집단과 국가가 자신들이 저지른 악행을 부인하는 것은 놀라운 일이 아니다. 집단적 부정은 무엇보다도 우리 일상생활에 널리 퍼져 있는 부정의 확장으로, 어린 시절부터 시작하여 다양한 삶의 영역에서 성인이 되어서도 계속되고 흔히 볼 수 있다. 대부분의 집단적 부정은 우리에게 친숙하고 유치한 부정의 연장선으로 이해되고 심지어 용인되기도 한다.

의식적이든 무의식적이든, 다른 사람들의 투쟁과 불행을 보고 기뻐하는 많은 사람은 인종차별, 박해, 대량학살에 대한 집단적 부정화를 지지한다. 슬프게도 다른 사람에게 일어나는 일에 관심을 가질 뿐만 아니라, 다른 사람이 곤경에 처해 있다는 사실에 안도하는 것은 또 다른 보편적 경향이며, 이러한 즐거움은 다른 사람들이 인종차별적 박해를 받는 입장에 있는 것을 보는 상황에도 적용된다. 가해자 이외의 많은 사람이 반유대주의 행위를 하고 있다.

나는 대량학살 행위에 가담하지 않은 많은 사람을 "순진한 부정인 (innocent deniers)"으로 간주해야 한다고 전문 문헌에 썼다.[5] 불행하게도 전 세계의 모든 국가 집단과 문화에 속한 너무 많은 사람이 대량학살 행위에 대한 부정에 다양한 이유로 기꺼이 참여하고 있다. 많은 사람이 유대인, 아르메니아인 또는 기타 집단의 대량학살을 부정하는 데 기꺼이 동참한다. 그렇게 함으로써 그들은 의식적으로든 무의식적으로든 받아들이고, 정당화하고, 지지하거나 심지어 그렇게 하는 명시적인 부정인들에게 슬그머니 들어가거나 합류할 수 있기 때문이다. 희생된 민족의 말살을 축하하는 것까지 말이다. 간단히 말해서 "순진한 부정인"은 자신도 모르게 부정이 주는 만족에 동참하는 것이다. 그들은 타인의 운명에 대한 관심 부족에서부터 피해자 집단에 가해진 피해에 대한 노골적인 정당화에 이르기까지 대량학살의 정당성을 표현한다. 대량학살 행위의 현실을 직접 배운 유대인들 사이에서도 너무 많은 사람이 타인에 대한 관심이 상당히 부족하고, 다른 집단의 대량학살에 전혀 관심이 없음을 보여준다.

언급한 바와 같이, 부정화는 처벌을 회피하거나 보상을 요구하는 역할만 하는 것이 아니다. 그것은 많은 사람이 자신의 결점과 약점을 숨겨야 하는 자존심과 존엄성을 보호한다. 집단적 수준에서 전체 국민과 그들의 통치 및 문화 기관이 부정하는 거짓말에 헌신함에 따라 그 과정은 더욱 기괴하고 끔찍해진다. 조지 오웰(George Orwell)의 위대한 소설 『1984』에서 그는 시민들에게 거짓 현실을 검열하고 지시하는 정권을 묘사한다.[6] 오웰의 세계에서는 지배 정권이 반대하는 생각으로 인해 사람들이 체포되어 영원히 사라지게 된다. 책이 출판될 당시 민주주의 국가에 사는 사람들은 그러한 관행을 개탄했다. 그러나 수년에 걸쳐 우리는 민주주의를 포함한 많은 정부뿐만 아니라, 구글과 야후와 같은 세계적인 회사가 거짓 역사를 조장하고 주장하는 정권에 굴복하고 협력하면서 역사를 상당히 다시 쓰는 것을 받아들이게 되었다.

따라서 우리는 중국 정부가 1989년 천안문 광장에서 정권에 반대하는 시위에 참여했던 수많은 중국 청년을 살해한 사실을 인정하기를 거부하는 것을 보았다. 당시 중국 공산당 총서기 자오쯔양(趙紫陽)이 중국 정부에 대해 시위대 살해를 자제하라고 촉구했지만, 정작 자신은 평생 가택연금을 당했다는 사실을 아는 사람이 얼마나 될까? 전체주의 정권은 총리에게도 예외를 두지 않는다. 학살에 대한 진실을 말한 다른 사람들도 감옥에 갔다(당시 인권 소식통에 따르면 약 1만 명이 수감됐다). 오늘날 중국은 번영하는 개방형 자본주의 경제를 발전시키고 있으며, 국제 자본주의 시장과의 관계를 확대하고 있다. 단, 관련된 사람 중 누구도 천안문 광장이나 기아, 고문, 처형으로 수백만 명의 중국인을 죽인 마오 주석의 잔혹한 정권과 같은 일을 언급하지 않는다는 조건하에서 말이다. 오늘날에도 중국에서는 이러한 사건에 대해 진실을 말하는 사람들은 감옥에 끌려간다.

극도로 널리 퍼진 유형의 부정화는 정부가 전쟁 시작에 대한 자신의 역할을 인정하는 것을 부인하는 것이다. 예를 들어, 일본의 히로시마와 나가사키 원폭 투하를 기념하는 두 박물관에서는 일본이 태평양 지역 전체를 장악할 목적으로 미국을 공격했다는 사실은 언급하지 않는다.

최근 몇 년 동안 미국은 아메리카 원주민 부족에 대한 처우와 같은 자국의 대량학살 행위를 인정하는 데 더 나은 태도를 취했다. 동시에 1965년과 1966년[7]의 인도네시아 대량학살이나 칠레에서 아우구스토 피노체트가 저지른 CIA 지원에 의한 살해 사건 등 자신들이 참여했거나 파트너였던 다른 대량학살 사건을 계속해서 은폐하고 있다.[8] 정부와 문화에 의한 그러한 부정화의 목록은 정말 끝이 없다.

결론적으로, 개인 및 집단 수준 모두에서 많은 부정화의 사례는 징벌적 조치를 피하거나 책임을 받아들이는 데 있어 실용적인 이익을 높이기 위한 것이다. 그러나 궁극적으로 많은 부정 사례는 사소한 우려를 방어하려는 욕구와 개인적으로든 집단적으로든 결점, 약점, 오류를 드러내는 것에 대한 두려움에서 비롯된다.

결론 11

남에게 해를 끼치고 싶지 않은 사람은 자신의 잘못과 악행을 부인하지 않는 능력을 키워야 한다. 모든 사람은 자신의 과거 결정이나 행동이 잘못되었거나 정당하지 않았으며, 다르게 행동해야 한다는 사실을 인정하기 어렵다. 진정한 영웅은 누구인가? 진정한 영웅은 자신의 실수를 인정하고 자신의 길을 바꿀 수 있는 사람이다.

우리는 또한 우리나라가, 우리 종교의 이름으로, 또는 우리가 속한 다른 집단적 틀을 통해 자행되는 불의와 악행을 부정해서는 안 된다. 그 대신, 우리는 실수와 그로 인한 불의에 대한 책임을 인정하고 받아들이는 능력을 키워야 한다.

이것이 모든 상황에 적용되는 절대적 원칙일까? 나는 절대적인 청렴을 목표로 하는 독선은 좋아하지 않지만, 개인적, 집단적 오류를 최대한 인정하는 능력을 향상시키고 싶다. 장기적으로 그러한 순수함과 진실함은 개인과 국가 모두를 보호할 것이다.

극단주의와 허무주의

> ## 순진함과
> ## 결함 있는 감정 관리

많은 파괴적인 행동은 해로운 의도의 결과가 아니라, 오히려 서투른 감정 관리와 자제력 상실, 미리 생각하는 능력의 부족, 또는 우리 자신과 타인의 이익을 위해 우리의 행동을 평가하고 길을 제시하는 기본 가치라 할 수 있는 잘못된 삶의 철학의 결과다.

- ◆ 극단주의—한계를 뛰어넘는 행위
- ◆ 완벽한 형태 완성
- ◆ 극도의 한계 실험
- ◆ 위험을 감수하는 쾌락
- ◆ 허무주의의 어리석음

인간 행동의 일부 자연스러운 요소는 누군가에게 해를 끼치려는 의식적인 결정보다는, 행동 자체가 갖고 있는 고유한 구조와 자연스러운 과정 때문에 사람들이 파괴적인 행동을 저지르도록 유도한다. 한 가지 예는 인간의 "끝까지 나아가고 싶다"는 욕구다. 끝까지 가는 과정은 사람들을 원래의 목표와 열망을 훨씬 넘어서게 만들 수 있다. 처음에 스스로 설정한 목표를 달성하는 대신, 그들은 결코 의도하지 않았지만, 지금은 가해하는 것을 막지 못하는 자신과 타인에게 해를 끼치는 자신을 발견할 수 있다. 예를 들어, 약물 사용은 처음에는 즐거움의 원천이었지만, 통제할 수 없게 되면 개인적인 몰락으로 이어지는 경우가 많으며, 이 시점에서 즐거움을 추구하는 것은 예상치 못한 파괴적인 성격을 띠게 된다.

인간의 행동을 이해하려면 사람들이 삶에 반응하는 일련의 메커니즘을 이해해야 한다. 모든 종은 본능적 레퍼토리에서 서로 다른 자연적인 반응 범위를 가지고 있다. 인간의 정신은 파괴하려는 명시적인 욕구의 결과가 아니라, 우리가 갖고 있는 반응 기제의 극단주의적 구조로 인해 우리를 극단적이고 파괴적인 행동으로 밀어붙이는 여러 가지 메커니즘을 가지고 있는 것으로 보인다.[9]

우리는 또한 우리가 가진 것에 만족하지 못하고 더 많은 것에 대한 끊임없는 욕구의 결과로, 우리를 삶의 파괴로 이끄는 심리적 메커니즘을 가지고 있는 것 같다. 이러한 메커니즘은 우리가 파괴적이 되려는 명백한 욕구에서가 아니라, 극단주의가 파괴적인 범위로 들어가도록 허용하기 때문에 우리의 삶에 해를 끼치게 만든다. 따라서 개인적 차원에서 자신의 야망을 제한하거나 자제할 수 없는 성격의 성공한 사람은 지나친 욕망과 너무 많은 성취에 대한 욕구로 인해 과도한 스트레스에 시달릴 것이다.[10]

마찬가지로 집단(그룹, 운동, 국적)도 종종 자기방어를 위해 너무 지나친 노력을 기울인다. 인지된 적으로부터 자신을 방어하는 과정에서, 그들은 다른 집단이나 국가를 공격적으로 타격할 수도 있지만, 점점 커지는 갈등은 더욱 명백하게 모험주의적 전쟁을 촉발할 수 있으며, 이는 약화를 초래할 수 있다. 그러므로 이것은 자신을 보호하기 위해 원래 합법적인 추구를 너무 멀리한 사람들이 당하게 되는 궁극적 패배다.

이 모든 것은 사람들이 종종 타인을 죽이는 것을 일부러 선택하지 않는다는 것을 암시한다. 오히려 그들의 자연스러운 행동 패턴은 그들이 실제로 경멸적인 살인 목표를 택하지 않고도 파괴적이 되도록 동기를 부여한다.

도덕적 관점에서 볼 때, "살인하지 말라"는 계명으로 시작되는 윤리적 행동에 대한 헌신이 모든 인간 생명에 대한 가장 중요한 의무라고 진정으로 믿는 사람들은 타인을 죽이는 것을 정당화할 수 없다. 그럼에도 불구하고 우리는 심지어 선의를 가진 선한 사람들조차도 생명에 해를 끼치는 데 여러 번 참여하는 것을 볼 수 있다. 심지어 민주주의 국가에서도 집단학살과 대량학살이 자행된다. 이는 우리 모두가 너무 멀리 나아가 너무 비윤리적으로 행동하지 않도록 자신의 행동을 정직하고 비판적으로 모니터링하는 방법을 스스로 배워야 함을 의미한다. 어떤 심리적 메커니즘이 개인이나 집단을 과도한 행동으로 끌어들이면 스스로를 멈춰야 한다. 다른 사람에게 해를 끼치는 데 매력을 느끼는 사람들은 자신을 자제하고, 내면에서 맹렬한 강박 충동을 극복하고, 덜 치명적인 결과로 방향을 전환해야 한다. 스탠리 밀그램의 고전적인 실험의 관점에서 말하면, 사람들은 강한 전기 충격이 실제로 치명적일 수 있으며, 어떤 식으로든 실험자의 지시에 따르고, 그러한 위험한 충격을 다른 사람에게 가하는 것을 정당화할 수 없다는 것을 알아야 한다.

나는 여기서 악의 행위를 이해하려는 우리의 시도가 그것을 정당화하거나 변명하려는 의도가 아니라는 점을 다시 강조한다. 대량학살살인자들이 처음에는 사전에 악의적인 의도 없이 그러한 행위를 저지르고, 자신들이 "다른 사람들과 마찬가지로" 피해자를 살해하는 상황에 말려들게 되었다고 해서 그들의 심각한 행동에 책임이 없다고 할수 없다.

나는 대량학살을 초래하는 메커니즘을 냉정하게 이해하려고 노력은 하지만, 결코 그것을 정당화하지는 않는다. 나는 우리의 행동을 더나은 방향으로 변화시킬 수 있는 새로운 도구를 개발할 수 있도록 분석할 것이다.

"한계 확장"으로서의
극단주의

인간은 달리기, 자전거 타기, 수영 등을포함한 끝없이 다양한 신체 활동과 같은 작업에 증가하는 에너지를 지속적으로 집중함으로써 한계를 뛰어넘으려는 경향이 있다. 우리는 이전기록을 능가하는 새로운 목표를 달성하고, 많은 활동의 속도와 기간을늘리기를 지속적으로 열망한다.

스포츠나 심지어 로맨스와 같은 여가 활동 상황에서, 한계 내에서 "더 많은 것"을 추구하는 이러한 추진력은 일반적으로 문제가 없으며재미있을 수 있다. 문제는 종종 집중적인 에너지 소비가 강력한 "폭발"을 초래한다는 것이다. 예를 들어, 운동을 하거나 눈 치우기 또는 자동차 경주를 할 때, 자신의 능력의 한계를 넘어서려고 노력하는 사람은 쓰러져 죽을 수도 있다. 그리고 자신의 즉각적인 자기 이익에 폭발적인 수준의 에너지를 집중하는 사람은 삶과 관계성의 중요한 면을 파괴하거나 다른 사람에게 해를 끼칠 수 있다.

이른바 "한계를 밀어붙인다는 것"은 파시즘의 특징적인 메커니즘이다. 처음에는 사람들에게 긍정적인 흥분과 영광스러운 미래에 대한 희망을 불어넣을 수 있지만, 이러한 열정은 거의 항상 사라지고, 파시스트적 아젠다(의제)가 고통과 죽음으로 포장된 지옥으로 이어지는 기나긴 길로 안내한다는 것이 비극적이지만, 분명한 사실이다.[11]

사람들이 일반적으로 "끝까지 나아가는" 자신의 능력, 즉 한계를 뛰어넘어 가능한 모든 최대치를 달성하고, 다른 사람을 능가하여 탁월함을 달성하는 능력을 시험하는 데 어느 정도 끌리는지 보는 것은 놀랍고 심지어 이상하기까지 하다. 우리는 이것을 진지한 운동 경기와 공학의 주요 업적뿐만 아니라, 훨씬 덜 중요한 성과, 심지어 완전히 의미 없는 성취에서도 볼 수 있다. 하루에 누가 가장 많은 키스를 할 수 있는지, 주어진 시간 동안 누가 가장 많은 핫도그나 파이를 먹을 수 있는지를 놓고 경쟁하는 것과 같다.

오늘날 우리는 타인에 대한 대량학살을 초래하는 인간의 심리적 메커니즘이 새로운 기록을 세우려는 욕구를 촉발할 수도 있다. 이처럼 "더 많은 것을 추구하는 것"은 가해자의 행동을 중단시키지 못하게 하는 역할을 할 수도 있다. 많은 르완다인은 집단행동과 자신의 살인 기술을 친구들에게 증명하려는 욕구에 도취되었을 가능성이 높다. 이는 투치족 자체를 말살하려는 목표와는 거의 관련이 없는 그 자체의 동기다. 새로운 기록을 세우고 한계를 뛰어넘으려는 열망 외에도 또 다른 "정상적인" 메커니즘이 여기에 작용한다. 즉 자신이 하고 있는 일을 무엇이든 중단하지 않는 경향이다. 캄보디아 킬링필드와 뚜얼슬랭 중앙교도소에서 살인자들은 일단 시작되면 "단순히" 멈출 수 없는 살해 일정에 따라 활동한 것으로 알려졌다. 또한 "한계 확장" 메커니즘이 나치 제국이 패배할 위기에 처했을 때에도 나치 제국이 종말을 맞이할 때까지 유대인을 계속해서 학살하려는 나치의 열정을 부추기는 데 중요한 역할을 했을 수 있다는 주장도 있다. 많은 나치 경비병과 군인들은 연합군(미국, 영국, 소련)의 군인들이 그들에게 접근하는 마지막 죽음의 행진 동안에도 맹목적으로 이 목표를 계속 추구했다.

한계를 뛰어넘는 메커니즘은 인간 정신의 기본 구조에 내장되어 가능한 모든 옵션을 조사하고 시도하려는 완벽하게 건강한 요구를 충족할 수 있다. 뭔가 가능하다면 인간은 그것을 시도하는 경향이 있다. 그러나 그러한 수많은 자연적인 성향들은 우리에게 결코 좋은 것이 아니며, 따라서 통제되고 재설정되어야 한다.

홀로코스트 역사에 관한 어느 학파는 홀로코스트가 하나의 과정으로서 단계적으로 발전했으며, 심지어 히틀러조차도 그의 모든 열광에도 불구하고 "최종 해결책" 전체를 미리 계획하지는 않았다고 주장한다. 나치는 유대인들을 잔인하게 박해하고 그들을 게토에 가두기 시작했다. 그런 다음 유대인 자신이나 점령 국가의 인구와 "문명화된" 세계 전체의 큰 저항이 없었기 때문에, 나치는 유대 민족의 완전한 멸절을 목표로 점점 더 발전했다.[12] 혼란이 있어서는 안 된다. 유대인을 학살한다는 명확한 이데올로기적 목표는 확실히 과정에 있어서의 핵심이었지만, 상황을 극단으로 끌고 가는 경향을 포함한 인간의 심리적 역학도 그 실행방식을 형성했다.

불행하게도 끝까지 나아가고 한계를 뛰어넘는 과정은 상대적으로 빠르게 진행된다. 즉 한 집단이 다른 집단을 구타하여 복종시키고, 그 구성원을 죄수 신분으로 강등시키는 순간부터 점령 집단은 법적 절차 없이 학대뿐 아니라 처형도 허용하는 방향으로 빠르게 발전할 수 있다. 1994년 르완다에서 대다수의 후투족이 투치족 소수민족을 대량학살한 사건에서 볼 수 있듯이, 잔학 행위를 저지르려는 그러한 준비는 동일한 국가 집단 내의 서로 다른 민족들 사이에서도 쉽게 나타날 수 있다. 심지어 캄보디아의 대량학살에서처럼 동일한 민족, 국가 또는 기타 정체성을 가진 동료 구성원들 사이에서도 마찬가지다.

대량학살이라는 악의 주요 원인은 사회 집단이 '타자'를 정의하고 규정하는 것에 있다. 국가가 자국민 집단을 대상으로 자행한 대량학살의 경우, 국가 정부, 군대, 종교 당국은 자의적인 정치적 명칭을 바탕으로 피해자를 정의하고 구성하는 경우가 많다. 사실상 이러한 정의는 인구의 한 부분이 현재 "국민의 적"으로 분류되는 "다른" 부분을 멸절시키는 데 권한을 부여해 준다.

이러한 메커니즘의 대표적인 예는 캄보디아에서 발생한 제노사이드다. 우리가 아는 한, 크메르 루즈가 실제로 일어났던 규모의 대량학살을 의도하고 계획하여 대략 200만 명, 즉 인구의 3분의 1을 살해했다고 주장한 사람은 아무도 없다. 운동의 초기 목표는 적으로 간주되는 사람들의 반대를 제압하고 무너뜨리는 것이었다. 그러나 진행되면서 피해자에 대한 학대는 살인의 형태를 띠게 되었고, 그 정도는 끔찍할 정도까지 이르렀다. 언급한 바와 같이, 피해자의 대다수는 다른 인종이나 종교 집단에 속하지도 않은 단지 '다른' 캄보디아인들이었다. 캄보디아에서 "타자"의 역할은 수백만 명의 동일한 캄보디아 국민에게 주로 할당되어, 크메르 루즈 살인자들은 처형을 수행할 동료 캄보디아인을 끝없이 공급했다. 안경을 끼거나 지적인 모습을 보이는 사람들은 지속적으로 피해자로 낙인찍혔다. 안경을 쓴 사람들은 위험한 것으로 간주되었다!

한 무슬림 집단인 참족(Cham)이 처형 대상으로 선정되었으며, 불교 승려들도 같은 정도로 처형되었다. 대량학살 연구 초기에 많은 학자가 캄보디아에서 일어난 학살을 "제노사이드"라고 부르는 것을 정당화하기 위해 이들 집단의 살인 사건을 포착했다. 반면 터무니없이 순진하게 타자를 규정하려는 자들은 수백만 명의 자국민을 학살하는 전반적인 프로그램을 제노사이드로 보는 것을 방해했다. 스탈린의 소련 시민 살해 문제와 씨름한 많은 학자에게도 같은 일이 일어났다. 우리 인간은 실제로 우리만의 생각과 개념 정의에 갇혀 있다.

완벽한 형태
완성하기

"끝까지 간다"는 것의 또 다른 모습은 "완벽한 형태 완성하기"다. 독일 심리학자들은 19세기에 "형태"라는 개념을 개발했다. 독일어 게슈탈트(gestalt)는 "형태"를 의미하며, 이 개념은 형태를 완성하려는 인간의 자연스러운 욕구를 나타낸다.

우리 중 누가 이미 시작한 작업이나 일련의 작업을 완료해야 하는 내부적 강박을 경험하지 않았을까? 무슨 일이든 완료하지 못하면 우리는 상당히 긴장하고 짜증을 낼 수 있다. 불행하게도 이 메커니즘은 다른 사람을 향한 악의적인 행동을 실행하는 데에도 적용된다. 우리는 일단 일을 시작하면 그것을 끝내고 싶어하는 경향이 있다.[13]

자신의 행동에 대해 유감과 사과를 표명하는 대량학살 가해자를 찾는 것이 거의 불가능한 또 다른 이유일 수도 있다. 일정량의 피를 흘리면 참가자들은 더 많은 피에 대한 극심한 갈증의 포로가 되어 연쇄 살인범으로 변하는 것을 보았다. 이것은 분명히 그 자체로 강력한 메커니즘이다. 그러나 적어도 대량학살 과정의 초기 단계에서 더 간단한 설명은 어떤 형태를 완성하려는 인간의 욕구가 대량학살자들이 시작한 일을 끝내도록 강요한다는 것이다.

우리가 끝까지 갈 때, 우리는 에너지적인 과정, 즉 이미 일어나고 있는 행동을 완료하려는 우리 신경계의 충동이 시작된다. 우리는 현재 진행 중인 프로세스나 작업의 형태나 구조를 완성해야 할 강력한 필요성을 가지고 있다. 이 과정의 기본은 생리적, 심리적 충동의 결합이다. 완료하면 마음이 차분해지는 반면, 완료하지 않으면 짜증나고 불안해진다. 튀르키예인은 아르메니아 인구의 일부를 처형했고, 나치는 유대인 인구의 일부를 처형했으며, 세르비아인은 보스니아 인구의 일부를 처형했고, 캄보디아인은 다른 캄보디아인을 처형했다. 이 모든 경우에, 가해자들은 마치 항상 일을 끝내려는 경향이 있는 것처럼, 진행 중인 과정을 최대한 완성하기 위해 계속해서 일을 했다.

이른바 끝까지 나아가고 한계를 뛰어넘으려는 메커니즘과 결합하여 어떤 형태를 완성하려는 메커니즘이다. 그들은 함께 양적 최대치 또는 최대 강도까지 행동을 계속하려는 고유한 욕구를 품는다. 완벽한 형태를 완성하도록 우리를 이끄는 특정 메커니즘은 이미 시작된 작업을 완료하고, 종결을 달성하고 겉보기에 전체 모양을 달성하려는 미학적 요구다. 이 모든 것이 지옥 같은 파괴적 상황에 적용되는 것을 보기 전까지는 완벽하리만큼 좋아 보인다.

극도의 한계 시험하기

사람들이 이미 진행 중인 행동의 과정을 계속하도록 동기를 부여하는 또 다른 메커니즘은 어떤 반응이나 과정을 강화하거나 확장했을 때 어떤 일이 일어날까 하는 단순한 인지적 호기심에서 비롯한다.[14] 우리 모두는 의심스러운 종류의 음식과 음료 섭취, 운동 활동에 더 강한 압력을 가하는 것, 정서적 반응을 강화하는 것, 지시와 명령 준수를 거부하는 것 등 다양한 유형의 행동에 대해 갖는 호기심을 경험해왔다. 우리는 얼마나 멀리 갈 수 있을까? 나는 그것에서 벗어날 수 있을까? 일단 사람들이 그런 "죄 많은" 행동을 시작하면, 한계에 도달할 때까지 계속해서 그 행동을 강화하고 밀어붙이기 쉽다.

일상생활의 예

남편에게 지속적으로 언어폭력을 당하는 여성은 점점 내성적이 되어가고, 고통과 괴로움 속에 갇히게 된다. 그녀는 남편이 그녀에게 상처를 주는 것이 허용되지 않는다는 점을 분명히 하기 위해 어떤 한계 상황도 설정하지 않았다. 이런 상황에서 학대하는 남편은 계속해서 아내를 학대하고, 학대의 범위를 더욱 심화시킬 가능성이 높다.

홀로코스트 및 기타 제노사이드 사례

홀로코스트 기간 동안 독일인들은 단계별로 진행하면서, 각 단계에서 스스로에게 일련의 질문을 던진 것 같았다.

- ❥ 유대인들을 강제수용소로 보내면 어떻게 될까?
- ❥ 게토에서 유대인들을 더 굶기면 어떻게 될까?
- ❥ 자동차 엔진의 가스를 유대인 트럭에 공급하면 어떻게 될까?

증오로 가득 찬 나치의 살인 행위는 계속해서 그 범위가 확대되었다. 유대인에 대한 근본적인 증오가 그들 계획의 전반적인 방향을 분명히 이끌었지만, 그들은 또한 자기 능력의 한계에 대한 끊임없는 호기심의 영향을 받았다. 그들은 어느 정도까지 행동을 강화할 수 있을까? 실제로 얼마나 많은 유대인을 죽일 수 있을까?

점점 더 많이 죽여보자. 얼마나 재미있고, 얼마나 즐거운지.

위험 감수의
쾌락성

사람들은 마치 운명을 유혹하는 것처럼 자신이 노출되는 위험과 그 위험을 지속적으로 증가시키는 경향이 있다. 나는 어떤 지점에 도달할 수 있을까? 이 행동을 어디까지 늘릴 수 있을까? 인간은 유혹적인 운명을 즐기고, 자신의 능력의 한계와 허용되는 것과 허용되지 않는 것의 한계를 시험하는 것을 즐긴다. 사람들은 위험을 감수하고 삶을 위한 투쟁의 드라마를 느끼는 것을 좋아한다.[15] 예를 들면 다음과 같다.

- 지상 높은 곳에서 줄타기를 하는 곡예사
- 숨을 참는 수영선수—심각한 부상을 입는 경우도 있음
- 새로운 항공기를 조종하는 시험 조종사
- 점점 더 높은 고도로 오르며 생존 능력에 도전하는 산악인 —상당한 수의 등반가가 견딜 수 없는 기상 조건에서 고산 등반 중에 사망한다는 사실에도 불구하고

사람들은 그러한 위험을 감수함으로써 정확히 어떤 즐거움을 얻을까? 심리학자들은 어떤 사람들은 열성적으로 전율을 추구하는 사람들이라고 말한다. 그들은 거의 또는 실제로 전율 추구에 중독되어 있다. 그리고 우리 중 많은 사람은 흥미진진하고 중독성이 강한 감정적 강도를 가질 수 있는 위험을 감수하는 것을 좋아한다. 우리가 해낼 수 있는지 알아보는 실존적 모험이 있다. 더 큰 의미에서 우리 모두의 필멸의 삶은 모험과 시험으로 전개된다.

이제 우리가 논의한 여러 가지 메커니즘의 결합된 영향에 대해 잠시 생각해 보자(특정 순서 없이 나열됨).

위험을 감수하는 쾌락 + 형태 완성 + 끝까지 나아가기 + 한계를 시험하는 즐거움

위의 네 가지가 결합된 효과는 강력할 수 있으며, 선한 행위뿐만 아니라 악한 행위를 저지르는 경우에도 적용된다. 이러한 결합된 메커니즘에 의해 촉진된 "영웅"은 치명적인 폭탄을 개발하여 민간인에게 떨어뜨릴 수 있는 사람, 점점 더 많은 수의 적을 죽이는 방법을 조사할 수 있는 의사, 또는 적군의 여성에 대한 대량 강간 및 임신 프로그램을 감독하는 사람일 수 있다. 그 결과는 삶에 막대한 재앙을 가져오는데, 이것이 바로 대량학살이다.

결론적으로, 인간의 정신에는 우주에서 인간 능력의 한계를 시험하는 극단적인 행동으로 이어질 수 있는 수많은 자연적 반응 메커니즘이 포함되어 있다. 인간이 인간 생명의 신성함을 배우고 가르치며, 인간이 타인의 생명을 빼앗는 것을 막는 데 필요한 사회적, 개인적 도구를 개발하는 데 성공할 때까지 인류는 계속해서 대량학살로 타락할 것이다.

허무주의의 어리석음

우리의 의식에서 멀지 않은 곳, 그럼에도 불구하고 일상생활에서 일반적으로 접근할 수 없는 내면의 깊은 곳에서 우리는 모두 죽음을 향해 달려가고 있다.

◆ 죽음은 우리가 태어나는 순간부터 삶의 분명한 현실이다. 우리가 아직 성장하고 있는 어린 시절에도 사실 우리는 이미

"끝"을 향해 나아가고 있다. 나이가 들수록 노화와 쇠퇴의 징후가 점점 더 빠른 속도로 나타난다. 그렇다면 모험을 통해 우리 삶에 활력을 불어넣어 보는 것은 어떨까? 결국 우리는 한 번 사는 인생이다.

◆ 두려움 때문이든 건전한 호기심 때문이든, 우리 모두는 자신의 임박한 죽음에 대해 더 알고 싶어한다. 우리는 죽기를 원하지 않지만 조만간 죽음이 필연적으로 우리를 덮치리라는 것을 알고 있다. 그렇다면 그것에 대해 더 자세히 알아보는 것이 어떨까?

◆ 죽음을 예방하고 불멸을 얻기 위한 새로운 방법을 찾으려는 필사적인 노력의 결과로 우리는 죽음에 더 가까워지는 경우가 많다. 그러나 쓰라린 종말을 늦추려는 이러한 노력은 종종 우리의 눈앞에서 터져버린다(우리가 "인생에서 성공"하기 위해 너무 열심히 일하여 우리 자신을 지치게 하거나, 자기방어를 위해 치명적인 무기를 조합하여 만들다가 결국에는 우리 얼굴에 터지는 것과 같이 말이다).

◆ 어차피 우리가 죽게 된다면, 왜 그것을 미루면서 자신을 속일까? 어쨌든 그것은 다음 역이고, 그 역을 향해 앞으로 나아가라고 손짓한다.

◆ 자살하는 경향은 우리 삶의 더 어둡고 더 고통스러운 시기에 자연스럽게 증가한다.

우리는 미래의 죽음을 바라보며 다양한 방식으로 우리를 기다리고 있는 궁극적인 종말을 유혹한다. 우리 모두는 겉으로는 정상적인 행동을 하는 것 같지만, 일상생활에서 실제로 조기 사망 가능성을 높이는 삶을 살고 있다. 확실히 우리는 길에서 목숨을 걸고, 아직도 담배를 피우는 사람이 너무 많고, 비만이 될 정도로 살이 찌는 사람도 많다. 알코

올 중독자와 마약 중독자가 많이 있으며, 우리 중 놀라울 정도로 많은 수가 자살 폭탄 테러를 수행하기 위해 명시적으로 가입하고 있다. 물론 이러한 목록은 계속해서 이어진다. 우리는 왜 이런 일을 하는가? **"단지 무엇 때문에"**가 첫 번째 할 수 있는 대답이다. 우리 인간이란 그런 존재다.

지그문트 프로이트(Sigmund Freud)에 따르면, 인간은 동시에 모순되는 두 가지 추동력을 가지고 있다. 첫째는 살고자 하는 추동인데, 사랑, 본능적 쾌락, 그리고 창조성 같은 것으로, 이것들이 합쳐져 에로스적 삶을 형성한다. 둘째는 죽고자 하는 추동인데—나는 이것을 우선 죽음에 대한 호기심과 진지한 접근을 통해 결국 죽음을 추구하게 하는 더욱더 어두운 힘이라고 간주한다— 프로이트는 이를 타나토스(thanatos)라고 불렀다.[16]

프로이트가 옳았다. 그런데 모든 사람이 그토록 죽고 싶어하는 것은 공공연한 사례일까? 상식적으로는 그 반대가 사실이라고 한다. 그러나 앞에서 논의한 모든 이유 때문에 사람들은 자신이 가장 무서운 운명을 향해 나아가고 있다는 잠재의식에도 관여하고 있다는 사실을 인식하지 못한다. 우리의 호기심, 운명에 대한 유혹, 그리고 위험을 감수하는 모든 것은 우리를 죽음에 더 가깝게 만든다. 대부분 사람의 의식적이고 결정적인 욕구가 살고자 한다는 것은 의심의 여지가 없더라도 말이다! 게다가 우리 모두에게는 이 상황을 극복하고, 휴식을 취하고, 항복하고, 죽기를 바라는 무의식적 소망이라는 더 불길하면서도 자연스러운 흐름이 있다.

우리는 프로이트가 이 분야에서 탁월하다는 인정을 받고 있음에도 불구하고, 많은 치료사가 죽음을 향한 인간의 잠재의식적 움직임에 대한 프로이트의 이해에 의구심을 표명했다는 점에 주목해야 한다. 오늘날 수많은 심리치료사가 '긍정' 심리학에 종사하고 있다. 그들은 인간 존재의 선과 공존하며 살아 있는 인간 정신의 자연적인 요소로서, 또는 "병리학"으로서의 악과 인간 생명 파괴에 대해서는 깊이 탐구하는 것을 선호하지 않는다. 실존적인 치료적 접근을 제외하고, 프로이트의 분석은 사람들이 어리석음, 과도한 위험 감수, 오만함, 운명에 대한 유혹 등으로 인해 자신의 무지나 성급함, 혹은 위험한 행동을 통제할 수 있도록 돕는 치료 방법에 있어 실질적인 발전은 가져오지 못했다.

제노사이드를 연구하는 학자로서 나는 프로이트의 선구적인 타나토스 개념이 대량학살이라는 끔찍한 현상에 대한 설명을 구성하는 데 기여할 수 있다고 생각한다. 분명히 우리 세계의 일부 지도자들은 신성함을 거부하는 허무주의적 삶의 철학을 채택했으며, 우리 모두가 어쨌든 결국 죽음을 맞이하게 된다면, 더 빨리 죽음을 맞이하는 것이 낫다고 결정했다. 그들에게는 죽음의 도래를 가속화하는 데 대한 도덕적 억제력이 없다. 다른 인간들에게도, 사실 그들 자신에게도 마찬가지일 가능성이 높다. 나는 역사 전반에 걸쳐 꽤 많은 살인적 폭군들의 정신을 깊이 파고들면, 이러한 관점이 그들의 끔찍한 행동을 형성하는 데 중요한 역할을 했다는 것을 발견할 수 있다고 믿는다. 이미 언급했듯이, 자살 공격을 기꺼이 수행하려는 "평범한" 사람들도 적지 않다. 그들이 그러한 일에 기꺼이 자원하도록 만드는 다양한 요인 중에서 죽음을 향한 경주는 중요한 역할을 하는 것 같다.[17] 왜냐하면 그것들은 운명을 유혹하는 것 이상이기 때문이다.

프로이트 개념의 도움 없이도 많은 사상가가 인류의 미래에 관해 무섭고 비관적인 결론에 도달했다.[18] 분명히 우리 앞에는 미래를 구하기 위해 해야 할 일이 많이 있다. 하지만 우리는 먼저 우리 자신을 위해 노력해야 하며, 우리 자신과 타인 모두에게 해를 끼치고 죽이는 일을 자제하는 방법을 배워야 한다.

일상생활의 예

"모든 것을 끝내고" 자신과 주변 사람들에게 대혼란을 일으키려는 인간의 욕망은 다양한 형태를 취한다. 테러리스트와 전시 자살 공격은 일반적으로 일종의 정당화를 제공하는 것처럼 보이는 국가-정치적 이데올로기에 의해 유발되지만, 이데올로기보다 훨씬 더 많은 것이 관련되어 있다. 실제로 미국 콜럼바인 고등학교에서 동급생을 살해하고 자살한 학생들의 경우처럼(세계 각지에 위치한 다른 여러 학교에서도 유사한 공격이 수행되었다), 또는 단순히 분노에 차서 승객을 가득 태운 747기를 의도적으로 추락시켜 자살한 이집트 조종사의 경우처럼, 이러한 공격은 아무런 정치적 이념 없이 이뤄지는 경우도 있다.

홀로코스트의 예

연합군이 학살 수용소에 접근하자 나치는 수만 명의 포로를 죽음으로 몰아넣었다. 왜 그랬을까? 결국 전쟁은 거의 끝나가고 있었고, 나치는 승리하지 못할 것이고, 그들 중 많은 사람이 아마도 살해당할 것이 분명했다. 살인에 대한 이러한 열정을 설명하는 것은 무엇일까? 왜 그들은 마지막 순간에도 악한 노력을 멈추지 않았을까? 그들은 어떤 종류의 열정에 압도되었던 것일까? 왜?

결론 12

타인에게 해를 끼치고 싶지 않은 사람들은 자신이 극단적인 방식으로 행동하는 이유를 이해하기 위해 자신의 감정적 반응과 실제 생활에서 반응하는 스타일을 조사해야 한다. 예를 들어, 정당방위가 명백한 순간에 가능한 가장 극단적인 조치는 인명을 빼앗는 것이다. 내가 이것을 할 것인가? 어떤 상황에서? 우리는 자신의 감정과 의도를 주의 깊게 고려해야 하며, 자동적인 정당화에 반응해서는 안 된다. 가장 중요한 것은, 우리는 항상 인간의 생명을 위협하는 것을 피하고, 자신과 타인을 위해 생명을 보존하고 개선하는 조치를 취하도록 지시해야 한다는 것이다.

· · ·

아우슈비츠 이후 / 바르탄 오스카니안(VARTAN OSKANIAN)
아우슈비츠 이후, 우리는 모두 유대인이고, 집시이며, 누군가에게, 어딘가에서 부적합하고, 일탈적이고, 바람직하지 못한 존재입니다. 아우슈비츠 이후 인간의 양심은 이전과 동일하게 유지될 수 없습니다. 남성, 여성, 어린이, 노인에 대한 인간의 비인간성은 더 이상 이름, 이미지, 설명을 찾는 개념이 아닙니다. 아우슈비츠는 역사의 모든 아우슈비츠, 즉 우리 집단의 역사에 이전과 이후 모두에 그 흉악한 아우라를 빌려줍니다.[19]

아우슈비츠 이후 / 게르하르트 슈뢰더(GERHARD SCHROEDER)
나는 독일의 역사 앞에서 부끄러움을 느낍니다. 우리 독일인들은 독일 땅에서 독일 국민의 이름으로 자행된 잔혹 행위를 마주할 때에도 침묵하고 말을 할 수 없습니다. 나치 정부는 인간의 손과 정신에 의해 설립되고 운영되었습니다.[20]

아우슈비츠 이후 / 미카엘 멜키어(MICHAEL MELCHIOR)
홀로코스트 주제에 관여하지 않거나 그 중요성을 최소화하는 것도 어느 정도 부정화 메커니즘을 반영합니다. 보편주의자가 되는 것보다 더 유대적인 것은 없으며, 유대인이 되는 것보다 더 보편주의적인 것은 없습니다.[21]

· · ·

보편적 교훈 / 베냐민 노이베르거(BENYAMIN NEUBERGER)

나는 12년 전 투치족 집단학살이 자행된 르완다에서 막 돌아왔습니다. 그곳에서는 석 달 만에 약 100만 명이 살해당했습니다. 나는 무룸비 지역에 있었는데, 이곳에서 5만 4천 명의 투치족이 냉혹하게 살해당했다는 사실을 알게 되었습니다. 알려진 생존자는 4명뿐이었습니다. 그들 중 한 명이 내 앞에 서서 흙으로 뒤덮인 구덩이에 던져진 아기들이 살아 있다는 이야기를 했습니다. 나는 해골과 살해당한 사람들에게서 빼앗은 옷을 보았습니다. 나는 폴란드에 있는 나치의 죽음의 수용소를 방문했던 것을 기억하지 않을 수 없었습니다. 그러나 우리는 비교하는 것이 금지되어 있다고 배웠습니다.

냥가(Nyanga)에서 나는 1994년 4월의 끔찍한 시절에 2천 명의 투치족이 강제로 끌려간 교회 폐허를 방문했습니다. 그들은 후투족 사제에 의해 버려졌고, 인테라함웨 민병대에 넘겨졌고, 인테라함웨 민병대는 그들 모두를 살해했습니다. 나는 나치가 내부에 유대인들을 데리고 불을 지른 회당을 다시 떠올렸지만, 결국 비교가 금지되어 있기 때문에 이 기억과 싸워야 했습니다.

비교를 부정하는 접근법은 이성의 시험을 견디지 못한다고 말할 때가 왔습니다. 결국 비교하는 것이 금지되어 있다고 말하는 사람은 비교를 한 후에 이렇게 말합니다. 비교는 모든 것이 동일하다는 것을 의미하는 것이 아니라, 유사점도 있고 차이점도 있을 수 있다는 것을 의미합니다.

유대인의 독특함만을 제시하는 방식으로 홀로코스트를 가르치는 것은 유대 민족이 항상 혼자 살 것이며, 이방인을 고려해서는 안 되며, 그들 모두가 아말렉이므로 보편적 도덕

• • •

성과 국제법은 중요하지 않다는 확신으로 이어집니다.

우리는 유대인 국가와 군대의 필요성에 대한 결론으로 이어지는 홀로코스트에 대한 인식을 심어주어야 할 뿐만 아니라, 모든 인간과 민족에 대한 존중과 모든 종류의 차별, 인종차별, 억압에 대해 반대해야 한다는 보편적 교훈도 심어주어야 합니다. 이러한 인식은 다른 제노사이드 사례에 대한 연구와 함께 홀로코스트를 교육함으로써 주입될 수 있습니다.[22]

THE
GENOCIDE
CONTAGION

HOW WE COMMIT AND CONFRONT HOLOCAUST AND GENOCIDE

CHAPTER 7.

우리는 누구이며
앞으로 어떻게 될까?

우리의 개인적 혹은 집단적 미래를 향하여

주요 질병의 예방이라는 도덕적 의무는 전 세계 사망 원인 1위인 대량학살에도 적용된다

엘리후 리히터(Elihu Richter) 교수는 예루살렘 하다사 메디컬 센터(Hadassah Medical Center)의 히브리대학 공중보건 및 지역사회 의학 대학원 회원으로 대량학살 예방 프로그램을 수립했다. 그는 납과 석면과 같은 오염 물질, 열악한 위생 조건, 대기 오염 등으로 인한 중독, 질병, 전염병을 포함하여 환경 및 공중 보건 사고의 영향으로 고통받는 환자들을 치료해 왔다. 그러나 리히터는 세상에서 부자연스러운 죽음의 가장 큰 원인은 제노사이드라고 결론지었다. 캘리포니아 대학의 사회심리학자 마크 필리숙(Marc Pilisuk)은 1970년대에 처음으로 이러한 결론에 도달했지만, 필리숙[1]의 평가는 대중적인 수용을 얻지 못했고, 의학계는 이러한 살인자에 대해 거의 예방 조치를 취하지 않았다.

공공의학의 가장 중요한 원칙 중 하나는 질병과 전염병을 예방하는 것이다. 이것이 바로 의료계의 진정한 목적이다. 의학에서는 이 원칙을 예방 원칙이라고 한다.[2] 우리는 질병에 걸린 사람과 재난 생존자를 치료할 의무가 있지만, 가능하다면 치명적인 발전, 특히 점점 더 많은 인구를 위험에 빠뜨리는 재난이 될 가능성이 있는 발전을 방지해야 할 더 큰 의무를 갖고 있다.

지금까지 대량학살 방지가 주로 정치적 또는 법적 문제로 여겨졌다면, 이제 리히터의 주장처럼 제노사이드 문제 또한 의료계의 일이 되었다. 그는 실패로 인한 비용이 극도로 높다는 점을 고려하여 다른 전염병을 예방하는 것과 마찬가지로 대량학살도 예방하기 위해 노력해야 한다고 주장한다. 따라서 많은 사상가가 표현의 자유 원칙을 옹호하는 민주주의 국가에서는 선동과 증오심 표현을 금지해야 하며, 특정 집단(민족, 종교, 정치, 민족 등)의 절멸을 공개적으로 요구하는 것도 금지해야 한다고 믿고 있다. 리히터는 예방적 접근 방식이 대량학살을 일으키는 사건의 증거를 찾는 것에서 벗어나 학살이 시작되기 전에 이를 예방하기 위한 실시간 노력으로 강조점을 옮기는 것이 중요하다고 주장한다. 그러한 살해 촉구는 대중의 비난을 받아야 하며, 범죄 행위로 처벌될 수도 있다. 학살을 예방하거나 피해 정도를 최소화하려면 가능한 한 초기 단계부터 개입이 시작되어야 한다.

의학에 기반한 예방 원칙은 대량학살 연구에서 환영받을 발전이며, 사회심리학, 정치학, 국제 관계 및 법과 같은 다양한 분야의 다른 모델들과 합류한다. 이러한 모든 모델은 대량학살로 이어질 수 있는 과정을 가능한 한 빨리 탐지하고, 다른 국가와 국제 사회가 개입하여 파괴를 방지하도록 동원하기 위해 개발 중이라는 공통 목표를 공유한다.[3] 의학적 접근 방식은 대량학살의 발생을 위험한 전염병이라는 더 큰 의학적 범주에 포함시킴으로써, 목표를 강화하고 확장한다. 그들도 마찬가지로 위험하다.

물론 국제 사회가 진화하는 대량학살 과정을 확인했지만, 이를 방지하기 위해 필요한 조치를 전혀 취하지 못한 경우도 있다. 한 가지 가슴 아픈 사례는 다르푸르-수단의 사례다. 미국, 아프리카통일기구, 유엔은 비행 금지 제도를 마련해 최소한 사망자 수를 줄이는 현실적인 가능성이 존재한다는 전문가들의 믿음에도 불구하고, 수단의 대량학살에 맞서 효과적인 조치를 취하지 못했다. 민간 지역의 군사 구역, 무기 금수 조치 시행, 표적 인구를 보호하기 위해 국제 군대 파견 등이 포함된다. 예방적 접근 방식은 국제적 행동과 반(反)제노사이드적 노력의 분위기를 설정하도록 허용해야 한다. 분명히 세계 국가들은 대량학살 사건이 발생하기 전 예방 단계에서 가능한 모든 조치를 취해야 한다.

예방적 접근 방식은 또한 조기 경고 과정이나 대량학살의 조기 지표 개념을 보완한다. 나는 개인적으로 대량학살의 조기 경고 징후에 대한 연구에 수년 동안 참여해 왔다.[4] 같은 해에 감리교 목사인 고(故) 프랭클린 리텔(Franklin Littell)도 조기 경고 주제에 대해 열심히 노력했다.[5] 수년에 걸쳐 리텔은 홀로코스트의 기독교 신학적 중요성을 강조하면서 홀로코스트 기념 분야의 지도자로 부상했다. 최근에는 점점 더 많은 학자가 조기 경고 신호 주제에 대한 추가 연구를 수행했다. 홀로코스트뿐만 아니라 다른 대량학살 사건의 영향도 받았다. 이러한 학자들 가운데 저명한 학자로는 헬렌 페인(Helen Fein),[6] 바바라 하프(Barbara Harff),[7] 그레고리 스탠톤(Gregory Stanton)[8] 등이 있다. 국제 제노사이드 학자 협회(International Association of Genocide Scholars)의 전 회장이었던 스탠톤은 집단학살이 임박했다는 징후를 면밀히 관찰하는 조직인 〈제노사이드 워치(Genocide Watch)〉의 창립자이자 회장이다. 스탠톤은 집단학살로 이어지는 단계별 과정을 짧고 간단한 표로 요약하는 데 누구보다 뛰어난 일을 해낸 것으로 보인다. 그가 확인한 8가지 과정은 다음과 같다.

- ◆ 분류화
- ◆ 상징화
- ◆ 비인간화
- ◆ 조직화

- 양극화
- 준비화
- 절멸화
- 부정화

국제법의 새로운 원칙: 인간 생명 보호의 의무 (보호 책임, R2P, Responsibility to Protect)

내가 지적한 바와 같이, 우리 세계에서 새로운 대량학살 사례가 계속되고 매우 현실적으로 발생하는 것과 함께, 우리는 또한 대량학살의 악에 대한 새로운 인식과 이를 방지하려는 노력이 나타나고 있음을 목격하고 있다. 르완다와 구 유고슬라비아에서 대량학살 가해자를 기소하기 위해 유엔이 설립한 재판소, 헤이그의 국제 형사 재판소 등 대량학살에 맞서 싸우기 위해 다수의 법률 기관이 설립되었다.

국제 언론은 또한 현대 대량학살 사례에 실시간으로 더 많은 관심을 기울이고 있으며, 이는 은폐 가능성을 감소시킬 수 있다. 최근까지만 해도 존재했던 상황과 비교하면, 홀로코스트나 마오쩌둥에 의한 중국의 수백만 명 학살, 캄보디아 대량학살과 같은 주요 제노사이드에 대한 대중의 지식과 인식이 부족했다. 현재 진행 중인 대량학살에 관한 사실적 뉴스의 상당 부분은 "대나무 커튼" 뒤에 숨겨져 있으며, 이제 신속하게 공개되어 우리 세계 전역에 널리 퍼지고 있다.

2006년 유엔 안전보장이사회는 정부에 인간 생명 보호 의무를 부과하는 획기적인 결의안(UN 안전보장이사회 결의안 1674호)을 통과시켰다. 전 호주 외무부 장관 개렛 에반스(Gareth Evans)는 UN 사무총장의 무슬림 특별 고문인 모하메드 샤눈(Mohamed Sahnoun)과 함께 일하면서 보호 책임(R2P)으로 알려진 이 입법 계획을 주도했다.[9] 이후 코피 아난(Kofi Anan) 전 유엔 사무총장과 반기문 전 유엔 사무총장도 확고한 지지자로 이 계획에 합류했다.[10] 이 결의안은 혁명적이었다. 오랫동안 국제법을 지배해 온 원칙이 국가가 다른 주권 국가의 결정에 간섭할 수 있는 권리를 거부했기 때문이다. R2P의 결과로 국가의 주권은 더 이상 절대적이지 않게 되었다.

R2P는 국가가 주민에게 안전과 보호를 제공하지 않는 다른 국가의 문제에 간섭할 권리가 있다고 규정한다! 생명권은 이제 인간 말살 프로그램을 수행하는 국가의 모든 법률과 정책을 대체하는 가장 중요한 원칙이 되었다.

물론 이 법안에는 다양한 한계가 있으며, 예상할 수 있듯이, 새로운 원칙을 무력화하거나 부정하는 방법을 모색하는 정치인이 적지 않다. 전체적으로 오늘날의 초강대국과 국제 사회는 기본적으로 인간의 생명을 구하는 데 필요한 조치를 계속 지연하거나 수행하지 못하고 있다. 그럼에도 불구하고, 이 결의안은 인간의 사고와 입법 모두에서 중요한 진전으로 인정받는다.[11]

지성계와 학계에서 대량학살을 초래하는 요인과 그것이 진행되는 과정을 다루는 연구가 점점 늘어나고 있다. 이 연구물에는 대량학살 심리학에 관한 심리학자 스티븐 바움(Steven Baum),[12] 대량학살 인류학에 관한 인류학자 알렉산더 힌톤(Alexander Hinton),[13] 대량학살 범죄로서의 대량학살 행위에 관한 범죄학자 알렉스 알바레즈(Alex Alvarez)와 같은 학자들이 쓴 많은 신간 서적이 포함되어 있다.[14] 신학자이자 랍비인 스티븐 제이콥스(Steven Jacobs)는 대량학살을 승인하고 계획하는 종교의 역할에 대해 글을 쓰는 동시에 "살인하지 말라"는 계명과 연민의 중요성을 설교한다.[15] 카네기 협회(Carnegie Corporation)의 명예 회장인 데이비드 햄버그(David Hamburg)는 미래의 대량학살 예방 가능성에 대한 희망을 제공하는 현재 국제 무대에서 개발 중인 다양한 메커니즘에 대해 설명한다.[16]

최근 몇 년 동안 대량학살에 관한 수많은 사전과 백과사전이 출판되었으며, 가장 최근의 것은 사무엘 토튼(Samuel Totten)과 폴 바트롭(Paul Bartrop)이 편집한 훌륭한 대량학살 사전이다.[17] 우리는 또한 기록적인 수의 학생을 유치한 민주주의 연구 프로그램의 일환으로 이스라엘 개방대학(Open University)에서 제공하는 과정인 "지식의 고통"과 같은 대량학살 주제에 대한 대학 과정의 도입을 목격하고 있다. (2012년에는 1,200개!) 전 세계적으로 홀로코스트와 제노사이드 연구에 대한 학위를 명시적으로 부여하는 학술 프로그램이 늘어나고 있다. 그중에서도 미국 클라크 대학에서 제공하는 박사과정이 눈에 띈다. 이 프로그램은 초기부터 이미 대량학살 예방이라는 신흥 분야에서 새롭고 유망한 전문가 세대를 양성하고 있다.[18]

그러나 최근 수단의 다르푸르와 더 넓은 지역에서 자행되고 있는 대량학살이 보여주는 것처럼, 대량학살은 현대 세계에서 계속해서 만연하고 있다. 스미스 대학(Smith College)의 영어 교수인 에릭 리브스(Eric Reeves)[19]는 수단에서 일어난 사건에 대해 강력하고 새로운 사실을 밝혀냈다. 동물학자인 콘라드 로렌츠(Konard Lorenz)[20]는 인간 종이 실제로 자신의 종을 잡아먹는다는 점에서 예외적이라는 결론을 내렸다. 로렌츠에 따르면, 자연에서 종은 자신이 속한 종 이외의 종에 대해서만 잔인성을 나타내는 경향이 있다. 하지만 종 내부의 잔인함은 인구 과잉과 영토 갈등 조건에서도 존재한다. 그러나 로렌츠는 인간의 잔인성이 너무 널리 퍼져 있고, 영토 분쟁과 전혀 관련이 없기 때문에 실제로는 본격적인 유전적 돌연변이를 나타낼 수 있다고 가정한다. 내 의견은 인간의 예외성은 "타인"을 "비인간"으로 분류하는 우리 두뇌의 불행한 심리적 능력에 기본적으로 뿌리를 두고 있다는 것이다. 물론 낯선 사람을 잠재적인 적으로 간주하는 것 자체가 자연스럽고 유익한 특성이지만, 절제되고 신중하게 실행되어야 한다.

대량학살의 맥락에서 가해자, 방관자, 구조자의 심리학에 대한 논의에서 스티븐 바움(Steven Baum)은 다음과 같이 썼다.

체로키족의 오래된 이야기에는 할아버지가 손자에게 삶의 원리를 가르치는 이야기가 나와 있다.

현명한 늙은 할아버지는 말했다.

"아들아, 모든 사람의 마음속에는 늑대 두 마리 사이에 싸움이 벌어지고 있단다. 늑대 한 마리는 사악하고, 화를 내고, 질투하고, 용서하지 않고, 교만하고, 게으르단다. 다른 늑대는 선하고, 사랑, 친절, 겸손, 자제력이 가득해. 그런데 이 두 늑대는 끊임없이 싸우고 있어."

어린 소년은 곰곰이 생각하다가

"할아버지, 어느 늑대가 이길까요?"라고 말했다.

할아버지는 웃으며 대답했다.

"아무 놈이나 먹여도 된다."[21]

워싱턴 DC의
홀로코스트 기념 박물관

박물관은 유대인 학살을 기념하는 기념물 그 이상이다. 이는 모든 민주 사회의 핵심 문제에 대한 증거이자 어쩌면 도전이 될 수도 있다. 개인의 존엄성, 사회 정의, 인권 등 미국의 핵심 가치, 아니 인간의 핵심 가치에 헌신하는 자유 사회와 국가에서 가져야 할 개인의 책임이다.[22]

나도 대량학살을
저지를 수 있을까?

그래서 우리는 이 책의 결론에 이르렀고, 모든 독자의 마음속에는 '내가 대량학살을 저지를 수 있을까?'라는 핵심 질문에 대한 대답이 있을 것이다. 이런 상황이 오면 나도 할 수 있을까?

- ❥ 정부나 군대가 민간인을 살해하기 위해 자원봉사자를 동원할 때라면?
- ❥ 민간인 살해 명령을 받은 육군 중대에 소속되어 있을 때라면?
- ❥ 우리 사회가 민간인 대량학살을 조직하고 내가 이에 가담하지 않으면 나를 죽이겠다고 위협할 때라면?
- ❥ 다른 사람들과 함께 살인을 하라는 엄청난 집단 압력을 받고 있지만, 내 생명이나 안전에는 위협이 되지 않는 경우라면?

◆ 가족, 친구, 동포, 군대 동료, 동료 종교인의 부상과 사망으로 인해 슬픔과 분노가 치밀어 올랐을 때라면?

◆ 대량 살상 및 시체 처리를 위한 기계를 제작할 수 있는 수익성 있는 사업 기회가 주어진 엔지니어 또는 사업가라면?

◆ 내가 누구(약자, 정신 질환자, 특정 종교나 민족의 구성원, 특정 이데올로기에 충실한 사람 등)를 의학적으로 살해하도록 배정된 의사라면?

◆ 강제수용소 경비원으로 임명되어 수감자들이 나를 두려워하고 내 명령에 복종하도록 해야 할 때라면?

◆ 대량학살의 물류(예: 수송 열차, 독가스 징발)를 주선하도록 배정된 비서 또는 사무원인 경우라면?

◆ 주변 사람들이 모두 참여할 때라면?

이러한 질문에 명시적으로 대답하지 않거나 우리가 어디에 있는지 의식적으로 알지 못하는 우리들조차도 우리 내면에서는 답이 구체화된다. 나는 질문이 끔찍하고 많은 상황에서 딜레마가 고통스럽다는 것을 독자들에게 인정한다. 그러나 그것은 역사적으로 계속해서 제기되었기 때문에 매우 현실적이다. 대량학살로 이어지는 상황은 우리 앞에 수백만 명이 겪은 것처럼, 우리 삶에도 나타날 수 있으므로 적어도 어느 정도 준비하는 것이 좋다.

이 책은 우리 각자가 무서운 상황 속에서도 가능한 한 인간이 될 준비를 하도록 권한다. 나는 프란치스코 교황이 하신 말씀(2015년 10월 미국 의회 합동회의에서 말씀하신 내용)에 깊은 감사를 드린다.

"모든 생명은 신성하며, 모든 인간은 양도할 수 없는 존엄성을 부여받았습니다. 우리의 노력은 희망을 회복하고, 잘못을 바로잡고, 약속을 유지하여 개인과 국민의 복지를 증진하는 것을 목표로 해야 합니다."[23]

그럼에도 불구하고 고통스러운 진실은 우리의 정상적인 인간이라는 장비 속에는 살인에 대한 욕망과 충동이 포함되어 있다는 것이다. 간단히 말해서, 우리는 본능적으로 살기를 원하고 죽기를 원하며, 타인도 살기를 원하고 죽기를 원한다. 변증법적인 부분은 우리 마음속에서 반드시 동일할 필요는 없으며, 삶의 경험 과정에서, 특히 우리가 내리는 선택의 표현에서 가장 확실하게 변화를 겪는다. 그러나 그것들은 인간의 조건에 내재되어 있다.

분명히 우리의 다양한 문화는 정상적인 인간 경험의 각 측면에 다양한 강조점을 두고 있다. 알카에다 대변인은 9/11 테러 이후 이렇게 말했다. "당신이 삶을 사랑하는 만큼 우리는 죽음을 사랑한다. 그러니 우리는 승리할 것이다!"[24] 이 무섭지만 실제적인 개념은 이스라엘을 향한 하마스,[25] 이라크와 시리아의 ISIS, 기타 지역과 같은 전 세계 이슬람 테러리스트들 사이에서 일종의 주문이 되었다.[26]

더욱이 우리는 이 책의 흐름에서 문자 그대로 아무 것도 없는 우리 중 많은 사람을 끌어당길 수 있는 다양한 역학과 상황적 구조(예: 다양한 정치 체제, 다양한 사회 조직 시스템, 다양한 지도자)**를 여러 번 보았다. 타인에게 해를 끼치고 대량학살을 조장하는 가해자가 되려는 의도는 마치 그것이 우리의 의지를 넘어서고, 심지어 우리가 그것을 할 때 무엇을 하고 있는지에 대한 우리의 지식을 넘어서는 것처럼 보인다. 한나 아렌트**(Hannah Arendt)**는 매우 널리 인용되는 인용문에서 다음과 같이 말했다. "슬픈 진실은 대부분의 악이 선이 될지 악이 될지 결정하지 못한 사람들에 의해 저질**

러진다는 것이다."[27]

인류 문명의 거대한 부분이 시대와 시대를 거쳐 세계 이곳저곳에서 계속해서 대규모 죽음의 캠페인을 시작하는 역겹고 믿을 수 없을 압도적인 증거는 인간이 경험하는 기계적 메커니즘의 대부분이 타인을 대량으로 죽이는 것을 승인하고, 따르고, 기뻐하는 쪽으로 향하고 있다는 것이다. 증거는 어디에나 있다. 미국인이 원주민 인디언을 죽였다. 호주인이 원주민을 죽였다. 독일인들이 유대인과 로마니(집시)를 죽였다. 세르비아인이 이슬람 보스니아인을 죽였다. 르완다인, 캄보디아인, 러시아인, 중국인은 각각 수백만 명의 자국민을 살해했다(가해자와 피해자 사이에 사전 신원 차이가 없더라도). 무슬림 또한 마찬가지다. 너무 많은 곳에서 동료 무슬림을 죽인다. 예를 들어, 수니파는 시아파와 다른 사람들을 죽인다.

생명을 사랑하고 살인을 피하겠다는 선택에는 영적인 중심(세속적이든 종교적이든), 확신, 용기, 자기 훈련이 필요하다. 왜냐하면 우리가 악을 저지르지 않겠다고 진실하고 확고한 선택을 한다고 해도, 우리 인간 본성의 다른 면은 단순히 사라지지 않기 때문이다. 그래서 해리포터의 멘토인 덤블도어는 그에게 이렇게 가르친다. "너의 사랑하는 부모를 죽인 악의 화신이요 죽음의 사자인 볼드모트! 그는 항상 숨어서 우리를 덮치려고 기다리고 있단다."[28] 이것이 우리 수백만 명이 선과 악의 대결을 다룬 이야기와 기타 많은 이야기와 전설을 좋아하는 이유 중 하나다.

그리고 의식적이든 무의식적이든 모든 사람이 전염병에 참여할지 여부를 선택해야 하는 것처럼, 집단, 조직, 국가 및 사회도 선택해야 한다. 대학 캠퍼스에서 어떤 동아리는 신고식과 잔인함의 전통을 키우는 반면, 다른 동아리는 존중과 존엄성을 강조하는 데 탁월한 모습을 보인다. 우리는 무관심하게 또는 심지어 냉담하게 서비스를 제공하는 병원과 정중한 진료를 제공하는 데 자부심을 느끼는 다양한 병원을 본다. 잔인함과 폭력에 성급한 경찰력이 있는 반면, 폭력의 사용을 주의 깊게 감시하고 사람들이 안전하고 보호받고 있다고 느끼도록 돕는 경찰력도 있다. 이 모든 경우에 선호되는 가치는 대담하고 새로운 지도력 정책이 좋건 나쁘건 전면적인 변화를 가져올 때까지 오랜 시간 동안 조직 문화에 내재될 수 있다.

분명히 개인의 선택과 집단의 선택 사이에는 관계가 있다. 생명을 보호하는 방향을 선택한 문화에서는 개인이 생명을 보호하고 증진하는 것을 선택하는 것이 훨씬 쉬울 것이다. 그러나 우리는 이러한 문화에서도 폭력과 파괴를 선택하는 사람들이 발생할 수 있고 실제로 발생한다는 것을 알아야 한다. 또한 문화 전체에 대한 삶의 긍정을 권력과 살인을 추구하는 방향으로 바꾸려는 사람들도 마찬가지다. 그리고 규정된 적을 제압하고 무자비하게 죽이는 정책을 채택한 조직과 사회에서 개인이 삶을 긍정하는 것은 무한히 어렵다. 그러나 최악의 사회에서도 다른 사람을 구하기 위해 목숨을 걸고 "의로운 사람들"이라고 부르는 개인과 집단(마을이나 지역, 어떤 종파의 종교 집단이든)이 있다.

그래서,

나는 어디 있는가?
나도 대량학살을 저지를 수 있을까?
감히 독자라면 누구나 스스로에게 물어볼 수 있다.
이 책의 저자인 나는 당신이 선한 선택을 하길 간절히 바란다.

THE
GENOCIDE
CONTAGION

HOW WE COMMIT AND CONFRONT HOLOCAUST AND GENOCIDE

자기성찰학습 목록 INDEPENDENT STUDY

우리가 어떻게 타인에게
해를 끼치지 않고
생명을 보호하는지에 대한 연습

자기성찰학습 목록

우리가 어떻게 타인에게 해를 끼치지 않고 생명을 보호하는지에 대한 연습

다음 연습은 이 책에서 논의된 주제에 대한 지식이나 이해를 평가하기 위한 것이 아닙니다. 오히려 이러한 경험은 우리 자신의 인간 정신에 대한 자기 관찰과 정직한 통찰력을 장려하고, 우리가 대량학살과 기타 유형의 악에 대해 얼마나 인식하고 있는지, 그리고 우리가 맹목적으로 명령을 받고 악을 저지르는 집단과 사회에 참여할 수 있는지를 검토하기 위한 것입니다.

당신은 이 연습을 완료하도록 초대되었습니다. 당신은 그렇게 하지 않아도 될 결정을 할 수 있고, 또 그럴 권리가 있습니다. 그렇게 할지 여부, 자신에 대해 알게 된 내용을 어디에서 누구와 공유할지에 대한 결정은 전적으로 당신에게 달려 있습니다. 이러한 연습은 정서적으로 어려울 수 있으며, 불안한 생각과 감정을 유발할 수 있습니다. 각 독자는 진행 방법, 연습 탐색 여부, 깊이 등을 개인적으로 결정할 책임이 있습니다.

살거나 죽겠다는 우리의 의지와 타인에 대한 우리의 소망 살펴보기

경고: 다음 두 가지 연습은 자신의 궁극적인 죽음과 타인의 대량 죽음에 대한 감정의 깊이에 직면할 준비가 되어 있지 않은 사람들에게 혼란스럽고 심리적 불편함을 유발할 수 있습니다. 독자들은 이러한 문제를 탐구할 준비가 되어 있는지 스스로 결정하는 것이 좋습니다. 이 훈련의 목적과 정당성은 수천만 명의 인간이 타인의 손에 끔찍한 죽음을 맞이했다는 끔찍한 사실에 있습니다. 그리고 이 연습은 많은 사람이 문화와 교육의 진정한 목적, 즉 인간 생명의 신성함을 배양하고 보존하는 것이라고 믿는 것을 발전시키기 위한 것입니다.

연습 1.1

살고자 하는 우리의 의지에 관한 연습

눈을 감으세요.

살고자 하는 욕구(오른쪽)와 죽고자 하는 욕구(왼쪽)라는 두 극단 사이에서 앞뒤로 흔들리는 추를 상상해 보십시오.

마음의 눈으로 진자의 움직임을 상상해 보세요.

당신은 어느 정도 살고 싶나요?

당신은 어느 정도로 죽고 싶나요?

진자의 변동에 주목하세요.

참고: 이 연습의 결과는 일생 동안, 기간별로, 매일, 심지어는 시간

별로 자주 변경됩니다. 우리 모두는 상황에 대해 더 많이 배우고 마음속 깊은 곳에서 살고 싶지 않은 소망을 얼마나 많이 경험하는지를 통해 유익을 얻을 수 있습니다. 예를 들어, 우리는 삶의 스트레스에서 벗어나 '안식처'에 도달하고 싶은 욕구를 어느 정도 느끼나요?

대량학살의 심리학을 이해하려는 우리의 목표와 관련하여 이 연습은 우리 인간 경험의 내부 연속체에서 더 어둡고 덜 친숙한 측면에 대해 가르쳐줍니다. 여기서 주목해야 할 것은 단순히 남을 죽이려는 의지만이 아니라는 점입니다. 사실 살고자 하는 의지가 강한 사람은 마치 자신의 생명을 보장하는 것처럼, 남을 죽이는 일에 가담할 수도 있습니다. 마찬가지로 자신의 죽음을 앞당기려는 의지가 강한 사람은 자신의 죽음에 대한 소망을 다른 사람에게 투사하는 것을 자제할 수도 있습니다. 그럼에도 불구하고 우리 자신의 존재에 대해 어떻게 느끼는가는 우리가 다른 사람들의 삶과 어떻게 관계를 맺는지 결정하는 데 중요한 역할을 합니다. 바람직한 목표는 자신의 생명을 최우선으로 생각하고 다른 사람의 생명을 보호하는 것입니다. 대부분의 경우, 자신의 삶에 만족하는 사람들은 다른 사람의 삶을 보존하고 싶어할 가능성이 더 높습니다.

연습 1.2 **타인이 살해되는 것을 보고 아마도 우리 자신도 대량학살 과정에서 적극적인 역할을 하는 것을 보고자 하는 우리의 개인적 의지에 대한 연습**

눈을 감으세요.

1. 소수민족을 생각하고 어떤 사람들이 마음의 눈에 가장 두드러지게 나타나는지 확인하십시오.

a. 이제 두 극단 사이에서 앞뒤로 흔들리는 진자를 상상해 보십시오. 타인의 생명에 대한 존중과 소수자의 생명을 보호하려는 의지(오른쪽)가 있는지, 그리고 이 소수민족의 시체 더미를 보고자 하는 당신의 열망과 소수민족의 대량학살에 참여할 준비가 되어 있는지(왼쪽).

　　진자의 움직임을 상상해 보십시오. 당신의 생각과 감정을 탐구하십시오. 우리가 알고 있듯이, 수백만 명의 사람들이 기꺼이 다른 사람을 죽이는 일을 돕거나 이에 적극적으로 참여합니다. 홀로코스트 동안 유대인들은 다양한 국가 집단의 수많은 사람이 자신들을 학살할 준비가 되어 있다는 사실을 직접 배웠습니다. 따라서 다른 많은 집단의 구성원들도 같은 방식으로 살해당했습니다. 우리 모두는 자신에 대해 배우고 그러한 상황에서 우리도 살인자 가운데 포함될 수 있는지 판단할 의무가 있습니다.

b. 이제 다른 소수 집단에 대해 생각하고 다시 연습해 보세요. 최소한 3~5개의 서로 다른 소수 그룹을 사용하여 연습을 반복하세요.

•>>>　　　　　　　　　　**일상생활에서 자신의 성찰 적용하기**

1. 일상생활과 관련하여 나 자신에 대해 무엇을 배웠습니까?
2. 내 성격이나 일상생활 방식에서 바꾸고 싶은 점이 있나요?

3. 전쟁 상황을 포함한 다양한 상황에서 내가 허용할 것과 허용하지 않을 것에 관해 더 명확한 도덕적 규범을 설정하고 싶습니까?

타인에게 투사하는 것과 부정적 감정에 대해 책임지기

투사와 관련된 연습

우리 삶에서 누군가와의 나쁜 관계에 대한 책임이 있다는 것을 인정하려면 상당한 지적, 도덕적 힘이 필요합니다.

연습 2.1 .... **우리 삶의 어려운 관계에 대하여**

당신이 싫어하는 사람, 나쁜 관계를 갖고 있는 사람, 정상적인 주고받기 방식을 유지하지 않는 사람, 위협이나 미움을 느끼게 만드는 사람 등을 세부적으로 표로 만들어 보십시오. 두 번째 열에는 당신 사이에 거리감, 긴장감, 증오심을 조성하는 데 있어서 상대방의 역할에 대한 당신의 믿음을 표시하십시오. 세 번째 열에는 부정적인 관계를 형성하는 데 있어 당신의 역할을 표시하십시오. 이 칼럼을 완성하려면 부정적인 관계와 잘못에 대한 책임을 회피하려는 자연스러운 경향을 극복하기 위해 훨씬 더 많은 노력이 필요합니다.

다른 민족, 인종, 국가 또는 종교 집단 (자기 종교의 하위 집단 포함) 구성원을 향한 적대적 투사에 대하여

다음 표에는 민족 및 국가 집단의 목록이 포함되어 있습니다. 집단에 대한 거리감이나 증오, 집단과 거리를 두기 위해 적극적인 조치를 취하려는 성향, 집단 구성원에 대해 폭력을 행사하려는 의지 등을 포함하여 집단에 대한 자동적인 감정을 각각 표시하십시오.

국가, 민족, 종교 집단	거리감 또는 증오감	거리를 두기 위해 강력하게 행동할 준비가 되어 있음	그들에게 폭력을 행사할 준비가 되어 있음
기독교인			
무슬림 아랍인			
기독교 아랍인			
시아파 아랍인			
수니파 아랍인			
초정통 유대인			
세속적 유대인			
독일인			
튀르키예인			
러시아인			
미국인			
지식인			

국가, 민족, 종교 집단	거리감 또는 증오감	거리를 두기 위해 강력하게 행동할 준비가 되어 있음	그들에게 폭력을 행사할 준비가 되어 있음
흑인			
멕시코인			
아시아인			

일상생활에서 자신의 성찰 적용하기

1. 일상생활과 관련하여 나 자신에 대해 무엇을 배웠습니까?
2. 내 성격이나 일상생활 방식에서 바꾸고 싶은 점이 있나요?
3. 전쟁 상황을 포함한 다양한 상황에서 내가 허용할 것과 허용하지 않을 것에 관해 더 명확한 도덕적 규범을 설정하고 싶습니까?

 자기성찰학습 3　　굴욕적인 사람들

연습 3.1　　　　　　　　　　　　**타인을 모욕하는 것에 대하여**

다음 질문을 스스로에게 해보세요.

　　"나는 누군가에게 모욕감을 주는 것을 좋아했던 적이 있었나?"

자기성찰학습 4 과도한 권력의 추구

> **권력 중독에 대한 초기 연습**
>
> 다음 연습을 통해 우리는 권력을 추구하는 경향을 탐구하고, 다른 사람에 대한 권력 사용을 정당화할 수 있을 뿐만 아니라, 권력에 중독되고 권력을 과도하게 사용하는 경향이 있는지 여부를 어느 정도 알아볼 수 있습니다.

연습 4.1 **어떤 리더십 위치에 끌리는지에 대하여**

아래 표에 각 상황에 따라 가장 마음에 드는 역할을 표시하십시오. 당신은 리더, 강사, 감독자가 되기를 원합니까, 아니면 다른 역할을 맡고 싶습니까?

1. 가족 생활	2. 직장 생활	3. 공동체와 사회
a. 의사결정	a. 의사결정	a. 의사결정

1. 가족 생활	2. 직장 생활	3. 공동체와 사회
b. 재무관리	b. 재무관리	b. 재무관리

1. 가족 생활	2. 직장 생활	3. 공동체와 사회
c. 조직 (육아 관리, 오락 계획, 휴가, 가족, 기타 요구 사항)	c. 조직	c. 조직

참고: 리더십 능력과 역할 자체가 권력에 대한 과도한 열망을 반영하는 것으로 생각해서는
안 됩니다.

연습 4.2

권위를 갖고 타인보다 우월해지려는
나의 욕구에 대하여

이전의 리더십 역할 목록(1, 2, 3-a, b, c 열)을 사용하여 내부적으로나
외부적으로 다음과 같은 상황을 떠올려 보십시오. 통제할 수 있어서 매
우 기뻤으며, 아마도 공개적으로 기쁨을 표현했을 수도 있습니다. 각 상
황에서 경험한 흥분, 권위에 대한 만족감, 자만심, 우월감의 수준을 설
명해 보십시오.

1a	
1b	

1c	
2a	
2b	
2c	
3a	
3b	
3c	

연습 4.3 **더욱 강렬해진 독재적이고 굴욕적이며 공격적인 행동에 대하여**

과거에 맡았던 리더십 직책을 생각해 보세요. 당신은 선을 넘어 다른 사람을 향해 독재적이거나 공격적인 행동을 한 적이 있다고 생각합니까?

1a	
1b	
1c	
2a	
2b	
2c	
3a	
3b	
3c	

1. 일상생활과 관련하여 나 자신에 대해 무엇을 배웠습니까?

2. 내 성격이나 일상생활 방식에서 바꾸고 싶은 점이 있나요?

3. 전쟁 상황을 포함한 다양한 상황에서 내가 허용할 것과 허용하지 않을 것에 관해 더 명확한 도덕적 규범을 설정하고 싶습니까?

자기성찰학습 5	비인간화, "사물화"(또는 타인을 "사물"로 분류하는 행위), 악마화(악의 힘과 의도를 타인에게 돌리는 행위)

연습 5.1   **타 집단 구성원에 대한 혐오감에 대하여**

다음 표에는 국가, 종교, 민족 집단의 목록이 포함되어 있습니다. 각 집단의 구성원에 대해 느끼는 감정적 반감 또는 혐오의 정도를 1(최저)에서 10(최고)까지 평가하십시오. 또한 당신의 집단과 비교하여 이 집단을 얼마나 중요하게 생각하는지 평가해 보세요.

국가, 민족, 종교 집단	정서적 반감-혐오 수준	내 집단과 관련된 중요성
기독교인		
무슬림 아랍인		
기독교 아랍인		
시아파 아랍인		
수니파 아랍인		
초정통 유대인		
세속적 유대인		
독일인		

국가, 민족, 종교 집단	정서적 반감-혐오 수준	내 집단과 관련된 중요성
튀르키예인		
러시아인		
미국인		
지식인		
흑인		
멕시코인		
아시아인		

연습 5.2   **타 집단 구성원을 향한 차별 준비에 대하여**

만약 당신의 정부가 당신에게 특정 집단이나 사람을 차별하라고 명령한다면, 당신은 따를 것 같습니까?

연습 5.3   **타 집단 구성원을 죽이려는 우리의 준비 상태에 대하여**

만약 당신의 정부가 당신에게 특정 집단의 구성원을 죽이라고 명령한다면, 당신이 취할 가장 가능성 있는 행동은 무엇입니까?

더욱이 당신이 특정 집단의 구성원을 죽이지 않으면 당신을 죽이겠다고 정부가 위협한다면, 당신이 취할 가장 가능성 있는 행동 방침은 무엇입니까?

자기성찰학습 6   나는 타인에게 상처를 줄 준비가 얼마나 되어 있을까?

연습 6.1   **대다수 인구의 행동에 따라 타인을 해치거나 죽일 준비가 되어 있는지에 대한 자기 분석 및 평가**

내 입장은 무엇입니까? 나는 명령에 저항하거나 따를 준비가 되어 있습니까?

다음 질문에 답해 보세요.

- 살인이 대다수 인구의 행동과 일치한다면(독일과 르완다에서처럼), 나는 살인을 할 준비가 되어 있습니까?
- 여성, 어린이, 노인을 포함한 무고한 사람들을 학살하고, 고문하고, 강간하라는 지도자와 지휘관의 요구를 믿고 묵인할 준비가 되어 있습니까?

◆≫≫≫   일상생활에서 자신의 성찰 적용하기

1. 일상생활과 관련하여 나 자신에 대해 무엇을 배웠습니까?
2. 내 성격이나 일상생활 방식에서 바꾸고 싶은 점이 있나요?

3. 전쟁 상황을 포함한 다양한 상황에서 내가 허용할 것과 허용하지 않을 것에 관해 더 명확한 도덕적 규범을 설정하고 싶습니까?

자기성찰학습 7   타인의 행동 따르기

연습 7.1   **우리 주변에 있는 다수의 지속적 활동에 참여하는 것에 대하여**

당신은 당신 주변 사람들의 행동에 어느 정도 따르고 동조할 것이라고 생각합니까?

- 당신이 대부분의 임상적 우울증 환자에 대한 전기 충격 요법을 믿지 않는 정신과 의사인데, 당신이 일하는 병원의 다른 정신과 의사들은 모두 이런 방식으로 우울증 환자를 치료하고 있다면, 당신도 따를 것입니까?
- 주변의 모든 의사가 그렇게 한다면 강제수용소에서 젊은 수감자들을 강제 노동으로 살아남은 기간 동안 왼쪽으로, 나머지는 즉시 처형할 수 있도록 오른쪽으로 보내는 "의료적" 선택을 수행하시겠습니까?
- 다른 모든 사람이 그렇게 하듯이, 게슈타포가 유대인들을 집에서 쫓아내고 다른 곳으로 보내면, 당신도 그 아파트를 인수하고 유대인의 재산을 스스로 차지하시겠습니까?

내가 악의 목격자라면 어떻게 해야 할까?

연습 8.1 **사악한 잔학 행위를 목격하는 것에 대하여**

다음을 목격하면 당신은 어떻게 반응할 것이라고 생각합니까?

◆ 경찰관이 민간인에게 폭력을 행사할 때?

◆ 마약을 판매하는 딜러 그룹을 보았을 때?

◆ 기말고사에서 부정행위를 한 학생이 있을 때?

◆ 정부 장관이 뇌물을 받을 때?

◆ 경기 결과를 수정하기 위해 뇌물을 받는 프로 운동선수가 있을 때?

◆ 외국 정부가 인권 침해를 부인하는 것에 대한 비판을 자제한다는 조건으로 장학금 등 상당한 금액을 지급할 때?

◆ 거래를 통제하는 사람에게 뇌물을 지급하는 조건으로 수익성 있는 사업 계약을 체결했을 때?

연습 9.1   **대중의 의견에 맞설 수 있는 능력에 대한 자기 분석**

짧은 선과 긴 선을 포함하는 솔로몬 애쉬(Solomon Asch)의 유명한 실험이 일반적으로 강인한 성격과 독립적이고 실용적인 사고로 유명한 이스라엘 조종사를 대상으로 수행되었다는 소문이 돌았습니다. 조종사들은 항공기 사진을 제시받고 팬텀(Phantom)과 미라지(Mirage) 항공기를 식별하도록 요청받은 것으로 추정됩니다. 대다수의 조종사는 그곳에 있었고, 미라지를 팬텀이 아니었음에도 불구하고 만장일치로 팬텀으로 식별했습니다. 실제 대상은 나머지 조종사였습니다. 실제 피험자들도 대부분 그렇게 했다고 합니다. 수년에 걸쳐 최선을 다했음에도 불구하고 문헌에서 이 연구에 대한 문서를 찾지 못했고, 아마도 이 이야기는 꾸며졌을 가능성이 높습니다.

당신의 의견은 어떻습니까? 당신이 조종사라면 어떻게 대답하겠습니까? 원래 긴 줄 / 짧은 줄 실험에서 어떻게 반응했을 것이라고 생각하시나요? 주변 사람들에 따라 더 긴 선을 더 짧은 선으로 식별했을 것이라고 생각하십니까?

1. 일상생활과 관련하여 나 자신에 대해 무엇을 배웠습니까?

2. 내 성격이나 일상생활 방식에서 바꾸고 싶은 점이 있나요?

3. 전쟁 상황을 포함한 다양한 상황에서 내가 허용할 것과 허용하지 않을 것에 관해 더 명확한 도덕적 규범을 설정하고 싶습니까?

자기성찰학습 10

우리의 국제기관은 대량학살에 대해 어떤 입장을 갖고 있습니까?

연습 10.1

교회, 국제 기업 및 기타 국제기관의 행동에 대하여

다양한 대량학살에 적용할 때 다음 질문을 고려하십시오.

◆ 가톨릭교회와 가톨릭교회의 국제 지도부는 홀로코스트와 르완다 대량학살에 대해 적절한 방식으로 대응했습니까? 그들은 무엇을 했어야 했습니까?

◆ 연합군은 2차 세계대전 중에 대량학살을 자행한 사람들과 싸우기 위해 최선을 다했습니까?

◆ 미국은 아르메니아 대량학살, 홀로코스트, 르완다 대량학살에 올바르게 대응했습니까?

◆ IBM과 같이 나치 독일에서 활동하던 대규모 국제 기업은 유럽에서 자신들의 고객이 자행한 박해와 살인에 대해 어떤 입장을 취했습니까? 체육 단체나 세계적으로 유명한 연예인들은 어떠했나요?

◆ 유엔, 아프리카통일기구, 유럽연합, 북대서양조약기구 등 현대 국제기구에서 다양한 민족의 학살에 개입하기 위해 외교관을 파견한 적이 있습니까? '예'가 있는 곳과 '아니요'가 있는 곳은 어디입니까? 군대를 파견했나요?

자기성찰학습 11 ─ 군중 상황에서 자신의 야생성 버리기

연습 11.1
소수의 타인, 혹은 다수의 집단에 있으면서
홀로 격렬하게 행동하는 것에 대하여

❖ 방에 혼자 있을 때 난폭하고 무법적인 방식으로 소리치고 행동해 보십시오.

❖ 다른 사람 한 명이 있거나 소규모 그룹이 있는 곳에서 동일한 유형의 행동을 시도해 보십시오.

❖ 이제 시끄럽게 행진하거나 스포츠 경기의 승리 결과를 신나게 축하하거나 카니발에서 아주 즐거운 시간을 보내고 있는 사람들 집단에 합류하십시오. 또는 이러한 종류의 과거 경험을 회상해 보세요. 당신이 집단적 상황에 있다는 것이 소리를 지르고 난폭하게 행동하는 능력에 어떤 영향을 미칠까요?

연습 12.2   **강간을 저지르는 것에 대해 당신은 어디에 위치하고 있습니까?: 집단의 영향과 부추김에 따른 학대와 강간에 대한 나의 태도에 대하여**

❖ 장면은 폭력적이지 않지만 점진적으로 구축되는 고혹적인 본능 중심의 분위기 속에서 전개됩니다. 당신은 "한패"가 되었습니까?

❖ 당신은 청소년 그룹의 일원이거나 아마도 존경받는 대학 체제에 속한 청년 그룹의 일원일 것입니다. 감각적인 젊은 여성이 그룹에 시시덕거리며 차례로 그룹의 멤버들과 성관계를 갖고 싶어하는 것처럼 보입니다. 그러나 이제 일행의 리더가 그녀의 옷을 거의 다 벗겼을 때, 그녀는 울기 시작하고 집에 가고 싶다고 겁에 질려 중얼거립니다. 당신은 열정적이고 흥분된 청년이지만, 그럼에도 불구하고 그녀의 고통을 보고 이해합니다. 당신은 어떻게 할 것입니까?

자기성찰학습 13   최종 질문: 고문과 살인을 저지르는 집단에 어떻게 속하게 될까요?

> 따라서 최종 분석에서 당신이 이 연구를 시작했을 때 누구였는지 살펴
> 보세요. 그리고 이 책을 읽는 동안 당신이 행한 모든 생각과 활동에 비
> 추어 볼 때, 당신의 인생에서 대량학살의 시대가 닥칠 경우 의도한 반
> 응 방식과 관련하여 당신은 어떤 입장을 취할 것으로 생각하십니까?

연습 13.1   **타인을 고문하고 심지어 살해할 수도 있는 집단에 참여할 준비가 되어 있는지에 대하여**

과거 당신의 행동을 생각해 보십시오. 혼자서는 결코 고려하지 않았던 일을 집단의 구성원으로서, 또는 신념이나 이념의 이름으로 스스로 하도록 허용한 적이 있습니까? 다음 시나리오를 상상해 보세요.

- 당신은 나치 통치 시대에 살고 있으며 유대인들을 모아 강제수용소로 기차로 보내는 임무를 맡게 되었습니다. 명령을 이행하시겠습니까? 어떤 방식으로?
- 당신은 스탈린주의 통치하에 살고 있는 러시아 군인이며 체첸인들을 그들의 집에서 추방하여 시베리아로 보내기 위해 파견되었습니다. 이 순서를 따르시겠어요? 어떤 방식으로?

◆ 당신은 종교 재판의 신학적 신념을 공유하는 독실한 가톨
릭 신자입니다. 당신의 신을 부인하는 불신자들에게 불을
지를 수 있겠습니까?

◆ 당신은 캄보디아의 공산주의 크메르 루즈 조직원입니다.
당신은 정권에 반대하는 사람들을 당신의 두 손으로 죽일
수 있습니까?

●>>> 　　　　　　　　　　　　일상생활에서 자신의 성찰 적용하기

1. 일상생활과 관련하여 나 자신에 대해 무엇을 배웠습니까?
2. 내 성격이나 일상생활 방식에서 바꾸고 싶은 점이 있나요?
3. 전쟁 상황을 포함한 다양한 상황에서 내가 허용할 것과 허용하지
   않을 것에 관해 더 명확한 도덕적 규범을 설정하고 싶습니까?

품위 있는 사람이 되기 위해
우리가 평생 동안 활용할 마지막 훈련

일상생활을 위한 간단한 명상과 선택의 실천

이 훈련은 "일반인"과 장군, 국가 원수 모두를 위해 고안되었습니다.
평생 정기적으로(월 1회 권장) 반복해야 합니다.

◆❖ 학업 및 직업 생활, 이웃과의 관계, 사업 거래 등 내 삶의
다양한 영역에서 내가 얼마나 적극적으로 행동할 것인지,
그렇지 않을 것인지에 대한 윤리적 전망과 개인적인 지침
을 개발했습니까?

◆❖ 나는 다른 사람에게 해를 끼치지 않고, 확실히 다른 사람의
생명을 파괴하지 않겠다고 다짐하고 있습니까?

부록 APPENDIX

이스라엘의
악행 의지에 관한 연구

이스라엘의
악행 의지에 관한 연구

일련의 심리학 연구에서 다프나 프로머(Daphna Fromer)와 나는 타인을 차별하려는 유대인 이스라엘인의 인지적 의지의 기반을 조사했다. 연구는 시뮬레이션으로 수행되었으며, 피험자들은 아래에 설명된 대로 특정 역할을 수행하도록 요청되었다.

한 연구에서는 아프리카의 미확인 국가에서 심각한 만성 질환을 앓고 있는 가상의 인구를 다루었다. 피험자들에게는 "자비로운 살인"이라는 극단적인 프로그램을 포함한 다양한 상상의 시나리오가 제시되었다.[1,2]

두 번째 연구는 이스라엘의 아랍 인구 대부분이 우익 정부에 의해 이스라엘 국경을 넘어 "이송"되거나 추방되는 가상의, 그러나 상상할 수 없는 시나리오를 다루었다.[3]

세 번째 연구에서는 시나이 전쟁 첫날 발생한 1956년 크파르 카심(크파르 카셈) 살인 사건에 대한 태도를 조사했다. 이 사건에서 이스라엘 군인들은 통금 시간이 더 일찍 부과되었다는 사실도 모르고 퇴근 후 집으로 돌아가던 비무장 아랍 남성, 여성, 어린이 49명을 살해했다.[4]

처음 두 연구의 대상은 의학, 심리학, 사회사업이라는 세 가지 보조 직업에 종사하는 이스라엘 유대인 학생들이었다. 이러한 치료 분야의 학생들은 특히 인간 생명 보존과 관련하여 다른 사람의 필요에 민감할 것으로 예상된다는 가정하에 피험자를 선택했다.

첫 번째 연구에서 학생들은 자신을 이스라엘 정부가 아프리카에 파견한 치료사(의사, 심리학자, 사회복지사)라고 상상하고 만성 질환 환자에게 점점 더 비윤리적인 행동을 하도록 지시받았다.

두 번째 연구에서는 학생들에게 미래에 자신을 치료사로 생각하도록 요청했다. 이 경우 이스라엘의 우익 정부는 정부가 명령한 아랍계 이스라엘인의 대량 추방에 따른 어려움을 견디기에 의학적으로 부적합한 아랍계 이스라엘인을 식별하기 위해 "선별 작업"을 시행하도록 명령한다. 참가자들은 약한 팔레스타인인들을 추방으로부터 보호하고 구해 달라는 요청을 받았지만, 이는 그들이 전문가로서 대다수를 추방하는 프로그램에 참여하고 있음을 의미했다. 따라서 어떤 아랍인이 국가에서 추방될 것인지, 그렇지 않을 것인지를 결정하는 역할을 수행하기로 동의한 학생들은 추방을 위한 파트너가 되었다. 사실상 그들은 명백히 불법적인 명령을 따르려는 의지로 인해 국제법에 따라 반인도적 범죄로 규정되는 인종청소의 공범이 되었다.

세 번째 연구의 대상은 클라우드 란츠만(Claude Lanzmann)의 9시간짜리 영화 〈쇼아(Shoah)〉를 보기 위해 텔아비브에 있는 박물관을 방문하는 이스라엘 유대인이었다.[5] 그들이 줄을 서 있는 동안 우리는 그들에게 크파르 카심(Kfar Qasim)에서 자행된 이스라엘인에 의한 무고한 아랍인 학살에 대해 질문했다.

아프리카의
만성질환 치료에 관한 연구

　　　　　　　　　　　　만성 질환 환자 치료를 다루는 연구에서 학생들은 이미 학업을 마쳤으며, 지역 보건부를 돕기 위해 아프리카 국가에 파견된 진정한 젊은 전문가들이라는 말을 들었다. 아픈 사람들과 개발도상국에 지원을 확대하는 유대교 및 인문주의 전통이다. 연구하는 동안 우리는 홀로코스트 당시 나치가 사용했던 문구와 개념을 의도적으로 사용했다. 나치는 결코 "절멸"과 "살인"에 대해 언급하지 않았으며, 오히려 "자비로운 살인"과 "최종 해결"에 대해 이야기했다. 그들은 실제로 "자비 살인"이라는 용어를 T4 작전을 지칭하기 위해 사용했다. T4 작전은 정신 장애가 있는 어린이, 신체장애인 및 "정신 질환자"[6]를 살해한 최초의 대량학살 프로그램이었다. 여기에는 침대에 오줌을 싸는 어린이와 반항적인 행동을 하는 어린이도 포함되었다. 우리는 우리의 학생 대상(홀로코스트 이후 수십 년 동안 돕는 직업을 공부하는 모든 이스라엘 시민)이 상사의 지시에 따라 일련의 작업을 수행할 준비가 되어 있는지 평가하고 있었다. 의심스러운 행동으로 시작하여 심각도가 증가하여 회복 가능성이 없다고 진단받은 만성 질환 환자에게 수행되는, 완전히 치명적인 행동으로 끝났다.

　　물론 우리는 젊은 전문가들에게 설명과 근거를 제시했다. 이러한 방식으로 우리는 대량학살 가해자의 기본 요구 사항 중 하나를 충족했다. 즉, 사람들에게 자신의 행동에 대한 "합리적인" 설명과 정당성을 제공하는 것이다. 우리는 피험자들에게 아프리카 국가의 빈곤이 증가하고 있으며, 질병을 치료할 수 있는 자원이 감소하고 있다고 말했다. 그리고 지역 보건부는 지역 대학 의과대학의 선임 의사들과 협의하여 명령을 내렸다(대량학살 과정은 고위 정부, 종교, 의료 당국의 '승인'을 받는 것이 항상 바람직하다).

우리가 사용한 순서는 보건부가 치료를 줄이기 위해 일련의 결정을 내렸다고 학생들에게 먼저 말한 것이다. 그런 다음 우리는 가장 위독한 환자의 치료를 중단하기로 결정했다고 말했다. 마침내 우리는 의료계가 자행하는 '자비로운 살인'을 통해 '치료할 수 없는 환자들을 고통에서 구출'하기로 결정했다고 말했다.

학생들은 우리가 그들을 위해 고안한 절차에 어느 정도 참여하는 데 동의했을까?

◆▶ 약 40퍼센트는 자신이 그곳에 있었다면 중증 환자에 대한 치료를 중단하는 프로그램을 승인했을 것이라고 밝혔다.
◆▶ 약 17퍼센트가 "자비로운 살해"를 통해 살해될 환자의 "선별 작업" 시행을 승인할 준비가 되어 있었다.
◆▶ 10퍼센트는 스스로 "자비로운 살인"을 하겠다는 의지를 표명했다.

이러한 결과에 대한 추가 논의는 아래에 나와 있다.

이스라엘의 아랍인 추방에 관한 연구

"강제이주"에 대한 연구에서 우리는 이스라엘에 극우 정부가 설립되었으며, 모든 아랍 주민을 이스라엘 영토에서 "영원히" 제거하기로 결정했다고 피험자에게 말했다. 그러나 우리는 큰 고통을 견뎌온 국민으로서 우리 자신의 경험과 높은 도덕 원칙을 옹호하는 강한 전통을 바탕으로 이렇게 설명했다. 우리는 너무 어리거나, 너무 늙거나, 너무 아파서 어려움을 견딜 수 없는 아랍인들에게는 이민을 강요하지 않을 것이라고. 따라서 이스라엘에 잔류할 수 있는 아랍 주민을 진단하고 선택하는 '인도주의적' 과정을 수행하기 위해 이스라엘 방위군(IDF)은 젊은 전문가들을 징집했다. 학생들은 자신을 각 분야의 졸업생으로 여기고 추방 면제 대상자를 분류, 진단, 선발하라는 지시를 받았다. 앞서 언급한 바와 같이, 아랍인의 약한 구성원을 보호하기 위한 자비로운 행위를 이행하기 위해서라도 참여하기로 동의함으로써, 피험자들은 실제로 명령을 따르고 '이주'에 참여하기로 동의한 것이었다. 그 결과 피험자의 34퍼센트가 요청받은 일을 기꺼이 수행할 의향이 있다고 답했다.

크파르 카심
아랍인 학살 연구

언급한 바와 같이, 세 번째 연구의 대상은 클라우드 란츠만의 영화 〈쇼아〉를 보러 온 사람들이었다. 이 연구에서는 이렇게 어려운 영화를 9시간 동안 시청하려는 사람은 말 그대로 무고한 사람을 살해하는 악에 대해 다른 사람보다 더 잘 알고 있어야 한다고 가정했다. 이 전제를 바탕으로 우리는 크파르 카심에서 저지른 학살 사건에 대한 그들의 태도를 평가했다.[7]

피험자들이 영화표를 사기 위해 줄을 서자 대학원생 연구자들이 다가와서 다음과 같이 말했다. "안녕하세요. 〈쇼아〉 상영회 표를 사셨군요. 저는 대학생 연구원입니다. 우리 연구를 위한 네 가지 짧은 질문에 답변해 주시겠습니까?"

응답자들이 동의하면 연구생들은 질문을 하게 되는데, 그중 마지막 질문이 우리의 주요 연구 관심사였다. 우리는 피험자들에게 1956년 시나이 전쟁이 발발하던 날 크파르 카심으로 돌아가던 중 살해된 비무장 아랍 주민 49명의 살해에 대해 동의하거나 지지, 혹은 이해하냐고 물었다.

- 약 40퍼센트가 그렇다고 답했다.
- 홀로코스트 생존자 및 홀로코스트 추모와 밀접하게 연관되어 있는 기타 사람 중 약 54퍼센트가 '예'라고 답했다.
- 홀로코스트 생존자가 아닌 이스라엘 태생의 사람 중 약 26퍼센트가 '예'라고 답했다(이전 조사 결과와 상당한 통계적 차이가 있다).

역설:
좋은 결과와 나쁜 결과

스탠리 밀그램의 연구를 포함하여[8] 미국 및 기타 지역에서 행해진 악을 행하려는 의지 혹은 악의 가해자와 동일시하려는 의지에 대한 다수의 중요한 연구들과 베트남 미라이[9] 마을에서 여성과 어린이를 살해하라는 명령을 따르려는 미국인들의 의지에 대한 연구에서 발견된 사실은 다른 사람에게 해를 끼치려는 피험자의 비율이 이스라엘 연구에서 발견한 것의 거의 두 배라는 것이었다. 이러한 비교를 바탕으로 우리는 기쁘기도 하고 슬프기도 한데, 우리가 발견한 것이 긍정적이면서 부정적이거나, "좋음"과 "나쁨"으로 이해될 수 있다는 결론을 내렸다.

유대인이자 이스라엘인으로서 나는 세 가지 연구 각각에서 조사된 부당한 행위에 동의하거나 승인한 모든 주체를 부끄럽게 생각한다. 많은 치료사를 교육한 심리학 및 가족치료학 교수이자 정신과 의사, 심리학자, 사회복지사의 임상 감독자로서 나는 아무리 재능이 있더라도 모든 학생의 학업을 중단할 의무가 있다는 것을 분명히 이해했다. 그는 첫 번째 실험에서 소위 자비 살인을 기꺼이 승인하려는 의지와 확실히 "치료"를 실행할 준비가 되어 있는 것과 같이 본질적으로 편견과 박해라고 식별하는 태도를 보여주었다.

마찬가지로 나 역시 이스라엘에서 추방되는 고난을 견딜 수 없는 아랍 시민 선발에 기꺼이 참여하려는 학생들의 반응을 용인하거나 정당화할 수 없을 것이다. 동시에 나는 그들 역시 학업 중단을 정당화할 만큼 위험한 선을 넘었다는 명확한 결정을 내릴 수 없었다. 나는 그들이 실제로 전문 훈련 프로그램에서 추방될 정당성이 있을 정도로 그렇게까지 했다고 믿지 않았다. 그러한 경우, 내 개인적인 견해로는 그러한 학생들을 엄중히 질책하고, 군대 내에서 복무하는 경우에도 국제법에 따라 금지된 프로그램을 실행하라는 명령을 결코 따르지 않을 의무를 그들에게 강조할 것이다.

우리는 여러 존경받는 전문 저널에 이러한 실험에 대한 설명을 제공하는 기사를 제출했다. 우리는 과학적 수준에서 일부 회의적인 반응을 받았을 뿐만 아니라, 일부 유대인이 다른 사람에게 해를 끼치거나 생명을 앗아갈 의향이 있다는 "나쁜" 발견에 대해 매우 고통스러워하는 일부 유대인 편집자들로부터 감정적인 반응을 받았다. 일부 편집자들은 또한 이스라엘에서도 상당한 수준의 파괴적 경향을 식별할 수 있다는 것을 이해하지만, 그럼에도 불구하고 반유대주의 목적으로 이용될 수 있다는 우려로 조사 결과를 발표하는 것을 주저했다고 말했다. 그러나 결국 연구에 대한 우려와 고뇌를 표현한 모든 편집자는 궁극적으로 출판에 동의했다.

과학적 수준에서 우리가 출판을 위해 첫 번째 연구를 제출한 저널 중 하나의 편집자는 해당 전문 분야의 다른 강사가 승인한 학생들이 표현한 태도의 심각성에 대한 우리의 평가에 동의할 것이라는 증거를 제공해 줄 것을 요청했다. 이에 대한 응답으로 우리는 다양한 대학의 세 가지 관련 분야(의학, 심리학, 사회복지)의 임상 강사 30명에게 각자의 분야에서 학생들을 어떻게 대할 것인지 묻는 보충 연구를 실시했다. 지역 보건부의 권한하에서도 환자의 생명을 단축하는 데 동의하는 전문직의 대다수 강사는 다음 결과에 반영된 바와 같이 우리와 동의했다.

- ◆ 강사의 17퍼센트는 환자의 치료를 중단하기로 동의한 학생의 연구를 중단하겠다고 밝혔으며, 56퍼센트는 중단할 것이지만 연구 프로그램에서 퇴출하지는 않을 것이라고 밝혔다.
- ◆ 80퍼센트는 "자비 살인" 프로그램에 동의한 학생들의 연구를 중단하겠다고 밝혔다.

◆ 강사의 63~73퍼센트는 어떤 아랍인을 이스라엘에서 추방해서는 안 되는지 결정하는 데 참여하기로 동의한 해당 분야의 학생들의 학업을 중단하겠다고 밝혔고, 23퍼센트는 학생을 정학시키겠다고 밝혔다.

우리가 수행한 실험을 기록한 기사는 이스라엘 외부의 영향력 있는 5개 저널에 게재되었으며, 그중 3개는 해당 전문 분야의 최고 수준에 속한다. 연구를 발표한 저널은 다음과 같다.

◆ 홀로코스트 및 대량학살 연구(당시 이스라엘에서 편집되었지만 해외에서 국제 저널로 출판됨, 주 1 참조)
◆ 미국 교정 정신 의학 저널
◆ 외상성 스트레스 저널(주 4 참조)
◆ IDEA: 사회 문제 저널(주 2 참조)[10]
◆ 현대 가족 치료(주 3 참조)

홀로코스트와 제노사이드 연구 분야에 익숙한 사람들은 앞에 나열된 첫 번째 저널에 우리의 첫 번째 연구가 출판된 특별한 의미를 인식할 것이다. 나중에 이 동일한 저널은 홀로코스트에 지나치게 초점을 맞추고 다른 대량학살 사례와 대량학살 과정의 근본적인 측면에 대한 상당한 학술 자료를 출판하겠다는 자체 선언 약속(제목에 반영됨)을 무시했다는 비판을 받게 되었다.[11]

이스라엘에서의
연구 출판에 대한 반대

　　　　　　　　　　　　　그러나 그 연구 중 단 하나도 이스라엘
의 전문 저널에 게재된 적이 없다! 중병 치료와 강제이주에 관한 처음
두 연구는 우리의 최선의 노력에도 불구하고 이스라엘의 어느 과학 저
널에서도 받아들여지지 않았으며, 크파르 카심의 대량학살에 대한 태도
를 다룬 세 번째 연구 역시 심한 학술적 비판을 받았다. 처음 두 연구는
하아레츠(Haaretz) 및 마아리브(Maariv)와 같은 이스라엘 신문에 여러 차례
기고되었다는 사실에서 약간의 위로를 받을 수 있지만, 다른 모든 이스
라엘 출판사로부터 거부당했다.

　　우리는 시도했다. 우리는 지역 전문 저널에 히브리어로 된 기사를
제출했다. 특정 분야를 연구하는 미래 세대의 학자들을 위한 자료제공
역할을 하는 지역 학술 데이터베이스에 저널 기사가 포함되어 있기 때
문에, 우리는 이스라엘에서 그러한 출판이 더 중요하다는 것을 알고 있
었다. 우리가 처음 두 연구에 대한 기사를 제출한 이스라엘의 두 히브리
어 저널은 메가모트(Megamot: "Trends")와 쉬호트(Sihot: "Dialogue")였다. 메가
모트는 실험의 과학적 구조에 결함이 있다는 주장(분명히 영어 저널 편집자의 판단
과 모순됨)을 근거로 거부했다. 쉬호트의 편집자들은 훨씬 더 나아가 먼저
기사를 수락한 후 우리가 발견한 내용이 "위조되고 기만적"이라고 판단
했다는 이유로 기사를 취소했다!

　　이스라엘에서 연구 결과를 출판하려는 우리의 노력에 대한 이야기
는 상대적으로 잘 알려져 있지만, 이스라엘 사회의 덜 우호적인 측면,
즉 과도한 공격성, 오만한 권력 과시, 다른 사람을 모욕하려는 의지를

어느 정도 보여준다. 알루프 하레벤(Aluf Hareven)은 자신의 저서 『이스라엘인은 정말로 인간 존엄성을 존중하는가?(Do Israelis really Respect Human Dignity?)』에서 이스라엘 사회의 이러한 측면을 다음과 같이 요약했다.

이스라엘은 대부분의 이스라엘 지도자와 시민들이 아직까지 자신이 인간의 존엄성을 지닌 상태인지, 인간에게 굴욕을 주는 상태인지에 대한 깊은 성찰을 거치지 않은 나라입니다. 이스라엘은 남자가 아내에게 폭력을 행사하는 가정에서 약 백만 명의 시민이 살고 있는 사회입니까? 우리는 청소년 사이의 폭력과 굴욕의 비율이 선진국에서 가장 높은 사회입니까? 우리는 점령지에 살고 있는 팔레스타인인 300만 명을 계속해서 억압하고 모욕하며, 이스라엘의 4분의 1에 달하는 아랍 시민을 차별할 것입니까? 독립국가연합과 에티오피아에서 온 새로운 이민자들에 대한 굴욕적인 대우를 계속할 것입니까? 우리는 경찰이 사회의 약자 시민을 모욕하고, 지휘관이 군인을 모욕하고, 공무원이 도움이 필요한 시민을 모욕하고, 크네세트 회원이 동료를 모욕하고, 고용주가 외국인 근로자를 모욕하고, 고용주가 외국인 노동자를 모욕하고, 반대 스포츠 팀 팬들이 상호 모욕을 당하는 것을 계속해서 보고만 있을 것입니까? 해외여행 중 이스라엘인의 굴욕적인 행동으로 이스라엘의 명예를 더럽히지는 않았습니까?

이스라엘은 정말로 인간 존엄성을 지닌 국가입니까? 이 질문은 유대 국가로서 이스라엘의 본질을 다루고 있습니다. 이스라엘은 포로의 족쇄에서 벗어나 인간으로서 억압과 굴욕에서 벗어나고자 하는 유대인들에 의해 건국되었습니다. 50년이 넘는 국가 건국 이후에도 이스라엘이 여전히 대다수의 시민이 다른 사람(낯선 사람이든 우리가 잘 아는 사람이든)을 모욕하는 사회로 남아 있다면 이 상황의 심오한 의미는 다음과 같습니다. 즉 우리는 아직 일상생활 속 포로 시대의 굴레에서 벗어나지 못했다는 것입니다. 그러나 우리 중 일부에게는 이러한 족쇄가 뒤바뀐 역할로 나타납니다. 이제 다른 유대인과 소수민족을 모욕하는 것은 유대인입니다. 국가의 가장 중요한 성과는 유대 국가의 존재를 수호하기 위한 군사력의 발전이었지만, 이를 바탕으로 이스라엘이 인간의 존엄성, 즉 유대적이고 이스라엘적인 주요 가치의 수호자가 되었는지는 의심스럽습니다. 이스라엘 선지자들의 비전에 따라 모범적인 인도주의 국가로서의 자격을 갖추는 것이 중요합니다.[12]

요컨대 이스라엘의 학술-과학 기관이 우리의 시뮬레이션 연구에서 이스라엘인들이 악을 저지를 준비가 되어 있다는 우리의 연구 결과를 받아들이면서도 출판하기를 꺼리는 것은 참으로 너무 많은 유대인 이스라엘인들이 악한 행위를 저지르려는 더 크고 실제적인 의지를 보여주는 것이다.

과학 연구에서 실제 생활까지: 일부 이스라엘 사람들의 잔인성

실험실 조건에서 타인에 대해 유해한 행위를 수행하려는 이스라엘인의 의지에 대한 연구를 수행하는 것 외에도 우리는 실제 생활에서도 유해한 행위를 목격했다. 우리는 이미 1956년 크파르 카심에서 자행된 무고한 시민의 대량학살에 대해 논의했다. 이것은 아마도 이런 종류의 사건 중 가장 두드러지고 가장 잘 문서화된 사건일 것이다. 크파르 카심 학살 사건도 법원에 회부되어 가해자들에게 유죄를 선고했을 뿐만 아니라, 이스라엘 방위군에서 명백히 불법적인 명령의 집행을 금지하는 역사적 판결을 내렸다. 수년에 걸쳐 이스라엘인들이 자행한 다른 학살에 대한 보고도 있지만, 여기서는 이에 대해 논의할 수 없다. 우리 역시 그러한 행동을 할 수 있다는 것을 기억하는 것이 중요하다.

히브리 대학의 요엘 엘리저(Yoel Elizur) 교수의 지시에 따라 수행된 연구에서 누파르 이샤이-카린(Nufar Yishai-Karin)은 1차 인티파다 기간 동안 가자에 주둔한 두 중대의 이스라엘 방위군 군인들을 인터뷰했다.[13] 인티파다 당시 이스라엘 군인들에 관한 책에서 엘리저는 다음과 같이 썼다.

> 군인들의 증언은… 어떤 경우에는 잔혹한 행동으로 이어지는 확대 과정을 묘사하기 때문에 읽기 어려울 수도 있고 글로 쓰기도 어려웠습니다. 이 연구는 1차 인티파다 기간 동안 가자 지구에 주둔했던 두 기갑 보병 중대에서 의무 복무를 마친 후 퇴역한 이스라엘 방위군 병사들의 인터뷰를 기반으로 합니다. 인터뷰 대상자들은 그들 중 일부가 자행한 것으로 보이는 심각한 잔학 행위를 설명했는데, 이는 별 어려움 없이 군 당국으로부터 성공적으로 은폐되었습니다.[14]

엘리저는 군인들의 반응에 따라 군인들을 특성화하기 위해 일련의 하위 그룹을 고안하여 결과를 요약한다.[15] 요약하면, 인터뷰 대상자 중 일부는 잔인한 과정을 겪었고, 일부는 수동적이었고, 소수는 이러한 메커니즘에 맞서기 위해 적극적인 투쟁에 참여했다.

- ❖ 냉담하거나 충동적인 사람: 이 군인들은 어떤 경우에도 열성적으로 모든 내면의 속박을 풀고 가장 혹독한 폭력을 행사했다.
- ❖ 이데올로기: 이 군인들은 팔레스타인인들을 엄중히 다루어야 한다고 주장했지만, "압력이 강해졌을 때" 내부 억제로 인해 자신들의 이념을 구현하려는 노력이 "실패"했다. 예를 들어, 한 인터뷰 대상자는 동료 군인이 포로를 구타하는 것을 보고 감정적인 충격을 받았다.
- ❖ 추종자: 이 병사들은 잔혹 행위를 주도한 지휘관 및/또는 동료 병사들에 의해 폭력적인 행동에 끌려갔다.
- ❖ 제한: 이 병사들은 자제력을 유지하고 개인의 도덕성과 현장 상황의 현실 사이의 타협을 반영하는 레드 라인을 유지했다.
- ❖ 양심 있는 군인: 이 병사들은 자신뿐만 아니라, 소속 부대의 다른 병사들에 대해서도 도덕적 책임감을 느꼈다. 업무 초기부터 그들은 도덕적 긴장감을 경험했다.

군인 상담을 담당하는 하사관으로 이스라엘 방위군에서 복무한 누파 이샤이-카린(Nufar Yishai-Karin)은 군인 18명과 한 중대 장교 3명을 인터뷰했는데, 이들 중 대부분은 그녀가 군 복무를 통해 알고 있던 사람들이었다. 하아레츠 주말 잡지에 실린 신문 기사에서 달리아 카르펠(Dalia

Karpel) 기자는 군인들을 다음과 같이 묘사했다.

> 21명의 인터뷰 대상자의 특징은 무엇일까? 여기에는 모든 종
> 류의 사람들이 포함된다. 대략 절반은 아슈켄나지(Ashkenazi)였
> 으며, 나머지는 세파르딕(Sephardic) 배경 출신이었다. 대부분은
> 이스라엘 중산층 부모에게서 태어났다. 그들은 예루살렘, 아
> 크레, 라믈라와 같은 혼합 도시뿐만 아니라, 헤르츨리야 피투
> 아크, 텔아비브, 라마트 하샤론(사회 경제적 규모가 더 높은 도시) 출신인
> 모샤빔과 키부츠의 아들들이었다.
>
>   증언: "첫 번째 순찰에 나섰습니다. 함께 있던 사람들은 미
> 친 듯이 총을 쏘고 있었습니다. 다른 사람들처럼 나도 총을 쏘
> 기 시작했습니다. 멋지지 않았다고는 말할 수 없습니다. 만족
> 스럽다고 말하지 않았다면 거짓말일 것입니다. 갑자기 처음으
> 로 무기만 쥐고 모래 언덕의 어떤 오두막에서 현장 훈련을 하
> 는 것도 아니고, 사격장에서 어깨 너머로 지켜보는 지휘관도
> 없습니다. 갑자기 당신은 자신의 행동에 책임을 지게 됩니다.
> 무기를 들고 총을 쏘세요. 당신은 당신이 하고 싶은 일을 무엇
> 이든 할 수 있습니다."[16]

카르펠에 따르면, 이샤이-카린은 "군인들은 폭력을 사용하는 즐거
움 못지않게 '권력의 도취'를 즐겼다"고 결론지었다. 이는 무섭지만 인
간을 이해하는 데, 또한 실제로 우리 자신을 이해하는 데 매우 중요한
추론이다.

엘리저가 연구의 목적을 설명하다[17]

전투병들의 서사를 분석한 연구의 목적은 부모와 교사로부터 좋은 교육을 받았고, 이스라엘 방위군에 징집되기 전에 과도한 공격성의 징후를 보이지 않았던 청년들이 어떤 방식으로 행동하는지 평가하는 것이었다. 법과 도덕의 경계를 무너뜨리는 급격한 변화를 겪을 수 있었다. 두 회사 내에서 진행된 사회심리적 과정의 결과, 가해자들은 빠른 속도로 합류하여 전우들과 동일화되는 과정을 거쳤다. 이는 그들이 이전에 느꼈던 도덕적 규범과 제약을 떨쳐버리고, 팔레스타인에 대한 과도한 폭력을 정당화하는 새로운 문화적 규범을 개발하는 것으로 확대되었다. '잔혹한 문화'를 반영하는 규약이 군부대 내에 뿌리내릴수록 군인들은 우리가 전쟁 범죄로 간주하는 행위를 더 많이 저질렀다. 그들의 사악한 잔학 행위에는 신체 상해는 물론 여성, 어린이, 수감자, 민간인에 대한 굴욕적인 행위, 재산 파괴, 약탈, 신체 훼손, 노골적인 살인 등이 포함되었다.

이것은 예외적인 현상이었는가? 우리는 이것이 단순히 두 썩은 회사의 행동이지, 이스라엘 방위군과 이스라엘 사회의 축소판이 아니라고 믿는 것이 더 편할 것이지만, 1차 인티파다 기간 중 기바티(Givati) 여단과 골라니(Golani) 여단 병사들에 대한 재판은 군인들이 재판을 받고 유죄 판결을 받은 유사한 잔학 행위를 드러내 주었다는 것이다. 게다가 이스라엘 방위군 군인들이 가한 과도한 폭력은 텔레비전, 라디오, 이스라엘과 해외의 인쇄 매체에 보도되고 기록되었다. 기바티 군인들에 대한 재판에서 법원은 다음과 같이 판결했다.

군부대 내에서 결박되어 무기력한 수감자들이 구타당하는 굴욕적인 광경을 목격하면서도, 이를 지켜보지도 않고 구타당하는 사람들의 비명에 귀를 막은 군 장병들의 증언을 듣고 우리는 경악했습니다. 우리가 보기에 좋은 교육을 받은 것처럼 보이는 최고 부대의 전투병들이 어떻게 그들의 행동에서 심각한 실패를 경험하고, 부모와 교사가 심어준 모든 도덕을 거부하고, 심리적 변태를 겪고, 그러한 살인적 구타를 가할 의지와 능력이 발휘될 수 있는 상황이 있을 수 있습니까? 최종 판결은, 피고에게 내려진 명령은 명백히 불법이라는 것입니다. 그렇기 때문에 그 누구도 '명령에 따를 뿐이었다'라는 변명으로 자신을 방어할 수는 없을 것입니다.[18]

대량학살에 관한 이 책에서 이러한 연구와 실제 현상을 자세히 설명하는 것이 왜 중요할까? 우리나라의 이미지를 훼손하는 건 아닌가? 엘리저는 이 질문에 대해 감정적으로 풍부하고 사려 깊은 답변을 준다.

잔혹 행위를 예방하기 위해서는 이를 우리 각자의 내면에서 폭발할 수 있는 보편적인 인간 현상으로 연구해야 합니다. 창세기에 나오는 가인과 아벨에 관한 성경 구절에 다음과 같은 말씀이 있습니다. "네가 선을 행하면 어찌 은총을 받지 못하겠느냐. 네가 선을 행하지 아니하면 죄가 문 앞에 있느니라." 즉 우리를 잘못된 행동으로 몰아가는 유혹과 힘에 대한 인식은 우리 각자의 내면에 존재하는 본능 사이의 투쟁이 일어나고, 폭력을 제한하려는 도덕적 책임에 대한 헌신이 형성될 수 있는 내부 공간을 만듭니다. 동시에 우리의 잘못을 다른 사람에게 투사하고, 우리가 악을 행할 수 있다는 사실을 부인하는 것은 우리 자신의 행동에 대한 인식을 무력화시키는, 이른바 "우리는 모두 선하다"라는 독선을 초래할 수 있습니다.

엘리저는 또한 잔혹 행위 예방이 가능한지 여부도 고려한다.

어떤 경우에도 우리가 아무것도 바꿀 수 없다면, 그림자 속에 빛을 비추고 나쁜 감정을 불러일으키는 것이 무슨 소용이 있겠습니까? 인간 조건에 대한 실존적 절망에 뿌리를 둔 이 질문은 이스라엘, 팔레스타인, 국제 사회와 정치가 현장에서 일어나는 현실을 형성하는 막강한 세력 앞에서 무력하다는 것을 보여줍니다. 이러한 태도는 여전히 정책과 정치, 가치 사이의 연결 가능성을 믿는 순진하고 나약한 사람들에 대한 냉소주의로 이어지는 경우가 많습니다. 안타깝게도 이러한 냉소주의와 무력감은 불법 행위를 옆에서 지켜보는 현상을 강화할 가능성이 높습니다. 냉소적 접근 방식은 아무것도 바꿀 수 없다는 주장을 바탕으로 삶의 여러 영역에서 현실을 더 나은 방향으로 바꾸기 위해 처음부터 노력할 가능성을 제거합니다.

다행스럽게도 본 연구는 윤리적 리더십이 나타나면 군인들도 그에 따라 반응한다는 것을 보여줌으로써, 터널 끝에 구원의 빛이 있음을 보고한다. 이 사실의 분명한 의미는 분명하다. 이스라엘의 많은 사람은 종종 그토록 큰 자부심을 갖고 있는 인간 존엄성과 인간 생명 보존의 가치에 관해 지도자들에게 더 크고 확고한 입장을 요구해야 한다.

따라서 이스라엘 방위군 중대 중 하나의 리더십이 바뀌었고, 새로운 사령관의 주도로 "문화" 또는 코드와 정신이 진화했다. 부대 내에서 규율과 통제, 정확한 계산과 합법적인 군사력 사용이 요구되는 "성숙한 전문성 문화"가 성장하는 한, 군인들이 저지르는 범죄의 빈도와 심각성은 눈에 띄게 감소했다.

벤구리온 대학교 교수인 고(故) 댄 바르온(Dan Bar-On)은 홀로코스트를 자행한 나치의 자녀들을 한 명씩 용감하게 연구했다.[19] 그는 부모가 저지른 잔학 행위에 대한 2세대의 반응을 이해하려고 노력했다. 이 사람들은 자신의 부모와 다른 가족 성원들에 관한 진리를 알았을까? 과연 그들은 정상적인 삶을 살아갈 수 있었을까?

나중에 바르온은 계속해서 이스라엘인을 연구했다. 그는 이스라엘인들이 팔레스타인에 대해 여러 가지 유해한 행위를 저질렀으며, 이스라엘 내부에서든 국외에 기반을 둔 인권 단체로부터든 비판에 직면했을 때, 그들은 어떤 잘못도 부인하거나 그런 일을 저지른 사람은 예외라고 주장한다는 사실을 의심하지 않았다. 바르온에 따르면, 진실은 잔혹 행위가 많은 이스라엘 사람에게 일어나고 있다는 것이다.[20] 그는 또한 이스라엘 사회의 대다수 사람이 근처에서 불의가 자행될 때, 수동적인 방관자로 남아 평소처럼 삶을 살아간다는 점을 지적했다.

이들 연구의 가장 중요한 결론은 다음과 같다. 우리 이스라엘인은, 비록 우리는 역사적 희생자이며, 정의와 인본주의 개념을 발전시킨 지도자이자 계몽된 국민으로서 역사와 전통을 누리고 있음에도 불구하고, 여전히 우리 안에도 존재하는 악을 인식하고 인정하는 것이 극도로 어렵다는 것을 알고 있다는 사실이다.

주(註)

머리말

1   US Government, *Preventing Genocide: A Blueprint for U.S. Policymakers.* Genocide Prevention Task Force. Madeline K. Albright and William S. Cohen, Cochairs, December 2008. This report may be downloaded free of charge at www .ushmm.org, www.academyofdiplomacy.org, and www.usip.org.

2   David Scheffer, "Genocide and Atrocity Crimes," *Genocide Studies and Prevention* 1, no. 3 (2006): 229-250.

프롤로그 | 야에르 아론(YAIR AURON)

1   Excerpt from Bertolt Brecht's poem "When Evil-Doing Comes like Falling Rain," in Bertolt Brecht, Poems, 1913-1956 (New York: Eyre Methuen Ltd., 1976), 247.

2   R. J. Rummel, "The New Concept of Democide," in *Encyclopedia of Genocide,* ed. Israel W. Charny (Santa Barbara, CA: ABC-CLIO, 1999), 1:18-23.

3   Samantha Power, *"A Problem from Hell": America and the Age of Genocide* (New York: Basic Books, 2002), 504.

4   Judith Lewis Herman, *Trauma and Recovery: The Aftermath of Violence from Domestic Abuse to Political Terror* (New York: Basic Books, 1997), x, 7-8.

5   Elie Wiesel, "Then and Now: The Experiences of a Teacher," *Social Education* 42, no. 4 (1978): 266-271.

6   Primo Levi, *The Drowned and the Saved* (New York: Vintage International, 1989), 12.

7   On the terminological differentiation between Holocaust and genocide, see the first book in this series: Yair Auron, *Reflections on the Inconceivable: Theoretical Aspects in Genocide Studies* (Ra'anana: Open University of Israel, 2014).

8   Israel W. Charny, "Genocide: The Ultimate Human Rights Problem," special issue on human rights, *Social Education* 49, no. 6 (1985): 448.

9   Charny, *Encyclopedia of Genocide*, 6-8; Auron, Reflections on the Inconceivable.

10   From a May 1988 Israeli television broadcast.

CHAPTER 1 | 인간으로서 우리는 누구인가?

1   Natan Alterman, *Hatur HaShvii* [The Seventh Column] (Tel Aviv: HaKibbutz HaMeuchad, 1977), Book 1, 149-151 (excerpt from longer poem in Hebrew, translated by Israel W. Charny).

2   This poem was written for and presented at the book launch at Open University of Israel on June 22, 2011. It has since been published in the California Courier on November 17, 2011.

3   Elie Wiesel, *Shiva Yamim* (weekly magazine of Yediot Aharonot). Clipping available without a date-probably late 1970s (Hebrew).

4   Christopher Browning, *Ordinary Men: Reserve Battalion 101 and the Final Solution in Poland* (New York: Harper Collins, 1998).

5   Gustave M. Gilbert, *The Psychology of Dictatorship: Based on an Examination of the Leaders of Nazi Germany* (New York: Ronald Press, 1950); Douglas M. Kelley, *Twenty-Two Cells in Nuremberg: A Psychiatrist Examines the Nazi Criminals* (New York: Greenberg, 1947; New York: MacFadden, 1961); Israel W. Charny, "Normal Man as Genocider: We Need a Psychology of Normal Man as Genocider, Accomplice or Indifferent Bystander to Mass Killing of Man," *Voices: The Art and Science of Psychotherapy* 7, no. 2 (1971): 68-79; Israel W. Charny and Chanan Rapaport, *How Can We Commit the Unthinkable?*

Genocide: The Human Cancer (Boulder, CO: Westview Press, 1982); Hans Askenasy, *Are We All Nazis?* (Secaucus, NJ: Lyle Smart, 1978).

6   Genocide scholar Leo Kuper coined the term "genocidal massacre" to refer to the more "minor" instances of genocide. See Leo Kuper, "Types of Genocide and Mass Murder," in *Towards the Understanding and Prevention of Genocide: Proceedings of the International Conference on the Holocaust and Genocide*, ed. Israel W. Charny (Boulder, CO, and London: Westview Press and Bowker Publishing, 1984), 32-47; Leo Kuper, "Other Selected Cases of Genocide and Genocidal Massacres: Types of Genocide," in *Genocide: A Critical Bibliographic Review*, ed. Israel W. Charny (London and New York: Mansell Publishing and Facts on File, 1998), 155-171; Erik Markusen, "Genocidal Massacres," in *Encyclopedia of Genocide*, ed. Israel W. Charny (Santa Barbara, CA: ABC-CLIO, 1999), 248.

7   Browning, *Ordinary Men*.

8   Gilbert, *The Psychology of Dictatorship*.

9   Kelley, *Twenty-Two Cells in Nuremberg*.

10 Israel W. Charny, "Genocide and Mass Destruction: Doing Harm to Others as a Missing Dimension in Psychotherapy," *Psychiatry* 49, no. 2 (1986): 144-157; Israel W. Charny, "Evil in Human Personality: Disorders of Doing Harm to Others in Family Relationships," in *Handbook of Relational Diagnosis and Dysfunctional Family Patterns*, ed. Florence Kaslow (New York: Wiley, 1996), 477-495.

11 Kilton Stewart, "The Dream Comes of Age," *Mental Hygiene* 46 (1962): 230237; G. William Domhoff, "Senoi Dream Theory: Myth, Scientific Method, and the Dreamwork Movement," 2003, http://dreamresearch.net/Library/senoi.html.

12 Jon Bridgman and Leslie J. Worley, "Genocide of the Hereros," in *Genocide in the Twentieth Century: Critical Essays and Eyewitness Accounts*, ed. Samuel Totten, William S. Parsons, and Israel W. Charny (New York: Garland Publishing Company, 1995), 3-48. Also see the latest edition, Samuel Totten and William S. Parsons, *Centuries of Genocide* (New York: Routledge, 2012), 15-25. On the extermination of the Hereros, see Yair Auron, *So That I Wouldn't Be among the Silent* (Ra'anana: Open University Press, 2010), 167-176. (Hebrew)

13 Leo Kuper, *The Prevention of Genocide* (New Haven, CT: Yale University Press, 1985).

14 Samuel Totten, "Pinochet, Augusto, and a New Legal Precedent toward Extradition in Charges of Genocide," in *Encyclopedia of Genocide*, 460-462.

15 Mark Curtis, "Democratic Genocide: Britain and the United States Aided Genocide in Indonesia," in *Encyclopedia of Genocide,* 355.

16 루돌프 럼멜 교수는 대량학살 분야에서 획기적인 공헌을 한 저명한 학자다. 아래에는 출판 연도순으로 정렬된 그의 출판물 목록이 있으며, 앞에는 그가 탐구하는 주제에 대한 요약이 있다.

1. 무엇보다도 세계 각지의 대량학살에 관한 상세한 통계를 모아서 제시하는 그의 포괄적인 저서다(*Statistics of Democide, Statistics of Democide: Genocide and Mass Murder since 1900*).

2. 그는 또한 러시아인(*Lethal Politics: Soviet Genocide and Mass Murder since 1917*), 독일인(*Democide: Nazi Genocide and Mass Murder*), 그리고 중국인(*China's Bloody Century: Genocide and Mass Murder since 1900*)을 포함한 다양한 국가 집단에 의해 수년에 걸쳐 자행된 대량학살의 구체적인 사례를 조사하는 여러 책을 출판했다.

3. 럼멜은 또한 대량학살 사건에 대한 광범위한 개념을 발전시키기 위해 많은 노력을 기울였다. 무엇보다도 그는 다양한 집단학살 사례와 다른 이유로 자행된 대량학살 사례를 구별할 수 있는 새로운 유형학을 제시한다. 예를 들어 전쟁, 영토 정복, 정치적 반대자 진압 등이 있다. 이러한 살인을 정의하기 위해 럼멜은 "데모사이드"라는 용어를 제안했다(demo는 사람이나 공동체를 의미하고 cide는 살인을 의미). 이 용어는 널리 사용되지 않았다. 자신을 포함한 일부 학자들은 최근 몇 년 동안에야 보편적 어휘집에서 "제노사이드"라는 용어를 확고히 확립하는 데 성공했기 때문에 현시점에서는 새로운 용어의 발전을 자제하는 것이 더 낫다고 주장한다. 이러한 이유로 나는 "제노사이드"를 일반적인 개념으로 사용하고 추가적인 논의와 세부 사항을 제공하여 다양한 유형의 집단학살을 명시할 것을 권장한다. 어쨌든 제노사이드를 연구하는 학생들과 학자들은 럼멜의 생각과 그가 정부에 의한 대량학살과 의도적인 대량학살 또는 특정 민족의 말살을 구별하는 원칙을 숙지해야 한다.

4. 럼멜의 가장 중요한 출판물은 제노사이드의 뿌리에 있는 권력 요소에 대한 그의 연구와 "권력은 부패하고, 절대 권력은 절대적으로 부패한다"는 원칙에 기초한 민주주의와 전체주의 체제의 비교 분석일 것이다. (그의 저서 *Power Kills: Democracy as a Method of Nonviolence*에서 "권력은 죽인다: 절대 권력은 절대적으로 죽인다"를 참조하라).

5. 럼멜의 작업에 대한 광범위한 검토는 제노사이드 백과사전에서 찾을 수 있다.

Rummel, Rudolph J. 1990. *Lethal Politics: Soviet Genocide and Mass Murder since 1917.* New Brunswick, NJ: Transaction Publishers.

_____. 1991a. *Democide: Nazi Genocide and Mass Murder.* New Brunswick, NJ: Transaction Publishers.

_____. 1991b. *China's Bloody Century: Genocide and Mass Murder since 1900.* New Brunswick, NJ: Transaction Publishers.

_____. 1992. "Power Kills. Absolute Power Kills Absolutely." Special issue, *Internet on the Holocaust and Genocide* 38. Jerusalem: Institute on the Holocaust and Genocide.

_____. 1994. *Death by Government.* New Brunswick, NJ: Transaction Publishers. 1997a. *Statistics of Democide.* Charlottesville: University of Virginia, Center for National Security Law.

_____. 1997b. *Power Kills: Democracy as a Method of Nonviolence.* New Brunswick, NJ: Transaction Publishers.

_____. 1999. *Statistics of Democide: Genocide and Mass Murder since 1900.* New Brunswick, NJ: Transaction Publishers.

럼멜의 작업은 그의 웹사이트 www.hawaii.edu/powerkills 및 www.joyphim. org 와 민주적 평화에 관한 그의 블로그 Freedomspace.blogspot.com을 통해서도 볼 수 있다.

럼멜의 작업은 특히 미국과 같이 민주주의 국가로 분류된 정권에 의해 자행된 제노사이드에 더 큰 중요성을 부여하려는 비평가들의 비판에 직면해 있다. 럼멜의 작업이 이 점에 대한 수정으로 이익을 얻을 수도 있고 그렇지 않을 수도 있지만, 이것이 민주 정권이 파시스트 정권보다 살인을 덜 한다는 그의 기본 결론을 바꾸지는 못할 것이다. 이 점을 제외하고 나는 럼멜의 다양한 학문에 대한 다른 중요한 비판을 알지 못한다. 나는 또한 럼멜만큼 제노사이드의 비교 통계를 연구한 학자를 본 적이 없다.

다른 학자들은 다양한 유형의 사회에서 미래의 제노사이드 가능성을 평가하려고 시도했다. 그러한 학자 중 한 명인 Barbara Harff는 메릴랜드 주 아나폴리스에 있는 미국 해군 사관학교에서 수년 동안 정치학 교수로 재직했으며, 정치적 의견의 차이로 인해 발생하는 살인을 지칭하기 위해 "폴리티사이드"라는 용어를 만들었다. Barbara Harff, "No Lessons Learned from the Holocaust? Assessing Risks of Genocide and Political Mass Murder since 1955," *American Political Science Review* 97 (2003): 57-73; Barbara Harff and Ted Robert Gur, "Toward an Empirical Theory of Genocides and Politicides: Identification and Measurement of Cases since 1945," *International Studies Quarterly* 32 (1988): 359-371.

17 럼멜은 처음에 1900년부터 1994년 사이에 데모사이드와 제노사이드 사건을 합해 총 1억 7,400만 명이 사망했다고 주장했다. 2005년에 그는 마오이스트 중국에 관한 매우 중요한 두 권의 책 출판과 콩고에서 일어난 제노사이드에 대한 그 자신의 재평가에 영향을 받은 새로운 계산과 결론을 발표했다. 그의 수정된 결론에 따르면, 1900년부터 1999년 사이에 데모사이드와 제노사이드로 사망한 사람의 수는 2억 6,200만 명이었다. 마오주의 중국에 대한 영향력 있는 두 권의 책은 Jung Chang, *Wild Swans: Three Daughters of China* (New York: Touchstone, 2003)와 Jung Chang과 Jon Halliday, *Mao: The Unknown Story* (New York: Knopf, 2005)이다.

18 Rummel, "Power Kills. Absolute Power Kills Absolutely"; Rummel, *Power Kills: Democracy as a Method of Nonviolence.*

19 Rummel, "Power Kills. Absolute Power Kills Absolutely"; Rummel, *Power Kills: Democracy as a Method of Nonviolence.*

20   Erich Fromm, "Hitler: Who Was He and What Constituted Resistance against Him?," in *For the Love of Life* (New York: Free Press, 1986), 133 (based on radio interviews given in the late 1970s).

21   Stanley Milgram, on CBS News, *60 Minutes*, March 31, 1979.

CHAPTER 2 | 인간의 본성 안에 있는 폭력의 기초

1   James Waller, *Becoming Evil: How Ordinary People Commit Genocide and Mass Killing*, 2nd ed. (New York: Oxford University Press, 2007).

2   Waller, *Becoming Evil*, 240.

3   Waller, *Becoming Evil*, 227.

4   Albert Camus, *Neither Victims nor Executioners*, trans. D. MacDonald (New York: Continuum, 1980).

5   All quotations from Lawrence Rees. Excerpted from Saguy Green, "How Could They Kill Small Children?," *Haaretz English Edition*, October 26, 2000, 9 (report on a BBC series titled *The Nazis: A Warning from History*, written and directed by Lawrence Rees).

6   L'Estrange was a British thinker who lived between 1661 and 1704. R. l'Estrange, *Seneca's Morals by Way of Abstract*, 13th ed. (London: Straham, Bettesworth, Tonson, Lintot, Molte & Brown, 1729). Originally published in 1623.

7   Hans Toch, "The Management of Hostile Aggression: Seneca as Applied Social Psychologist," *American Psychologist* 38 (1983): 1022-1025 (quote is from 1022).

8   Primo Levi, "Evil in the Mirror," *Haaretz*, January 7, 2005 (Hebrew).

CHAPTER 3 | 과장된 자기방어, 과장된 권력 그리고 비인간화

1   Rudolph J. Rummel, Power Kills: Democracy as a Method of Nonviolence. New Brunswick: Transaction Publishers, 1997.

2   짐작하지 못했겠지만, 이 사건은 예루살렘에 있는 우리 집에서 일어났다. 그리고 나는 이야기 속의 소년이 실제로 다른 모든 아이보다 덜 장난스러웠다는 것을 증언할 수 있다. 이 "불안한 아이"는 이후 아주 훌륭한 어른으로 성장했다.

3   Evelin Lindner, Making Enemies: Humiliation and International Conflict (New York: Praeger Security International, 2009).

4   Barbara Coloroso, Extraordinary Evil: A Brief History of Genocide (Toronto: Viking Canada, 2007).

5   Donald W. Winnicott, "Hate in the Countertransference," Voices: The Art and Science of Psychotherapy 1, no. 2 (1965): 102-109.

6   Melanie Klein, The Collected Writings of Melanie Klein, 4 vols. (London: Hogarth, 1975).

7   Winnicott, "Hate in the Countertransference."

8   내 자신의 인생 경험을 통해 결혼 치료와 제노사이드 연구 분야가 전혀 상호 배타적이지 않다는 것을 배웠다. 직업적으로 나는 결혼과 제노사이드라는 두 분야의 전문가로 알려져 있으며, 좋은 취향으로 말하면 파티에서 좋은 농담거리가 된다. 내 판단으로는 두 전문 분야가 공유하는 공통 분모는 생명의 신성함과 피해와 파괴의 위협에 직면한 삶의 질의 실현이다. 가족 치료 방법을 개발한 선구적인 심리학자들에게 경의를 표하는 책의 자서전 장을 참조하라. Israel W. Charny, "Marital Therapy and Genocide: A Love of Life Story," in *Voices in Family Therapy,* ed. Florence Kaslow (Beverly Hills: Sage, 1990), 69-90.

9   이 시점에서 나는 나의 결혼 생활이 진정으로 불완전했음을 분명히 말하고 싶다. 나는 개인적으로 이 영역에서 심각한 실패와 성공을 모두 경험했다. 그럼에도 불구하고, 통계적으로 대다수의 커플이 실패하여 이혼, 만성적인 문제, 불행, 또는 만연한 공허함과 지루함을 초래한다는 점을 기억하는 것이 중요하다. 결혼 생활의 다양한 모델에 대한 논의는 Israel W. Charny, *Existential/Dialectical Marital Therapy: Breaking the Secret Code of Marriage* (New York: Brunner/Mazel, 1992)를 참조하라.

10   결혼 치료에 관한 많은 학문은 배우자 간의 투사 과정을 다루고 있다. 런던에 있는 유명한 커플 관계 타비스톡 센터(Tavistock Center for Couple Relationships)의 정신과 의사인 고(故) 헨리 딕스(Henry Dicks)가 쓴 이 분야의 선구적인 고전은 언제나 읽어 볼 가치가 있다. 흥미롭게도, 적어도 나에게 딕스는 결혼 관계에 작용하는 잠재의식 과정을 깊이 조사한 후 결혼과 제노사이드의 심리학(특히 유럽 교도소에 수감된 나치 범죄자들)을 연구했다. Henry Dicks, *Marital Tensions: Clinical Studies towards a Theory of Interactions* (New York: Basic Books, 1967)를 참조하라. 또한 상호 마녀사냥에서 부부가 각자의 역할과 이를 멈추는 방법에 대해 부부가 서로 이해하는 방향으로 결혼 치료를 받는 정신과 의사의 작업도 추천한다. Robert Taylor Segraves, *Marital Therapy: A Combined Psychodynamic and Behavioral Approach* (New York: Plenum, 1982)를 참조하라.

11   나는 몇 년 전 미시간 대학의 심리학자 베르트람 캐론과의 대화에서 이 견해를 처음
      접하게 되었다. 이 강연의 결과로 나는 펜실베이니아 주 코츠빌에 있는 재향군인회
      병원의 정신분열병 병동에 입원한 환자 그룹을 연구하기로 결심했다. 해당 병동의 심
      리학자와 사회복지사의 도움을 받아 입원 당시 환자들이 스트레스가 많은 관계를 갖
      고 있었는지, 누구에 대한 분노와 폭력적인 감정으로 가득 차 있었는지를 연구했다.
      우리의 연구 결과는 매우 놀라웠다. 대부분의 경우 우리는 이러한 복잡한 감정을 식별
      할 수 있었다. 이것이 전체 과정에 대한 직접적인 증거는 아닐지라도, 그럼에도 불구
      하고 이러한 감정은 환자가 입원이 필요한 기능 장애 상태로 악화되는 데 중요한 역
      할을 했을 가능성이 높다. 다른 정신의학 문헌에서는 정신분열증 환자가 자신의 생각
      과 욕구 때문에 폭력적이 되는 것에 대한 두려움을 기술하고 있다. 이 주제에 대해서
      는 한나 그린(Hannah Green)의 고전적이고 감동적인 이야기인 *I Never Promised
      You a Rose Garden* (New York: Penguin Books, 1964)을 참조하라.

12   Robert A. Clark, "Friends and Aggression" (mimeographed paper) (Philadelphia:
      American Friends Service Committee, 1965).

13   Karen Horney, The Neurotic Personality of Our Time (New York: Norton, 1937);
      Karen Horney, Self-Analysis (New York: Norton, 1942).

14   This 1975 Oscar-winning film was based on Ken Kesey's 1962 novel *One Flew
      over the Cuckoo's Nest* (New York: Viking, 1962).

15   Theodor W. Adorno et al., *The Authoritarian Personality* (New York: Harper, 1950).

16   Philip G. Zimbardo et al., "The Psychology of Imprisonment, Privation, Power,
      and Pathology," in *Theory and Research in Abnormal Psychology*, ed. David
      Rosenhan and Perry Lomdon, 2nd ed. (New York: Holt, Reinhart and Winston,
      1975), 270-287; Philip G. Zimbardo and Alan Fundt, *Candid Camera Classics
      in Social Psychology: Viewer's Guide and Instructor's Manual* (New York:
      McGraw-Hill, 1992). 짐바도르가 최근 출판한 책은 적절한 상황에서 사람들이 악행
      을 저지르려는 의지를 평가해 주고 있다. Philip Zimbardo, *The Lucifer Effect:
      How Good People Turn Evil* (New York: Random House, 2007).

17   N. Christie, "Definition of Violent Behavior," in *International Course of
      Criminology: The Faces of Violence* (Maracaibo, Venezuela: University del
      Zulia, 1974), 1:25-34.

18   Christopher Browning, *Ordinary Men: Reserve Battalion 101 and the Final
      Solution in Poland* (New York: Harper Collins, 1998).

19   Rummel, *Power Kills*.

20   Cecil P. Taylor, *Good: A Tragedy* (London: Methuen, 1982).

21   Philip G. Zimbardo, Christina Maslach, and Craig Haney, "Reflections on the
      Stanford Prison Experiment: Genesis, Transformations, Consequences," in
      Obedience to Authority: Current Perspectives on the Milgram Paradigm, ed.

Thomas Blass (Mahwah, NJ: Lawrence Erlbaum Associates, 2000), 193-237. Christina Maslach writes a section within this chapter titled "An Outsider's View of the Underside of the Stanford Prison Experiment," 214-220.

22   Blass, *Obedience to Authority.*

23   Israel W. Charny, *Fascism and Democracy in the Human Mind* (Lincoln: University of Nebraska Press, 2006).

24   Alex Alvarez, *Governments, Citizens, and Genocide: A Comparative and Interdisciplinary Approach* (Bloomington: Indiana University Press, 2001), 133135; Israel W. Charny, "Dehumanization: Killing the Humanity of Another," in *Encyclopedia of Genocide*, ed. Israel W. Charny (Santa Barbara, CA: ABC-CLIO, 1999), 155-157.

25   René Lemarchand, "Rwanda and Burundi, Genocide," in *Encyclopedia of Genocide*, 508-513; Philip Gourevitch, *We Wish to Inform You That Tomorrow We Will Be Killed with Our Families* (New York: Farrar, Strauss and Giroux, 1998).

26   Alexander Laban Hinton, "Comrade Ox Did Not Object When His Family Was Killed," in *Encyclopedia of Genocide*, 135; Alexander Laban Hinton, "Explaining the Cambodian Genocide in Terms of Psychological Dissonance," *American Anthropologist* 98, no. 4 (1996): 818-831.

27   George Bach and Peter Wyden, *The Intimate Enemy: How to Fight Fair in Love and Marriage* (New York: William Morrow, 1969).

28   "I Saw the Face of a Relative': Tuol Sleng Interrogation Center Museum," in *Encyclopedia of Genocide*, 423.

29   "Japanese Unit 731: Dread Medical Experiments That Preceded the Nazis," in *Encyclopedia of Genocide*, 413.

30   Israel W. Charny and Chanan Rapaport, "Toward a Genocide Early Warning System," in Charny, *How Can We Commit the Unthinkable?*, 283-331; Israel W. Charny, "Genocide Early Warning System (GEWS)," in *Encyclopedia of Genocide*, 253-265.

31   Chaim Schatzker, "The Teaching of the Holocaust: Dilemmas and Considerations," in *Reflections on the Holocaust: Historical, Philosophical, and Educational Dimensions*, eds. Irene G. Shur, Franklin H. Littell, and Marvin E. Wolfgang. Annals of the American Academy of Political and Social Science 450 (Philadelphia: American Academy of Political and Social Science, 1980): 218-226 (quote from 221).

32   Thomas Merton, "A Devout Meditation in Memory of Adolph Eichmann," reprinted in *Reflections* 2 and 3 (1967): 21-23.

| CHAPTER 4 | "다른 사람들처럼" |

1   Ian Kershaw, *Hitler, 1936-1945: Nemesis* (New York: Norton, 2001); Michael Burleigh, *The Third Reich: A New History* (New York: Hill and Wang, 2000).

2   Eugen Tarnow, "Self-Destructive Obedience in the Airplane Cockpit and the Concept of Obedience Optimization," in *Obedience to Authority: Current Perspectives on the Milgram Paradigm*, ed. Thomas Blass (Mahwah, NJ: Lawrence Erlbaum Associates, 2000), 111-123.

3   See the appendix to this book, "Studies on Israeli Willingness to Commit Evil."

4   Pnina Blitz, "Parental Collusions in Destructiveness towards a Child as a Cause of Psychiatric and Emotional Disturbance" (unpublished MSW diss., Bob Shapell School of Social Work, Tel Aviv University, 1993). See chart: Pnina Blitz and Israel W. Charny, "Disorders of Incompetence and Pseudocompetence in Marital, Family, and Parental Relationships," in Israel W. Charny, "Evil in Human Personality: Disorders of Doing Harm to Others in Family Relationships," in *Handbook of Relational Diagnosis and Dysfunctional Family Patterns*, ed. Florence W. Kaslow (New York: Wiley, 1996), 477-495.

5   Habib Malik, "Can Christians and Muslims Relate in Peace?," Council for Christian Colleges and Universities," February 3, 2003, http://www.cccu.org/ professional development/resource_library/speech_can_christians_and_muslims _relate_in_peace (accessed September 16, 2003).

6   Edy Kaufman, with the assistance of Pedro Herscovici, "Argentina: The 'Dirty War' of Disappearances, 1976-1983," in *Encyclopedia of Genocide*, ed. Israel W. Charny (Santa Barbara, CA: ABC-CLIO, 1999), 655-657.

7   Michael R. Marrus and Robert O. Paxton, *Vichy France and the Jews* (New York: Basic Books, 1981).

8   Blass, *Obedience to Authority.*

9   Christopher Browning, *Ordinary Men: Reserve Battalion 101 and the Final Solution in Poland* (New York: Harper Collins), 1998.

10   Solomon E. Asch, "Opinions and Social Pressure," Scientific American 193, no. 5 (1995): 31-35; Solomon E. Asch, "Studies of Independence and Conformity: A Minority of One against a Unanimous Majority," *Psychological Monographs* 70, no. 416 (1956): 3-45.

11   Leon Festinger, *A Theory of Cognitive Dissonance* (Stanford, CA: Stanford University Press, 1957); Eddie Harmon-Jones and Judson Mills, eds., *Cognitive Dissonance: Progress on a Pivotal Theory in Social Psychology* (Washington,

DC: American Psychological Association, 1999). 심리학자이자 노벨 경제학상을 받은 대니얼 칸네만은 인간의 의사 결정과 사고방식을 특징짓는 사고의 빈곤과 자기 기만에 대해 실망스러워 한다. 칸네만에 따르면, 사람들은 사실을 만들어 내고 자신의 개념에 따라 결정을 내리며, 실제보다 현실에 훨씬 더 큰 영향을 미친다. 전반적으로 그는 사람들이 도덕과 정의 추구보다 자신의 개인적인 이익에 더 편견을 갖고 집중한다고 주장한다. Daniel Kahnemann, *Attention and Effort* (Englewood Cliffs, NJ: Prentice Hall, 1973); Daniel Kahnemann, "Psychology of Large Mistakes and Important Decisions," Seventh Oscar Van Leer Annual Lecture, Van Leer Institute, Jerusalem, September 7, 2003.

인지 심리학자 안토니 그린왈드는 인간 정신의 조직은 전체주의 국가의 정신 조직과 유사하며, 사람들은 만족스럽지 못한 정보는 무시함으로써 정보를 이해한다고 주장한다. 그들은 실제보다 더 좋아 보이는 세상을 믿게 만들고, 그런 세상을 건설하며, 자신의 이익을 보호하기 위해 정보를 조작하는 데 아무런 문제가 없다. Anthony G. Greenwald, "The Totalitarian Ego: Fabrication and Revision of Personal History," *American Psychologist* 35, no. 7 (1980): 603-618; Carol Travis and Elliot Aronson, *Mistakes Were Made (but Not by Me): Why We Justify Foolish Beliefs, Bad Decisions, and Hurtful Acts* (Orlando, FL: Harcourt, 2007).

12 Blitz, "Parental Collusions in Destructiveness towards a Child."

13 Leon S. Sheleff, *The Bystander: Behavior, Law, Ethics* (Lexington, MA: Lexington Books, 1978).

14 Michael Berenbaum, ed., *A Mosaic of Victims: Non-Jews Persecuted and Murdered by the Nazis* (New York: New York University Press, 1990); Michael Berenbaum, "The Holocaust, Non-Jewish Victims," in *Encyclopedia of Genocide*, 324-327.

15 Abraham M. Rosenthal, Thirty-Eight Witnesses (New York: McGraw-Hill, 1964).

16 Larry Getlen, "Debunking the Myth of Kitty Genovese," *New York Post*, February 16, 2014, http://nypost.com/2014/02/16/book-reveals-real-story-behind-the-kitty-genovese-murder.

17 Elie Wiesel, *The Town beyond the Wall* (New York: Atheneum, 1964).

18 John M. Darley and C. Daniel Batson, "From Jerusalem to Jericho': A Study of Situational and Dispositional Variables in Helping Behavior," in *Experiencing Social Psychology: Readings and Projects*, ed. Ayala Pines and Christina Maslach (New York: Alfred Knopf, 1979), 149-156.

19 George M. Kren and Leon Rappoport, *The Holocaust and the Crisis of Human Behavior*, rev. ed. (New York: Holmes and Meier, 1994) (originally published in 1980).

20 Gustave Le Bon, *The Crowd: A Study of the Popular Mind* (London: F. Unwin, 1903) (translated from the French).

21 Elias Canetti, *Crowds and Power* (London: Phoenix, 2000).

22 American Psychiatric Association, *DSM-V: Diagnostic and Statistical Manual*, 5th rev. ed. (Washington, DC: American Psychiatric Association, 2013).

23 Browning, Ordinary Men.

24 Matthias Geyer, "An S.S. Officer Remembers: The Bookkeeper from Auschwitz," *Der Spiegel*, May 9, 2005 (translated from German by Christopher Sultan).

25 Jung Chang and Jon Halliday, *Mao: The Unknown Story* (New York: Knopf, 2005).

26 Chang and Halliday, *Mao*, 49.

27 Chang and Halliday, *Mao*, 397.

28 Chang and Halliday, *Mao*, 42.

CHAPTER 5 | 아우슈비츠 친위대(SS)의 흔적들

1 See Zimbardo's publications above.

2 "The Jews of the Channel Islands," Holocaust Education and Archive Research Team, http://www.holocaustresearchproject.org/nazioccupation/channelislands.html (accessed June 9, 2008). Sources cited by this article include Lawrence Rees, *Auschwitz: The Nazis and the Final Solution* (London: BBC Books, 2005), and Martin Gilbert, *The Holocaust-the Jewish Tragedy* (London: Collins, 1986).

3 N. Christie, "Definition of Violent Behavior," in *International Course of Criminology: The Faces of Violence* (Maracaibo, Venezuela: University del Zulia, 1974).

4 Rudolph J. Rummel, "Khmer Rouge and Cambodia," in *Encyclopedia of Genocide*, ed. Israel W. Charny (Santa Barbara, CA: ABC-CLIO, 1999), 132-136; Ben Kiernan, "The Cambodian Genocide and Its Leaders," in *Encyclopedia of Genocide*, 129-132; Ben Kiernan, *How Pol Pot Came to Power: Colonialism, Nationalism, and Communism in Cambodia, 1930-1975* (New Haven, CT: Yale University Press, 2007).

5 "I Saw the Face of a Relative': Tuol Sleng Interrogation Center Museum," in *Encyclopedia of Genocide*, 423.

6   Shimon Sachs, *Operation T4: The Extermination of the Disabled in the Third Reich* (Tel Aviv: Papyrus Publishing House, University of Tel Aviv, 1985) (Hebrew).

7   "Outstanding Leaders in American Intelligentsia Were Avid Supporters of the Eugenics Movement in the 1930s," in *Encyclopedia of Genocide*, 220.

8   William E. Seidelman, "Eugenics and the Holocaust," in *Encyclopedia of Genocide*, 215-217; Israel W. Charny, "Life Unworthy of Living," in *Encyclopedia of Genocide*, 404.

9   Vahakn N. Dadrian, "The Role of Turkish Physicians in the World War I Genocide of Ottoman Armenians," *Holocaust and Genocide Studies* 1, no. 2 (1986): 169-192.

10 "Japanese Unit 731: Dread Medical Experiments That Preceded the Nazis," in *Encyclopedia of Genocide*, 413.

11 Robert Jay Lifton, *The Nazi Doctors: Medical Killing and the Psychology of Genocide* (New York: Basic Books, 1986).

12 Israel W. Charny, *Fascism and Democracy in the Human Mind* (Lincoln: University of Nebraska Press, 2006); Erich Neumann, *Depth Psychology and a New Ethic* (New York: Putnam's, 1969).

13 Donald W. Winnicott, "Hate in the Countertransference," *Voices: The Art and Science of Psychotherapy* 1, no. 2 (1965).

14 Berel Lang, *Act and Idea in the Nazi Genocide: Religion, Theology, and the Holocaust* (Syracuse, NY: Syracuse University Press, 2003). 상당수의 나치 정권을 연구하는 학자들은 히틀러를 둘러싼 의식이 준종교적 수준에 이르렀다고 주장한다. 독일 어린이들에게 친숙한 다음 시는 이러한 현상을 보여주는 한 가지 사례다.

> 총통이시여, 하느님께서 나에게 주신 총통이시여,
> 내 생명을 오래도록 보호하고 지켜 주소서.
> 당신은 필요할 때 독일을 구했습니다.
> 일용할 양식을 주셔서 감사합니다.
> 오래오래 내 곁에 있어 주소서. 나를 떠나지 마소서.
> 총통, 나의 총통, 나의 믿음, 나의 빛이여.
> 나의 총통 만세!

Source: Jean-Denis Lepage, *Hitler Youth, 1922-1945: An Illustrated History* (Jefferson, NC: McFarland and Company, 2008), 87.

15 René Girard, *Violence and the Sacred* (Baltimore: Johns Hopkins University Press, 1977).

16   Ron Jones, "The Third Wave," in *Experiencing Social Psychology*, ed. Ayala Pines and Christina Maslach (New York: Alfred A. Knopf, 1979). 존스의 실험은 1980년대 초 〈The Wave〉라는 제목의 성공적인 TV 영화의 기초가 되었다. 이스라엘 교육부의 카탈로그에는 영화에 대한 다음과 같은 설명이 포함되어 있다. "미국의 한 고등학교 교사는 나치 통치하의 경우와 마찬가지로 순종, 독재자에 대한 맹목적인 규율, 개인에 대한 집단 통제가 어떻게 파괴적일 수 있는지, 그리고 사회적 가치와 개인의 의지가 어떻게 붕괴될 수 있는지를 보여주기 위해 학생들을 대상으로 대담한 실험을 수행했다." 존스는 단편 TV 영화, 장편 영화로 만들어 여러 번 TV에 출연한 후, 유럽에서는 베스트셀러가 되었고 독일 학교에서는 필수 독서로 사용된 책을 제작했다. 이 이야기는 주로 네덜란드, 독일, 캐나다와 같은 국가의 학교에서 각색되어 사용되었다.

17   미국 홀로코스트 박물관은 약 12,000명의 여호와의 증인이 강제수용소로 보내졌고 2,500~5,000명이 수용소나 감옥에서 사망한 것으로 추산한다.

18   Leo Kuper, "Theological Warrants for Genocide: Judaism, Islam, and Christianity," *Terrorism and Political Violence* 2, no. 3 (1990): 351-379.

19   State of Israel (2003), Knesset Library, (2003). 대중에게 공개되는 주제: 2010년 12월 27일 인터넷에서 다운로드된 자살 폭탄 테러범. 2008년 7월, 예루살렘 외곽의 아랍 지역인 수르 바헤르 출신의 한 아랍 남성이 예루살렘 중심부에서 테러 공격을 감행해 8명이 사망하고 50명이 부상을 입었다. 가해자의 어머니는 아들이 총에 맞아 사망했다는 소식을 듣자마자 "샤히드(순교자)!"라고 외쳤다. 후에, 반이스라엘 행위에 자신을 동일시하는 어머니의 반응에도 불구하고 가족들은 공격자가 실제로 테러리스트가 아니며 이념 단체와 관련이 없음을 증명하기 위해 모든 노력을 기울였다.

20   Israel W. Charny, *Fighting Suicide Bombing: A Worldwide Campaign for Life* (Westport, CT: Praeger Security International, 2007); Human Rights Watch, *Erased in a Moment: Suicide Bombing Attacks on Israeli Civilians* (New York: Human Rights Watch, 2002), https://www.hrw.org/reports/2002/isrl-pa/ISRAE LPA1002.pdf.

21   Ernest Becker, *The Denial of Death* (New York: Free Press, 1973); Israel W. Charny, "Sacrificing Others to the Death We Fear Ourselves: The Ultimate Illusion of Self-Defense," in *How Can We Commit the Unthinkable? Genocide: The Human Cancer*, ed. Israel W. Charny and Chanan Rapaport (Boulder, CO: Westview Press, 1982), 185-211; Israel W. Charny, "Psychology of Sacrificing," in *Encyclopedia of Genocide*, 485-487.

22   Robert Jay Lifton, *The Broken Connection: On Death and the Continuity of Life* (New York: Simon and Schuster, 1979); Eric Markusen, "Psychology of Immortality: Robert Jay Lifton's Perspective on the Psychology of Immortality and Its Relevance for Genocidal Killing," in *Encyclopedia of Genocide*, 484-485.

23   Michael Berenbaum, *The World Must Know: The History of the Holocaust as Told in the United States Holocaust Memorial Museum* (Boston: Little, Brown, and Company, 1993).

24 Michael Berenbaum, "What Makes a Museum Great?," *Haaretz English Edition*, March 4, 2005, B5.

25 캘빈 홀에 따르면, 우리의 꿈은 대부분 그 내용이 공격적이다. Calvin S. Hall, T*he Meaning of Dreams* (New York: Harper and Row, 1953).

26 George Bach and Peter Wyden, *The Intimate Enemy: How to Fight Fair in Love and Marriage* (New York: William Morrow, 1969).

27 I. Shlomo Kulscar, Shoshana Kulscar, and L. Szondi, "Adolf Eichmann and the Third Reich," in *Crime, Law, and Corrections*, ed. Ralph Slovenko (Springfield, IL: Charles Thomas, 1966), 16–52; I. Shlomo Kulscar, "De Sade and Eichmann," in *Strategies against Violence: Design for Nonviolent Change*, ed. Israel W. Charny (Boulder, CO: Westview, 1987), 19-33.

28 Israel W. Charny, "The Psychotherapist as Teacher of an Ethic of Nonviolence," *Voices: The Art and Science of Psychotherapy* 3 (1967): 57-66; Charny, *Fascism and Democracy in the Human Mind*; Jonathan Glover, *Humanity: A Moral History of the Twentieth Century* (New Haven, CT: Yale University Press, 1999); Avishai Margalit, *The Decent Society* (Cambridge, MA: Harvard University Press, 1996).

29 Lionel Rubinoff, "In Nomine' Diaboli: 'The Voices of Evil'," in Charny, *Strategies against Violence*, 34-67

30 Quoted in Rubinoff, "In Nomine' Diaboli," 60; From a letter by Niccolò Machiavelli to Francesco Guicciardini, dated May 17, 1521.

31 Becker, *The Denial of Death*.

32 Announcement of the Armenian National Committee of America.

33 Howard W. French, "China Lifts a Curtain: Private Shrine Tells of 1960's Madness," *International Herald Tribune*, May 30, 2005.

CHAPTER 6 | "나는 아무 잘못도 하지 않았다"

---

1 Israel W. Charny, "A Classification of Denials of the Holocaust and Other Genocides," *Journal of Genocide Research* 5, no. 1 (2003): 11-34. 나는 위 분류화에 대한 업데이트를 GPN: Genocide Prevention Now 12(2012년 겨울호)에 실었다. http://www.genocidepreventionnow.org/Home/GPNISSUES/Issue12Winter2012/tabid/193/ctl/DisplayArticle/mid/1161/aid/655/Default.aspx.

2   Steven T. Katz, *The Holocaust in Historical Context, vol. 1: The Holocaust and Mass Death before the Modern Age* (New York: Oxford University Press, 1994).

3   Deborah Lipstadt, *Denying the Holocaust: The Growing Assault on Truth and Memory* (New York: Free Press, 1993); Michael J. Bazyler, "Holocaust Denial Laws and Other Legislation Criminalizing Promotion of Nazism," *GPN: Genocide Prevention Now* 1 (February 2010), http://www.genocidepreventionnow.org /Home/GPNISSUES/GPNBulletinLAWSAGAINSTDENIALSpecialSection9/tabid/ 164/ctl/ DisplayArticle/mid/971/aid/195/Default.aspx.

4   "Japanese Unit 731: Dread Medical Experiments That Preceded the Nazis," in *Encyclopedia of Genocide*, ed. Israel W. Charny (Santa Barbara, CA: ABC-CLIO, 1999), 423.

5   Israel W. Charny, "Innocent Denials of Known Genocides: A Further Contribution to a Psychology of Denial of Genocide," *Human Rights Review* 1, no. 3 (2000): 15-39.

6   George Orwell, *1984* (New York: Harcourt Brace and Company, 1949).

7   Robert Cribb, "Indonesia, Genocide," in *Encyclopedia of Genocide*, 355; Mark Curtis, "Democratic Genocide: Britain and the United States Aided Genocide in Indonesia," *Ecologist* 26, no. 5 (1996).

8   Samuel Totten, "Pinochet, Augusto," in *Encyclopedia of Genocide*, 460-462.

9   Carl Frankenstein, *The Roots of the Ego: A Phenomenology of Dynamics and of Structure* (Baltimore: Williams and Wilkins, 1966); Peter M. Gollwitzer and John A. Bargh, eds., *The Psychology of Action: Linking Cognition to Motivation to Behavior* (New York: Guilford Press, 1996).

10   Israel W. Charny, *Fascism and Democracy in the Human Mind* (Lincoln: University of Nebraska Press, 2006). 우리를 과도한 행동으로 이끄는 잠재의식의 구조적 메커니즘에 대해서는 Charny, "Discovering Application of the Democratic Mind in Everyday Life", in *Fascism and Democracy in the Human Mind*, 254-303을 참조하라.

11   Peter Nathan, "Fascism Makes You Feel Good," in *The Psychology of Fascism* (London: Faber and Faber, 1943), 95-106.

12   기능주의적 접근법으로 알려진 이 개념은 하나의 범법이 다른 범법으로 이어진다는 히브리어 격언과 매우 일치한다. 모든 행동 단계는 다음 단계로 이어지며 궁극적으로 끝까지 가고자 하는 의지로 이어진다. 홀로코스트와 관련하여 이러한 기능주의적 견해는 나치가 처음부터 자신들의 조치를 계획한 것이 아니라, 오히려 이동하면서 그 단계로 "성장"했다는 것이다. 그러나 홀로코스트 연구에서 경쟁력 있는 접근 방식은 의도주의 학파의 주장인데, 그들의 이론에 따르면 히틀러가 홀로코스트를 전체적으로

미리 계획했고, 이후 대규모 유대인 학살에 대한 초기 환상을 시작으로 집권 기간 내내 계속해서 실제로 실행에 옮겼다고 보는 관점이다. Jack Nusan Porter, "Holocaust Controversies: A Point of View," in *Encyclopedia of Genocide*, 307-312.

13   D. M. Levy, "The Act as a Unit," *Psychiatry* 25 (1962): 295-314.

14   Marvin Zuckerman, *Sensation Seeking: Beyond the Optimal Level of Arousal* (Hillsdale, NJ: Erlbaum, 1979); C. S. Carver and M. F. Scheier, *On the Self Regulation of Behavior* (Cambridge: Cambridge University Press, 1998).

15   E. Tory Higgins, "Value from Hedonic Experience and Engagement," *Psychological Review* 113 (2006): 439-460.

16   에로스와 타나토스의 기본 개념에 대한 자세한 내용은 프로이트적 사고에 대한 많은 설명 가운데 하나를 참조하라.

17   Israel W. Charny, "The Ultimate Existential Meaning of Suicide Bombings: The Killing of Human Life," in *Fighting Suicide Bombing: A Worldwide Campaign for Life* (Westport, CT: Praeger Security International, 2007), 79-99.

18   Robert Adler, "Are We on Our Way Back to the Dark Ages?," *New Scientist* 2 (2005): 26-27; Roy F. Baumeister, *Meanings of Life* (New York: Guildford Press, 1991); Roy F. Baumeister, *Evil: Inside Human Violence and Cruelty* (New York: Freeman, 1997); Colin Feltham, *What's Wrong with Us? The Anthropology Thesis* (New York: Wiley, 2007).

19   2005년 1월 나치 강제수용소 해방 60주년을 기념하는 유엔 총회에서 아르메니아 외무장관 바르탄 오스카니안 발언.

20   게르하르트 슈뢰더 독일 총리가 2005년 1월 26일 아우슈비츠 해방 60주년을 맞아 하레츠에서 행한 기념 연설.

21   2002년 9월 27일 예루살렘 하이칼 슐로모에서 외무부 차관 랍비 미카엘 멜키어의 강의.

22   Benyamin Neuberger, "Our Holocaust-and Others': The Holocaust Should Be Taught Along with the Other Cases of Genocide," *Haaretz English Edition*, April 28, 2006.

CHAPTER 7 | 우리는 누구이며 앞으로 어떻게 될까?

---

1   Marc Pilisuk and Lyn Ober, "Torture and Genocide as Public Health Problems," *American Journal of Orthopsychiatry* 46, no. 3 (1976): 388-392.

2   Carolyn Raffensberger and Joel Tickner, *Protecting Public Health and the Environment: Implementing the Precautionary Principle* (New York: Island Press, 1999); European Environmental Agency, *Late Lessons from Early Warnings: The Precautionary Principle, 1896-2000*, Environmental Issue Report No. 22, January 9, 2002, http://www.eea.europa.eu/publications/environmental_issue _report_2001_22 (accessed October 31, 2011); Elihu D. Richter and Richard Laster, "The Precautionary Principle, Epidemiology, and the Ethics of Delay," *International Journal of Occupational Medicine and Environmental Health* 17, no. 1 (2004): 9-16. 저자에 따르면, 이 출판물은 제노사이드라는 주제에 예방 원칙을 적용한 최초의 의학 출판물이었다. Elihu Richter et al., "Malthusian Pressures, Genocide, and Ecocide," *International Journal of Occupational and Environmental Health* 13, no. 3 (2007): 331-341; Elihu Richter and Jutta Lindert, "The Precautionary Principle and the Prevention of Genocide in Light of the U.S. Genocide Prevention Task Force" (presented at the Seventh Biennial Conference of the International Association of Genocide Scholars, Bosnia-Herzegovina, July 10, 2007). 이란의 위협에 관한 토론을 위해서는 Elihu D. Richter and Alex Barnea, "Tehran's Genocidal Incitement against Israel," *Middle East Quarterly* (2009): 45-51.를 참조하라. Reprinted from *GPN: Genocide Prevention Now*, Institute on the Holocaust and Genocide in Jerusalem (http://www.genocide preventionnow.com).

3   Barbara Harff, "No Lessons Learned from the Holocaust? Assessing Risks of Genocide and Political Mass Murder since 1955," *American Political Science Review* 97 (2003): 57-73; Barbara Harff and Ted Robert Gur, "Toward an Empirical Theory of Genocides and Politicides: Identification and Measurement of Cases since 1945," *International Studies Quarterly* 32 (1988): 359-371.

4   1977년에 나는 샤난 라파포트와 함께 제노사이드 조기 경보 시스템(GEWS)에 대한 첫 번째 제안을 발표했다. Israel W. Charny and Chanan Rapaport, *A Genocide Early Warning System: Establishing a Data Bank for Events of Genocide and Other Major Violations of Human Rights* (Jerusalem: Szold National Institute for Research in the Behavioral Sciences, 1977).

5   Franklin H. Littell, "Early Warning System (EWS)," in *Encyclopedia of Genocide*, ed. Israel W. Charny (Santa Barbara, CA: ABC-CLIO, 1999), 261-265 (includes "Franklin Littell's Writings on Early Warnings of Genocide," 262; Franklin H. Littell, "Early Warning," *Holocaust and Genocide Studies* 3, no. 4 (1998): 483 -490.

6   Helen Fein, *Accounting for Genocide: National Responses and Jewish Victimization during the Holocaust* (New York: Free Press, 1979); Helen Fein, "Genocide: A Sociological Perspective," *Current Sociology* 38, no. 1 (1990): 1-126; Helen Fein, ed., *The Prevention of Genocide: Rwanda and Yugoslavia Reconsidered* (New York: Institute for the Study of Genocide, 1994).

7   Harff, "No Lessons Learned from the Holocaust?"; Harff and Gur, "Toward an Empirical Theory of Genocides and Politicide."

8   Gregory Stanton, "The 8 Stages of Genocide," *Genocide Watch*, 1998, http://www.genocidewatch.org/aboutgenocide/8stagesofgenocide.html.

9   "Security Council Passes Landmark Resolution-World Has Responsibility to Protect People from Genocide," Oxfam, press release, April 28, 2006; World Health Organization, World Summit Outcome, Document 15, September 2005; Gareth Evans and Mohammed Sahnoun, "The Responsibility to Protect," *Foreign Affairs* (November-December 2002).

10   Ian Williams, "Ban Ki Moon and R2P," *Foreign Policy in Focus*, August 3, 2009.

11   "Responsibility to Protect-an Idea Whose Time Has Come and Gone?," *Economist*, July 23, 2009.

12   Steven K. Baum, *The Psychology of Genocide: Perpetrators, Bystanders, and Rescuers* (New York: Cambridge University Press, 2008).

13   Alexander Laban Hinton, Annihilating Difference: The Anthropology of Genocide (Los Angeles: University of California Press, 2002); Alexander Laban Hinton, Genocide: An Anthropological Reader (London: Blackwell, 2002); Alexander Laban Hinton, Why Did They Kill? Cambodia in the Shadow of Genocide (Berkeley: University of California Press, 2005).

14   Alex Alvarez, *Governments, Citizens, and Genocide: A Comparative and Inter-disciplinary Approach* (Bloomington: Indiana University Press, 2001); Alex Alvarez, *Genocidal Crimes* (New York: Taylor and Francis, 2009).

15   Steven Leonard Jacobs, *Confronting Genocide: Judaism, Christianity, Islam* (Lanham, MD: Lexington Books, 2009).

16   David A. *Hamburg, Preventing Genocide: Practical Steps toward Early Detection and Effective Action* (Boulder, CO: Paradigm Publishers, 2008).

17   Samuel Totten and Paul R. Bartrop, eds., *Dictionary of Genocide*, 2 vols. (Westport, CT: Greenwood Press, 2008).

18   홀로코스트와 제노사이드에 관한 학술 학위 프로그램과 과정을 담은 최초의 종합 디렉터리는 마크 셔만이 편집했으며, "학술 프로그램 전체 목록"과 GPN: Genocide Prevention Now, http://www.genocidepreventionnow.org/Home/Holocaustandgenocidereviewhgr/DirectoryofAcademicProgramsand Courses.aspx에서 확인할 수 있다.

19   Eric Reeves, website on Sudan research, analysis, and advocacy: www.sudanreeves.org.

20 Konrad Lorenz, *On Aggression* (New York: Harcourt, Brace and World, 1966).

21 Baum, *The Psychology of Genocide*, 237.

22 Michael Berenbaum, *The World Must Know: The History of the Holocaust as Told in the United States Holocaust Memorial Museum* (Boston: Little, Brown, and Company, 1993), 332, 335.

23 Peter Baker and Jim Yardley, "Pope Francis, in Congress, Pleads for Unity on World's Woes," *New York Times*, September 24, 2015, http://www.nytimes.com/2015/09/25/us/pope-francis-congress-speech.html.

24 Flora Lewis, "A Geopolitical New Deal: Realism Means Helping the World," *International Herald Tribune*, October 28, 2001.

25 See Robert Spencer, "Hamas: 'We Love Death like Our Enemies Love Life!,'" "from Afghan jihadist Maulana Inyadullah." *Jihad Watch*, July 31, 2014, http://www.jihadwatch.org/hamas-we-love-death-like-our-enemies-love-life. 저자는 또한 이 개념이 이슬람 테러리스트들에 의해 널리 사용된다고 지적한다. "이것은 이슬람 지하드주의자들이 자주 반복하는 죽음에 대한 열망에 대한 또 다른 진술일 뿐이다. 한 무슬림 어린이 설교자는 자신이 가장 증오하도록 배운 사람들을 조롱했다. '오 시온주의자들이여, 우리는 사랑합니다. 당신이 사탄을 위해 삶을 사랑하는 만큼, 알라를 위해 죽음을 맞이하십시오.' 지하드 대량학살자 모하메드 메라(Mohamed Merah)는 자신이 '삶보다 죽음을 더 사랑했다'고 말했다. 나이지리아 지하디스트 아부바카르 쉐카우(Abubakar Shekau)는 '나는 심지어 죽음을 갈망하고 있다'고 말했다. 아이만 알자와히리(Ayman al-Zawahiri)의 아내는 무슬림 여성들에게 이렇게 충고했다. '저는 여러분의 자녀를 지하드와 순교 신앙으로 키우고 그들에게 종교와 죽음에 대한 사랑을 심어줄 것을 조언합니다.' 그리고 한 지하디스트가 말했듯이 '우리는 죽음을 사랑합니다. 당신은 당신의 삶을 사랑합니다!' 또 다른 문구는 다음과 같다. '미국인들은 펩시콜라를 사랑하지만, 우리는 죽음을 사랑합니다.' 그것은 아프가니스탄 지하디스트 마울라나 인야둘라(Maulana Inyadullah)가 보낸 것이었다."

26 See BBC News, "Islamic State 'We Love Death as You Love Life," YouTube, www.youtube.com/watch?v=zlfagPS6490: "John Simpson examines the successes of Islamic State and the consequences for those affected."

27 Hannah Arendt, *The Life of the Mind*, vol. 1: Thinking (New York: Harcourt, Brace Jovanovich, 1978). 인용문은 Wikiquotes에서 액세스할 수 있으며 수많은 다른 인용문 모음에서도 찾을 수 있다.

28 J. K. Rowling, *Harry Potter and the Sorcerer's Stone* (New York: Scholastic, Arthur A. Levine Books, 1998).

1　Israel W. Charny and Daphna Fromer, "A Study of the Readiness of Jewish/Israeli Students in the Health Professions to Authorize and Execute Involuntary Mass Euthanasia of 'Severely Handicapped' Patients," *Holocaust and Genocide Studies* 5, no. 3 (1990): 313-335.

2　Israel W. Charny and Daphna Fromer, "A Study of the Readiness of Jewish/Israeli Students in the Health Professions to Authorize and Execute Involuntary Mass Euthanasia of 'Severely Handicapped' Patients," *IDEA: A Journal of Social Issues* 9, no. 1 (September 25, 2004).

3　앞에서 언급한 마지막 두 연구의 요약과 홀로코스트 가해자의 자녀에 대한 추가 연구의 요약을 보려면, Israel W. Charny, "To Commit or Not to Commit to Human Life: Children of Victims and VictimizersAll," *Contemporary Family Therapy* 21, no. 5 (1990): 407-426.를 참조하라.

4　Israel W. Charny and Daphna Fromer, "A Study of Attitudes of Viewers of the Film 'Shoah' toward an Incident of Mass Murder by Israeli Soldiers (Kfar Kassem, 1956)," *Journal of Traumatic Stress* 5, no. 2 (1992): 303-318. See also Ruvik Rosenthal, ed., *Kfar Kassem: Myth and History* (Tel Aviv: Hakibutz Hameuchad, 2000) (Hebrew).

5　Claude Lanzmann, *Shoah: An Oral History of the Holocaust* (New York: Pantheon, 1985).

6　Shimon Sachs, *Operation T4: The Extermination of the Disabled in the Third Reich* (Tel Aviv: Papyrus Publishing House, University of Tel Aviv, 1985) (Hebrew); Henry Friedlander, *The Origins of the Nazi Genocide: From Euthanasia to the Final Solution* (Chapel Hill: University of North Carolina Press, 1995).

7　편집자 의견: 언급한 바와 같이, 저자인 나는 크파르 카심에서의 살인을 "제노사이드적 대량학살(genocidal massacre)"로 분류하지만, 이스라엘 개방대학에서 출판한 원본 책의 편집자는 "대량학살(massacre)"이라는 용어가 더 정확하다고 믿고 이 의견을 추가할 필요성을 느꼈다.

8　Stanley Milgram, *Obedience to Authority: An Experimental View* (New York: Harper and Row, 1974); Stanley Milgram, *Obedience* (a film) (University Park, PA: Penn State Audio-Visual Services [distributor], 1965). 미국심리학회(American Psychological Association)의 권위 있는 국내 저널에 최근 출판된 특별호는 밀그램의 작업을 확증하고, 확장하고, 이해하는 데 전념했다. See, especially, Jerry M. Burger, "Replicating Milgram: Would People Still Obey Today?," *American Psychologist* 64, no. 1 (2009): 1; Thomas Blass, "From New Haven to Santa Clara: A Historical Perspective on the Milgram Obedience Experiments," *American Psychologist* 64, no. 1 (2009): 44.

9   Herbert C. Kelman and V. Lee Hamilton, *Crimes of Obedience: Towards a Social Psychology of Authority and Responsibility* (New Haven, CT, and London: Yael University Press, 1989).

10 처음 출판된 지 14년 후인 2004년에 우리는 첫 번째 실험에 대한 논문을 이 디지털 온라인 저널에 다시 게재해 달라는 요청을 받았다. See note 2.

11 Steven L. Jacobs, "Holocaust and Genocide Studies: The Future Is Now," *Center News: Center for Holocaust, Genocide, and Peace Studies* [University of Nevada, Reno] 3, no. 2 (1998): 10-13.

12 Aluf Hareven, *Do Israelis Really Respect Human Dignity?* (Jerusalem: Israel Democracy Institute, 2003), 47-48 (Hebrew).

13 Yoel Elizur and Nufar Yishai-Karin, "How Does a Situation Happen? Wrongdoing by I.D.F. Soldiers in the Intifada," *Alpayim* 31 (2007): 25-54 (Hebrew); Yoel Elizur, "Participation in Atrocities among Israeli Soldiers during the First Intifada: A Qualitative Analysis," *Journal of Peace Research* 46, no. 2 (March 2009): 251-2267.

14 Yoel Elizur, ed., *The Blot of a Light Cloud: Israeli Soldiers, Army, and Society in the Intifada* (Tel Aviv: Kibbutz Hameuchad Press, 2012) (Hebrew) (quoted from draft of book shortly before publication).

15 Elizur and Yishay-Krien, "How Does a Situation Happen?"

16 Dalia Karpel, "Hamedovevet (The One Who Makes People Talk)," *Haaretz Weekend Magazine*, September 21, 2007 (Hebrew).

17 이 내용과 이후의 엘리저 인용문은 그의 저서 *Salt of the Earth: Israeli Soldiers, Army, Society in the Intifada* (Jerusalem: Kibbutz Meuchad and Van Leer Institute, 2012)(Hebrew)에서 나왔다.

18 자발리야(Jabaliya) 난민 캠프의 하니 알 하시미(Hani al-Hashimi)를 살해한 혐의로 기바티(Givati) 여단 병사들을 재판한 1988년 8월 22일 판결에서 발췌.

19 Dan Bar-On, *Legacy of Silence: Encounters with Children of the Third Reich* (Cambridge, MA: Harvard University Press, 1989).

20 Dan Bar-On, *The "Others" within Us: A Socio-psychological Perspective on Changes in Israeli Identity* (Beersheba: Ben-Gurion University of the Negev, 2005) (Hebrew).

참고문헌

Adler, Robert. "Are We on Our Way Back to the Dark Ages?." *New Scientist* 2 (2005): 26-27.

Adorno, Theodor W., Else Frenkel-Brunswik, Daniel Levinson, and Nevitt Sanford. *The Authoritarian Personality*. New York: Harper, 1950.

Alterman, Nathan. *Ha-tur ha-Shvi'i* (The Seventh Column). Book 1. Tel Aviv: Kibbutz Hameuchad, 1976-1977 (Hebrew).

Alvarez, Alex. *Governments, Citizens, and Genocide: A Comparative and Interdisciplinary Approach*. Bloomington: Indiana University Press, 2001.

_____. *Genocidal Crimes*. New York: Taylor and Francis, 2009.

American Psychiatric Association. *Diagnostic and Statistical Manual*. 4th rev. ed. Washington, DC: American Psychiatric Association, 1994.

Asch, Solomon E. "Studies of Independence and Conformity: A Minority of One against a Unanimous Majority." *Psychological Monographs* 70, no. 416 (1956): 3-45.

_____. "Opinions and Social Pressure." *Scientific American* 193, no. 5 (1995): 31-35. Askenasy, Hans. *Are We All Nazis?* Secaucus, NJ: Lyle Smart, 1978.

Auron, Yair. *Sensitivity to the World's Suffering: Genocide in the 20th Century*. Tel Aviv: Kibbutzim College of Education, 1994 (Hebrew).

_____. *The Pain of Knowledge: Holocaust and Genocide Issues in Education*. New Brunswick, NJ: Transaction Publications, 2005.

_____. *So That I Wouldn't Be among the Silent*. Ra'anana: Open University Press, 2010(Hebrew).

_____. *Reflections on the Inconceivable: Theoretical Aspects in Genocide Studies*. Ra'anana: Open University Press, 2010 (Hebrew).

Bach, George, and Peter Wyden. *The Intimate Enemy: How to Fight Fair in Love and Marriage*. New York: William Morrow, 1969.

Bar-On, Dan. *Legacy of Silence: Encounters with Children of the Third Reich*. Cambridge, MA: Harvard University Press, 1989.

_____. *The "Others" within Us: A Socio-psychological Perspective on Changes in Israeli Identity*. Beersheba: Ben-Gurion University of the Negev, 2005 (Hebrew).

Baum, Steven K. *The Psychology of Genocide: Perpetrators, Bystanders, and Rescuers*. New York: Cambridge University Press, 2008.

Baumeister, Roy F. *Meanings of Life*. New York: Guildford Press, 1991.

_____. *Evil: Inside Human Violence and Cruelty*. New York: Freeman, 1997.

Bazyler, Michael J. "Holocaust Denial Laws and Other Legislation Criminalizing Promotion of Nazism." *GPN: Genocide Prevention Now* 1 (February 2010). http://www.genocidepreventionnow.org.

Becker, Ernest. *The Denial of Death*. New York: Free Press, 1973.

Berenbaum, Michael, ed. *A Mosaic of Victims: Non-Jews Persecuted and Murdered by the Nazis*. New York: New York University Press, 1990.

_____. *The World Must Know: The History of the Holocaust as Told in the United States Holocaust Memorial Museum*. Boston: Little, Brown, and Co., 1993.

_____. "The Holocaust, Non-Jewish Victims." In *Encyclopedia of Genocide*, 324327. Santa Barbara, CA: ABC-CLIO, 1999.

_____. "What Makes a Museum Great?" *Haaretz English Edition*, March 4, 2005, B5. Berktay, Halil. "Armenia-Genocide Denied." *Dateline*, Australian Television, by Matthew Carney, October 9, 2002.

Blass, Thomas, ed. *Obedience to Authority: Current Perspectives on the Milgram Paradigm*. Mahwah, NJ: Lawrence Erlbaum Associates, 2000.

_____. "From New Haven to Santa Clara: A Historical Perspective on the Milgram Obedience Experiments." *American Psychologist* 64, no. 1 (2009): 44.

Blitz, Pnina. "Parental Collusions in Destructiveness towards a Child as a Cause of Psychiatric and Emotional Disturbance." Unpublished MSW dissertation, Bob Shapell School of Social Work, Tel Aviv University, 1993.

Brecht, Bertolt. *Poems 1913-1956*. New York: Eyre Methuen Ltd., 1976.

Bridgman, Jon, and Leslie J. Worley. "Genocide of the Hereros." In *Genocide in the Twentieth Century: Critical Essays and Eyewitness Accounts*, edited by Samuel Totten, William S. Parsons, and Israel W. Charny, 3-48. New York: Garland Publishing Company, 1995. See also the latest edition: *Century of Genocide*, edited by Samuel Totten and William S. Parsons. New York: Routledge, 2015.

Browning, Christopher. *Ordinary Men: Reserve Battalion 101 and the Final Solution in Poland*. New York: Harper Collins, 1998.

Burger, Jerry M. "Replicating Milgram: Would People Still Obey Today?" *American Psychologist* 64, no. 1 (2009): 1.

Burleigh, Michael. *The Third Reich: A New History*. New York: Hill and Wang 2000.

Camus, Albert. *Neither Victims nor Executioners*. Translated by D. MacDonald. New York: Continuum, 1980.

Canetti, Elias. *Crowds and Power*. London: Phoenix, 2000.

Carver, C. S., and M. F. Scheier. *On the Self-Regulation of Behavior*. Cambridge: Cambridge University Press, 1998.

Charny, Israel W. "The Psychotherapist as Teacher of an Ethic of Nonviolence." *Voices: The Art and Science of Psychotherapy* 3 (1967): 57-66.

_____. "The Psychology of Genocide." *International Problems* 10, no. 1-2 (1971): Xxxxi-xXxxvii (Hebrew).

_____. "Normal Man as Genocider: We Need a Psychology of Normal Man as Genocider, Accomplice or Indifferent Bystander to Mass Killing of Man." *Voices: The Art and Science of Psychotherapy* 7, no. 2 (1971): 68-79.

_____. "Genocide: The Ultimate Human Rights Problem." Special issue on human rights. *Social Education* 49, no. 6 (1985).

_____. "Genocide and Mass Destruction: Doing Harm to Others as a Missing Dimension in Psychotherapy." *Psychiatry* 49, no. 2 (1986): 144-157.

_____. "Marital Therapy and Genocide: A Love of Life Story." In *Voices in Family Therapy*, edited by Florence Kaslow, 69-90. Beverly Hills, CA: Sage, 1990.

_____. "To Commit or Not to Commit to Human Life: Children of Victims and Victimizers-All." *Contemporary Family Therapy* 21, no. 5 (1990): 407-426.

_____. *Existential/Dialectical Marital Therapy: Breaking the Secret Code of Marriage.* New York: Brunner/Mazel, 1992.

_____. "Evil in Human Personality: Disorders of Doing Harm to Others in Family Relationships." In *Handbook of Relational Diagnosis and Dysfunctional Family Patterns*, edited by Florence Kaslow, 477-495. New York: Wiley, 1996.

_____. "Disorders of Incompetence and Pseudocompetence in Marital, Family and Parental Relationships." In Israel W. Charny, "Evil in Human Personality: Disorders of Doing Harm to Others in Family Relationships." In *Handbook of Relational Diagnosis and Dysfunctional Family Patterns*, edited by Florence W. Kaslow, 477-495. New York: Wiley, 1996.

_____. Editor in chief. *Encyclopedia of Genocide.* Associate editors: Rouben Paul Adalian, Steven L. Jacobs, Eric Markusen, Samuel Totten; bibliographic editor: Marc I. Sherman; forewords by Archbishop Desmond M. Tutu and Simon Wiesenthal. Santa Barbara, CA: ABC-CLIO, 1999.

_____. "Dehumanization: Killing the Humanity of Another." In *Encyclopedia of Genocide*, 155-157. Santa Barbara, CA: ABC-CLIO, 1999.

_____. "Genocide Early Warning System (GEWS)." In *Encyclopedia of Genocide*, 253-265. Santa Barbara, CA: ABC-CLIO, 1999.

_____. "Life Unworthy of Living." In *Encyclopedia of Genocide*, 404. Santa Barbara, CA: ABC-CLIO, 1999.

_____. "Psychology of Sacrificing." In *Encyclopedia of Genocide*, 485-487. Santa Barbara, CA: ABC-CLIO, 1999.

_____. "Innocent Denials of Known Genocides: A Further Contribution to a Psychology of Denial of Genocide." *Human Rights Review* 1, no. 3 (2000): 15-39.

_____. "A Classification of Denials of the Holocaust and Other Genocides." *Journal of Genocide Research* 5, no. 1 (2003): 11-34.

_____. *Fascism and Democracy in the Human Mind.* Lincoln: University of Nebraska Press, 2006.

_____. *Fighting Suicide Bombing: A Worldwide Campaign for Life.* Westport, CT: Praeger Security International, 2007. .

Charny, Israel W., and Shamai Davidson, eds. *The Book of the International Conference on the Holocaust and Genocide: Conference Program and Proceedings.* Tel Aviv: Institute on the Holocaust and Genocide, 1984.

Charny, Israel W., and Daphna Fromer. "A Study of the Readiness of Jewish/ Israeli Students in the Health Professions to Authorize and Execute Involuntary Mass Euthanasia of 'Severely Handicapped' Patients." *Holocaust and Genocide Studies* 5, no. 3 (1990): 313-335.

_____. "The Readiness of Health Profession Students to Comply with a Hypothetical Program of 'Forced Migration' of a Minority Population." *American Journal of Orthopsychiatry* 60, no. 4 (1990): 486-495.

_____. "A Study of Attitudes of Viewers of the Film 'Shoah' toward an Incident of Mass Murder by Israeli Soldiers. Kfar Kassem, 1956." *Journal of Traumatic Stress* 5, no. 2 (1992): 303-318.

Charny, Israel W., and Chanan Rapaport. *A Genocide Early Warning System: Establishing a Data Bank for Events of Genocide and Other Major Violations of Human Rights.* Jerusalem: Szold National Institute for Research in the Behavioral Sciences, 1977.

_____. *How Can We Commit the Unthinkable? Genocide: The Human Cancer.* Boulder, CO: Westview Press, 1982.

_____. "Toward a Genocide Early Warning System." In *How Can We Commit the Unthinkable? Genocide: The Human Cancer*, edited by Israel W. Charny and Chanan Rapaport, 283-331. Boulder, CO: Westview Press, 1982.

Christie, N. "Definition of Violent Behavior." In *International Course of Criminology: The Faces of Violence*, 1:25-34. Maracaibo, Venezuela: University del Zulia, 1974.

Clark, Robert A. "Friends and Aggression" (mimeographed paper). Philadelphia: American Friends Service Committee, 1965.

Coloroso, Barbara. *Extraordinary Evil: A Brief History of Genocide*. Toronto: Viking Canada, 2007.

Cribb, Robert. "Indonesia, Genocide in." In *Encyclopedia of Genocide*, 355. Santa Barbara, CA: ABC-CLIO, 1999.

Curtis, Mark. "Democratic Genocide: Britain and the United States Aided Genocide in Indonesia." *Ecologist* 26, no. 5 (1996). See also in *Encyclopedia of Genocide*, 355. Santa Barbara, CA: ABC-CLIO, 1999.

Dadrian, Vahakn N. "The Role of Turkish Physicians in the World War I Genocide of Ottoman Armenians." *Holocaust and Genocide Studies* 1, no. 2 (1986): 169-192. Darley, John M., and C. Daniel Batson. "From Jerusalem to Jericho': A Study of Situational and Dispositional Variables in Helping Behavior." In *Experiencing Social Psychology: Readings and Projects*, edited by Ayala Pines and Christina Maslach, 149-156. New York: Alfred Knopf, 1979.

Dicks, Henry. *Marital Tensions: Clinical Studies towards a Theory of Interactions*. New York: Basic Books, 1967.

Domhoff, G. William. "Senoi Dream Theory: Myth, Scientific Method, and the Dreamwork Movement." 2003. http://dreamresearch.net/Library/senoi. html.

Elizur, Yoel. "Participation in Atrocities among Israeli Soldiers during the First Intifada: A Qualitative Analysis." *Journal of Peace Research* 46, no. 2 (March 2009): 219-235.

_____. *Salt of the Earth: Israeli Soldiers, Army, and Society in the Intifada*. Jerusalem: Kibbutz Meuchad and Van Leer Institute, 2012 (Hebrew).

Elizur, Yoel, and Nuphar Yishay-Krien. "How Does a Situation Happen? Wrongdoing by I.D.F. Soldiers in the Intifada." *Alpayim* 31 (2007): 25-54 (Hebrew).

Eugenics Committee of the United States of America. "Outstanding Leaders in American Intelligentsia Were Avid Supporters of the Eugenics Movement in the 1930s." In *Encyclopedia of Genocide*, 220. Santa Barbara, CA: ABC-CLIO, 1999.

European Environmental Agency. Late Lessons from Early Warnings: The Precautionary Principle, 1896-2000. Environmental Issue Report No. 9. January 22, 2002. http://www.eea.europa.eu/publications/environmental _issue_report_2001_22.

Evans, Gareth, and Mohammed Sahnoun. "The Responsibility to Protect." *Foreign Affairs*(November-December 2002).

Fein, Helen. *Accounting for Genocide: National Responses and Jewish Victimization during the Holocaust*. New York: Free Press, 1979.

_____. "Genocide: A Sociological Perspective." *Current Sociology* 38, no. 1 (1990): 1-126.

_____, ed. *Genocide Watch*. New Haven, CT: Yale University Press, 1992.

_____, ed. *The Prevention of Genocide: Rwanda and Yugoslavia Reconsidered*. New York: Institute for the Study of Genocide, 1994.

Feltham, Colin. *What's Wrong with Us? The Anthropology Thesis*. New York: Wiley, 2007.

Festinger, Leon. *A Theory of Cognitive Dissonance*. Stanford, CA: Stanford University Press, 1957.

Frankenstein, Carl. *The Roots of the Ego: A Phenomenology of Dynamics and of Structure*. Baltimore: Williams and Wilkins, 1966.

French, Howard W. "China Lifts a Curtain: Private Shrine Tells of 1960's Madness." *International Herald Tribune*, May 30, 2005.

Friedlander, Henry. *The Origins of the Nazi Genocide: From Euthanasia to the Final Solution*. Chapel Hill: University of North Carolina Press, 1995.

Fromm, Erich. *For the Love of Life*. New York: Free Press, 1986.

Geyer, Matthias. "An S.S. Officer Remembers: The Bookkeeper from Auschwitz." *Der Spiegel*. May 9, 2005.

Gilbert, Gustave M. *The Psychology of Dictatorship: Based on an Examination of the Leaders of Nazi Germany*. New York: Ronald Press, 1950.

Gilbert, Martin. *The Holocaust-the Jewish Tragedy*. London: Collins, 1986.

Girard, René. *Violence and the Sacred*. Baltimore: Johns Hopkins University Press, 1977.

Gollwitzer, Peter M., and John A. Bargh, eds. *The Psychology of Action: Linking Cognition to Motivation to Behavior*. New York: Guilford Press, 1996.

Gourevitch, Philip. *We Wish to Inform You That Tomorrow We Will Be Killed with Our Families*. New York: Farrar, Strauss and Giroux, 1998.

Green, Hannah. *I Never Promised You a Rose Garden*. New York: Penguin Books, 1964.

Green, Saguy. "How Could They Kill Small Children?" *Haaretz English Edition*, October 26, 2000.

Greenwald, Anthony G. "The Totalitarian Ego: Fabrication and Revision of Personal History." *American Psychologist* 35, no. 7 (1980): 603-618.

Hall, Calvin S. *The Meaning of Dreams*. New York: Harper and Row, 1953.

Hamburg, David A. *Preventing Genocide: Practical Steps toward Early Detection and Effective Action*. Boulder, CO: Paradigm Publishers, 2008.

Hareven, Aluf. *Do Israelis Really Respect Human Dignity?* Jerusalem: Israel Democracy Institute, 2003 (Hebrew).

Harff, Barbara. "No Lessons Learned from the Holocaust? Assessing Risks of Genocide and Political Mass Murder since 1955." *American Political Science Review* 97 (2003): 57-73.

Harff, Barbara, and Ted Robert Gur. "Toward an Empirical Theory of Genocides and Politicides: Identification and Measurement of Cases since 1945." *International Studies Quarterly* 32 (1988): 359-371.

Harmon-Jones, Eddie, and Judson Mills, eds. *Cognitive Dissonance: Progress on a Pivotal Theory in Social Psychology*. Washington, DC: American Psychological Association, 1999.

Higgins, E. Tory. "Value from Hedonic Experience and Engagement." *Psychological Review* 113 (2006): 439-460.

Hinton, Alexander Laban. "Explaining the Cambodian Genocide in Terms of Psychological Dissonance." *American Anthropologist* 98, no. 4 (1996): 818-831.

_____. "Comrade Ox Did Not Object When His Family Was Killed." In *Encyclopedia of Genocide*, 135. Santa Barbara, CA: ABC-CLIO, 1999.

_____. *Annihilating Difference: The Anthropology of Genocide*. Los Angeles: University of California Press, 2002.

_____. *Genocide: An Anthropological Reader*. London: Blackwell, 2002.

_____. *Why Did They Kill? Cambodia in the Shadow of Genocide*. Berkeley: University of California Press, 2005.

Horney, Karen. *The Neurotic Personality of Our Time*. New York: Norton, 1937.

_____. *Self-Analysis*. New York: Norton, 1942.

Human Rights Watch, *Erased in a Moment: Suicide Bombing Attacks on Israeli Civilians, 2002*. http://www.hrw.org/en/reports/2002/10/15/erased-moment -0. "I Saw the Face of a Relative': Tuol Sleng Interrogation Center Museum" (feature story from press reports). *Encyclopedia of Genocide*, 423. Santa Barbara, CA: ABC-CLIO, 1999.

Jacobs, Steven Leonard. "Holocaust and Genocide Studies: The Future Is Now." *Center News: Center for Holocaust, Genocide, and Peace Studies* [University of Nevada, Reno] 3, no. 2 (1998): 10-13.

_____. *Confronting Genocide: Judaism, Christianity, Islam*. Lanham, MD: Lexington Books, 2009.

"Japanese Unit 731: Dread Medical Experiments That Preceded the Nazis" (feature story from press reports). *Encyclopedia of Genocide*, 413. Santa Barbara, CA: ABC-CLIO, 1999.

Jones, Ron. "The Third Wave." In *Experiencing Social Psychology*, edited by Ayala Pines and Christina Maslach, 203-211. New York: Alfred A. Knopf, 1979.

Jung, Carl. *Wild Swans: Three Daughters of China*. New York: Touchstone, 2003.

Jung, Carl, and Jon Halliday. *Mao: The Unknown Story*. New York: Knopf, 2005.

Kahnemann, Daniel. "Psychology of Large Mistakes and Important Decisions." Seventh Oscar Van Leer Annual Lecture, Van Leer Institute, Jerusalem, September 7, 1973.

_____. *Attention and Effort*. Englewood Cliffs, NJ: Prentice Hall, 1973.

Karpel, Dalia. "Hamedovevet (The One Who Makes People Talk)." *Haaretz Weekend Magazine*, September 21, 2007 (Hebrew).

Katz, Steven T. *The Holocaust in Historical Context. Vol. 1: The Holocaust and Mass Death before the Modern Age*. New York: Oxford University Press, 1994.

Kaufman, Edy, with the assistance of Pedro Herscovici. "Argentina: The 'Dirty War' of Disappearances, 1976-1983." In *Encyclopedia of Genocide*, 655-657. Santa Barbara, CA: ABC-CLIO, 1999.

Kelley, Douglas M. *Twenty-Two Cells in Nuremberg: A Psychiatrist Examines the Nazi Criminals*. New York: Greenberg, 1947; New York: MacFadden, 1961.

Kelman, Herbert C., and V. Lee Hamilton. *Crimes of Obedience: Towards a Social Psychology of Authority and Responsibility*. New Haven, CT: Yale University Press, 1989.

Keren, Nili. "Evil in the Mirror." *Haaretz English Edition*. January 7, 2005.

Kershaw, Ian. *Hitler, 1889-1936: Hubris*. New York: Norton, 2000.

_____. *Hitler, 1936-1945: Nemesis*. New York: Norton, 2001.

Kesey, Ken. *One Flew over the Cuckoo's Nest*. New Jersey: Viking, 1962.

Kiernan, Ben. "The Cambodian Genocide and Its Leaders." In *Encyclopedia of Genocide*, 129-132. Santa Barbara, CA: ABC-CLIO, 1999.

_____. *How Pol Pot Came to Power: Colonialism, Nationalism, and Communism in Cambodia, 1930-1975*. New Haven, CT: Yale University Press, 2007.

Klein, Melanie. *The Collected Writings of Melanie Klein. 4 vols*. London: Hogarth, 1975.

Kren, George M., and Rappoport, Leon. *The Holocaust and the Crisis of Human Behavior*. Rev. ed. New York: Holmes and Meier, 1994 (originally published in 1980).

Kulcsar, I. Shlomo. "De Sade and Eichmann." In *Strategies against Violence: Design for Nonviolent Change*, edited by Israel W. Charny, 19-33. Boulder, CO: Westview, 1987.

Kulcsar, I. Shlomo, Shoshana Kulscar, and L. Szondi. "Adolf Eichmann and the Third Reich." In *Crime, Law, and Corrections*, edited by Ralph Slovenko, 16-52. Springfield, IL: Charles Thomas, 1966.

Kuper, Leo. "Types of Genocide and Mass Murder." In *Towards the Understanding and Prevention of Genocide: Proceedings of the International Conference on the Holocaust and Genocide*, edited by Israel W. Charny, 32-47. Boulder, CO, and London: Westview Press and Bowker Publishing, 1984.

_____. *The Prevention of Genocide*. New Haven, CT: Yale University Press, 1985.

_____. "Theological Warrants for Genocide: Judaism, Islam, and Christianity." *Terrorism and Political Violence* 2, no. 3 (1990): 351-379.

_____. "Other Selected Cases of Genocide and Genocidal Massacres: Types of Genocide." In *Genocide: A Critical Bibliographic Review*, edited by Israel W. Charny, 155-171. London and New York: Mansell Publishing and Facts on File, 1998.

Lang, Berel. *Act and Idea in the Nazi Genocide: Religion, Theology, and the Holocaust*. Syracuse, NY: Syracuse University Press, 2003.

Lanzmann, Claude. *Shoah: An Oral History of the Holocaust*. New York: Pantheon, 1985.

Lapid, Pinhas. "A Dress Rehearsal for the Holocaust." *Bar Ilan University Bulletin* (summer 1974): 14-20 (Hebrew).

Le Bon, Gustave. *The Crowd: A Study of the Popular Mind*. London: F. Unwin, 1903 (translated from the French).

Lemarchand, René. "Rwanda and Burundi, Genocide." In *Encyclopedia of Genocide*, 508-513. Santa Barbara, CA: ABC-CLIO, 1999.

Lepage, Jean-Denis. *Hitler Youth, 1922-1945: An Illustrated History*. Jefferson, NC: McFarland and Company, 2008.

Levi, Primo. *The Drowned and the Saved*. New York: Vintage International, 1989.

Levy, D. M. "The Act as a Unit." *Psychiatry* 25 (1962): 295-314.

Lewis Herman, Judith. *Trauma and Recovery: The Aftermath of Violence-from Domestic Abuse to Political Terror*. New York: Basic Books, 1997.

Lifton, Robert J. *The Broken Connection: On Death and the Continuity of Life*. New York: Simon and Schuster, 1979.

_____. *The Nazi Doctors: Medical Killing and the Psychology of Genocide*. New York: Basic Books, 1986.

Lindner, Evelin. *Making Enemies: Humiliation and International Conflict*. New York: Praeger Security International, 2009.

Lipstadt, Deborah. *Denying the Holocaust: The Growing Assault on Truth and Memory*. New York: Free Press, 1993.

Littell, Franklin H. "Early Warning." *Holocaust and Genocide Studies* 3, no. 4 (1998): 483-490.

_____. "Early Warning System (E.W.S.)." In *Encyclopedia of Genocide*, 261-265. Santa Barbara, CA: ABC-CLIO, 1999.

Lorenz, Konrad. *On Aggression*. New York: Harcourt, Brace and World, 1966.

Malik, Habib. "Can Christians and Muslims Relate in Peace?." Council for Christian Colleges and Universities. February 3, 2003. http://www.cccu. org/professional_development/resource_library/speech_can_christians_a nd_muslims_relate_in _peace.

Margalit, Avishai. *The Decent Society*. Cambridge, MA: Harvard University Press, 1996.

Markusen, Eric. "Genocidal Massacres." In *Encyclopedia of Genocide*, 248. Santa Barbara, CA: ABC-CLIO, 1999.

_____. "Psychology of Immortality: Robert Jay Lifton's Perspective on the Psychology of Immortality and Its Relevance for Genocidal Killing." In *Encyclopedia of Genocide*, 484-485. Santa Barbara, CA: ABC-CLIO, 1999.

Marrus, Michael R., and Robert O. Paxton. *Vichy France and the Jews*. New York: Basic Books, 1981.

Merton, Thomas, "A Devout Meditation in Memory of Adolph Eichmann." Reprinted in *Reflections* 2-3 (1967): 21-23.

Milgram, Stanley. *Obedience* (a film). University Park: Penn State Audio-Visual Services [distributor], 1965.

_____. *Obedience to Authority: An Experimental View*. New York: Harper and Row, 1974.

Nathan, Peter. "Fascism Makes You Feel Good." In *The Psychology of Fascism*, 95-106. London: Faber and Faber, 1943.

Neuberger, Benyamin. "Our Holocaust-and Others'." *Haaretz English Edition*. April 28, 2005. http://www.haaretz.com/print-edition/opinion/our-holocaustand -others-1.186432.

Neumann, Erich. *Depth Psychology and a New Ethic*. New York: Putnam's, 1969.

Orwell, George. *1984*. New York: Harcourt Brace and Company, 1949.

Oxfam. "Security Council Passes Landmark Resolution-World Has Responsibility to Protect People from Genocide." Press release, April 28, 2006.

Pilisuk, Marc, and Lyn Ober. "Torture and Genocide as Public Health Problems." *American Journal of Orthopsychiatry* 46, no. 3 (1976): 388-392.

Porter, Jack Nusan. "Holocaust Controversies: A Point of View." In *Encyclopedia of Genocide*, 307-312. Santa Barbara, CA: ABC-CLIO, 1999.

Power, Samantha. *A Problem from Hell: America and the Age of Genocide*. New York: Basic Books, 2002.

Raffensberger, Carolyn, and Joel Tickner. *Protecting Public Health and the Environment: Implementing the Precautionary Principle*. New York: Island Press, 1999.

Rees, Lawrence. *Auschwitz: The Nazis and the Final Solution*. London: BBC Books, 2005.

Reeves, Eric. *A Long Day's Dying: Critical Moments in the Darfur Genocide*. Toronto: Key Publishers, 2007.

"Responsibility to Protect-an Idea Whose Time Has Come and Gone?." *Economist*, July 23, 2009.

Richter, Elihu, and Richard Laster. "The Precautionary Principle, Epidemiology, and the Ethics of Delay." *International Journal of Occupational Medicine and Environmental Health* 17, no. 1 (2004): 9-16.

Richter, Elihu, and Jutta Lindert. "The Precautionary Principle and the Prevention of Genocide in the Light of the U.S. Genocide Prevention Task Force." Presented at the Seventh Biennial Conference of the International Association of Genocide Scholars, Bosnia-Herzegovina, July 10, 2007.

Richter, Elihu, Rony Blum, Tamar Berman, and Gregory H. Stanton. "Malthusian Pressures, Genocide, and Ecocide." *International Journal of Occupational and Environmental Health* 13, no. 3 (2007): 331-341.

Richter, Elihu, and Alex Barnea. "Tehran's Genocidal Incitement against Israel." *Middle East Quarterly* (2009): 45-51.

Rosenthal, Abraham M. *Thirty-Eight Witnesses*. New York: McGraw-Hill, 1964.

Rosenthal, Ruvik, ed. *Kafr Kassem: Myth and History*. Tel Aviv: Hakibutz Hameuchad, 2000 (Hebrew).

Rubinoff, Lionel. "In Nomine Diaboli: The Voices of Evil." In *Strategies against Violence: Design for Nonviolent Change*, edited by Israel W. Charny, 34-67. Boulder, CO: Westview, 1987.

Rummel, Rudolph J. *Lethal Politics: Soviet Genocide and Mass Murder since 1917*. New Brunswick, NJ: Transaction Publishers, 1990.

_____. *Democide: Nazi Genocide and Mass Murder*. New Brunswick, NJ: Transaction Publishers, 1991.

_____. *China's Bloody Century: Genocide and Mass Murder since 1900*. New Brunswick, NJ: Transaction Publishers, 1991.

_____. "Power Kills. Absolute Power Kills Absolutely." Special issue. *Institute on the Holocaust and Genocide* 38. Jerusalem: Institute on the Holocaust and Genocide.

_____. *Death by Government*. New Brunswick, NJ: Transaction Publishers, 1994.

_____. *Statistics of Democide*. Charlottesville: University of Virginia, Center for National Security Law, 1997.

_____. *Power Kills: Democracy as a Method of Nonviolence*. New Brunswick: Transaction Publishers, 1997.

_____. *Statistics of Democide: Genocide and Mass Murder since 1900*. New Brunswick: Transaction Publishers, 1999.

_____. "The New Concept of Democide." In *Encyclopedia of Genocide*, 324-327. Santa Barbara, CA: ABC-CLIO, 1999., 18-23.

_____. "Khmer Rouge and Cambodia." In *Encyclopedia of Genocide*, 34-67. Santa Barbara, CA: ABC-CLIO, 1999.

Sachs, Shimon. *Operation T4: The Extermination of the Disabled in the Third Reich.* Tel Aviv: Papyrus Publishing House, University of Tel Aviv, 1985 (Hebrew).

Schatzker, Chaim. "The Teaching of the Holocaust: Dilemmas and Considerations." In *Reflections on the Holocaust: Historical, Philosophical, and Educational Dimensions*, ed. Irene G. Shur, Franklin H. Littell, and Marvin E. Wolfgang. *Annals of the American Academy of Political and Social Science* 450. Philadelphia: American Academy of Political and Social Science, 1980.

Segraves, Robert Taylor. *Marital Therapy: A Combined Psychodynamic and Behavioral Approach.* New York: Plenum, 1982.

Seidelman, William E. "Eugenics and the Holocaust." In *Encyclopedia of Genocide*, 215-217. Santa Barbara, CA: ABC-CLIO, 1999.

Sheleff, Leon. *The Bystander: Behavior, Law, Ethics.* Lexington, MA: Lexington Books, 1978.

Stanton, Gregory. "The 8 Stages of Genocide." *Genocide Watch.* http://www.genocidewatch.org/aboutgenocide/8stagesofgenocide.html.

Stewart, Kilton. "The Dream Comes of Age." *Mental Hygiene* 46 (1962): 230-237.

Tarnow, Eugen. "Self-Destructive Obedience in the Airplane Cockpit and the Concept of Obedience Optimization." In *Obedience to Authority: Current Perspectives on the Milgram Paradigm*, edited by Thomas Blass, 111-123. Mahwah, NJ: Lawrence Erlbaum Associates, 2000.

Taylor, Cecil P. *Good: A Tragedy.* London: Methuen, 1982.

Totten, Samuel. "Pinochet, Augusto, and a New Legal Precedent toward Extradition in Charges of Genocide." In *Encyclopedia of Genocide*, 460-462. Santa Barbara, CA: ABC-CLIO, 1999.

Totten, Samuel, and Paul R. Bartrop, eds. *Dictionary of Genocide.* 2 vols. Westport, CT: Greenwood Press, 2008.

Totten, Samuel, and William S. Parsons, eds. *Century of Genocide.* New York: Routledge, 2015.

Travis, Carol, and Elliot Aronson. *Mistakes Were Made (but Not by Me): Why We Justify Foolish Beliefs, Bad Decisions, and Hurtful Acts.* Orlando, FL: Harcourt, 2007.

US Government. *Preventing Genocide: A Blueprint for U.S. Policymakers.* Genocide Prevention Task Force. Madeline K. Albright and William S. Cohen, Cochairs, December 2008.

Waller, James. *Becoming Evil: How Ordinary People Commit Genocide and Mass Killing.* 2nd ed. New York: Oxford University Press, 2007.

Wiesel, Elie. *The Town beyond the Wall.* New York: Althenium, 1964.

_____. *Shiva Yamim* (weekly magazine of *Yediot Aharonot*). N.d., probably late 1960s (Hebrew).

_____. "Then and Now: The Experiences of a Teacher." *Social Education* 42, no. 4 (1978): 266-271.

Williams, Ian. "Ban Ki Mon and R2P." *Foreign Policy in Focus.* August 3, 2009.

Winnicott, Donald W. "Hate in the Countertransference." *Voices: The Art and Science of Psychotherapy* 1, no. 2 (1965): 102-109.

World Health Organization. World Summit Outcome, Document 15, September 2005.

Zimbardo, Philip G., Craig Haney, W. Curtis Banks, and David Jaffe. "The Psychology of Imprisonment, Privation, Power, and Pathology." In *Theory and Research in Abnormal Psychology*, edited by David Rosenhan and Perry London, 270-287. 2nd ed. New York: Holt, Reinhart and Winston, 1975.

Zimbardo, Philip G., and Alan Funt. *Candid Camera Classics in Social Psychology: Viewer's Guide and Instructor's Manual.* New York: McGraw-Hill, 1992.

Zimbardo, Philip G., Christina Maslach, and Craig Haney. "Reflections on the Stanford Prison Experiment: Genesis, Transformations, Consequences." In *Obedience to Authority: Current Perspectives on the Milgram Paradigm*, edited by Thomas Blass, 193-237. Mahwah, NJ: Lawrence Erlbaum Associates, 2000.

Zimbardo, Philip G. *The Lucifer Effect: How Good People Turn Evil.* New York: Random House, 2007.

Zuckerman, Marvin. *Sensation Seeking: Beyond the Optimal Level of Arousal.* Hillsdale, NJ: Erlbaum, 1979.

찾아보기

타인에게 해를 끼칠
준비가 되어 있는지

독자를 위한
학습 목록

| 책에 나온 순서대로 나열 |

01

살거나 죽겠다는 우리의 의지와 타인에 대한 우리의 소망에 대한 연습(292~295쪽), 살고자 하는 우리의 의지에 관한 연습(292쪽), 타인이 살해되는 것을 보고 아마도 우리 자신도 대량학살 과정에서 적극적인 역할을 하는 것을 보고자 하는 우리의 개인적 의지에 대한 연습(293쪽).

02

투사와 관련된 연습(296~298쪽), 우리 삶의 어려운 관계에 대한 연습(296쪽), 다른 민족, 인종, 국가 또는 종교 집단(자기 종교의 하위 집단 포함) 구성원을 향한 적대적 투사에 대한 연습(297쪽).

03

타인을 모욕하는 것에 대한 연습(299쪽).

04

권력 중독에 관한 초기 연습(300~303쪽), 어떤 리더십 위치에 끌리는지에 대한 연습(300쪽), 권위를 갖고 타인보다 우월해지려는 우리의 욕구에 대한 연습(301쪽), 더욱 강렬해진 독재적이고 굴욕적이며 공격적인 행동에 대한 연습(302쪽).

05

비인간화, "사물화"(또는 타인을 "사물"로 분류하는 행위), 악마화(악의 힘과 의도를 타인에게 돌리는 행위)에 대한 연습(304~307쪽), 타 집단 구성원에 대한 혐오감에 대한 연습(304쪽), 타 집단 구성원을 향한 차별 준비에 대한 연습(305쪽), 타 집단 구성원을 죽이려는 우리의 준비 상태에 대한 연습(305쪽).

06

대다수 인구의 행동에 따라 타인을 해치거나 죽일 준비가 되어 있는지에 대한 자기 분석 및 평가 연습(306~307쪽).

07

우리 주변에 있는 다수의 지속적 활동에 참여하는 것에 대한 연습(308쪽).

08

사악한 잔학 행위를 목격하는 것에 대한 연습(309쪽).

09

대중의 의견에 맞설 수 있는 능력에 대한 자기 분석 연습(310~311쪽).

10

교회, 국제 기업 및 기타 국제기관의 행동에 대한 연습(312쪽).

11

소수의 타인, 혹은 다수의 집단에 있으면서 홀로 격렬하게 행동하는 것에 대한 연습(313쪽).

12

[남성만을 위한 연습] 강간을 저지르는 것에 대해 당신은 어디에 위치하고 있습니까?: 집단의 영향과 부추김에 따른 학대와 강간에 대한 나의 태도에 대한 연습(314쪽).

13

타인을 고문하고 심지어 살해할 수도 있는 집단에 참여할 준비가 되어 있는지에 대한 연습(315~316쪽).

14

품위 있는 사람이 되기 위해 우리가 평생 동안 활용할 마지막
훈련: "일반인"과 장군, 국가 원수 모두를 위해 고안된 일상생
활을 위한 간단한 명상과 선택의 실천(317쪽).

저자 및
예루살렘 홀로코스트 & 제노사이드 연구소 소개

이스라엘 W. 차니(Israel W. Charny)는 미국, 유럽, 이스라엘에서 특히 제노사이드 연구 및 예방 분야의 리더이자 임상 심리학자 및 가족 치료 사로서의 활동으로 널리 알려진 미국인이자 이스라엘인이다.

제노사이드의 학문적 연구를 위한 그의 헌신은 1960년대 중반으로 거슬러 올라간다. 1970년대 중반에 그는 그 이후로 자신의 작업을 정의한 두 가지 목표를 스스로 공식화했다. 즉 대량학살 심리학에 대한 자신의 연구를 지속하는 것, 대량학살을 거부하는 것, 대량학살에 대한 정보 전파를 위한 의사소통 기술을 개발하는 것, 대량학살 조기 경고 체제 수립 등이다. 이를 통해 그는 제노사이드 연구 분야의 발전에 크게 기여했다. 그는 또한 이스라엘 가족치료협회의 창립자이자 초대 회장, 국제가족치료협회 전 회장, 국제 집단살해 학자 협회의 공동 창립자이자 전 회장으로도 잘 알려져 있다.

그는 가족치료와 제노사이드에 관해 많은 호평을 받는 책을 썼다. 세 권의 책은 미국 도서관 협회에서 올해의 뛰어난 학술 도서로 선정되었다. 『제노사이드: 비판적 서지 검토(Genocide: A Critical Bibliographic Review, 1988)』,

『제노사이드 백과사전(Encyclopedia of Genocide, 1999 ~2000)』, 그리고 『인간 내면의 파시즘과 민주주의(Fascism and Democracy in the Human Mind, 2006)』. 로우만 & 리틀필드(Rowman & Littlefield) 출판사에서는 다른 두 권의 책도 곧 출간될 예정이다. 『민주주의적 정신을 위한 더 적은 약과 더 많은 영혼 및 정신의학을 통한 심리학과 정신의학(A Democratic Mind: Psychology and Psychiatry with Fewer Meds and More Soul and Psychotherapy for a Democratic Mind)』, 『친밀감, 비극, 폭력 및 악의 치료(Treatment of Intimacy, Tragedy, Violence, and Evil)』.

2011년에 그는 "아르메니아 제노사이드에 대한 국제적 인식과 제노사이드 부정화에 대한 연구에 기여한 수십 년간의 학술 활동과 저술을 인정받아" 아르메니아 대통령으로부터 대통령상을 받았다.

1980년, 차니는 노벨상 수상자이자 홀로코스트 생존자 엘리 위젤(Elie Wiesel), 당시 정신병원의 원장이었던 정신과 의사이자 정신 분석가였던 샤마이 데이비슨(Shamai Davidson) 교수와 함께 예루살렘에 홀로코스트 및 제노사이드 연구소를 설립했다. 그리고 그 자신은 홀로코스트 생존자들의 치료에 집중했다.

1982년, 그와 그의 동료들은 홀로코스트와 제노사이드에 관한 최초의 국제 회의를 조직했다. 이 선구적인 회의는 그때까지 학계에서 무시해 왔던 제노사이드라는 주제에 대한 인식에 전환점이 되었다. 회의와 연구소는 "홀로코스트"와 "제노사이드"라는 용어를 처음으로 연결한 것으로 보인다. 차니가 설립 이후 감독해 온 연구소는 아마도 이러한 연계에 초점을 맞춘 최초의 공식 기관이었을 것이다.

차니는 헬렌 페인(Helen Fein), 로버트 멜슨(Robert Melson), 로저 스미스(Roger Smith)와 함께 국제 제노사이드 학자 협회(International Association of Genocide Scholars)의 공동 창립자 4명 중 한 명이며, 이후 부회장(2003년)

및 회장(2005~2007년)으로 선출되었다.

2010년부터 2012년까지 그는 GPN을 호스팅하는 웹사이트 www. genocidepreventionnow.org의 편집자였다. 〈제노사이드 프리벤션 나우(Genocide Prevention Now)〉는 뉴욕 카네기 재단이 지원하는 웹 매거진으로, 대량학살 연구 발전 소식과 학술 수준의 연구 기사를 결합한 새로운 종류의 저널리즘을 개발하기 위해 고안되었다.

수년 동안 차니는 텔아비브 대학교(Tel Aviv University)의 사회 복지 대학에서 심리학 부교수로 재직했다. 그는 나중에 잠시 벤구리온 대학교 사회복지학부에서 심리학 교수로 재직했으며, 1992년에는 예루살렘 히브리 대학교에서 심리학 교수로 초빙되었다. 그리고 가족 치료를 담당하고 심리학과와 마틴 부버 센터 내에 새로운 부서인 통합 심리 치료 고급 연구 프로그램을 설립하고 지도했으며(1993~1997), 이 프로그램은 후에 심리 치료 학교가 되었다.

이스라엘 차니(Israel W. Charny)
지은이

미국인이자 이스라엘인인 그는 제노사이드(대량학살) 분야의 세계적인 학자로, 특히 제노사이드 연구 및 예방 분야의 권위자이다. 유대인 대학살의 생존자인 엘리 위젤과 고(故) 샤마이 데이비슨 박사와 함께 예루살렘에 <홀로코스트와 제노사이드 연구소>를 설립했으며, 그곳의 소장을 맡고 있다. 예루살렘 히브리 대학교의 심리학 및 가족치료 교수였으며, 심리학자이자 가족치료사로서 꾸준히 임상에서 활동하고 있다. 또한 <이스라엘 가족치료 협회>, <국제 가족치료 협회>, <국제 대량학살 학자 협회>의 창립자로 역대 회장을 역임했다.

그의 수많은 저술 중 *Genocide: A Critical Bibliographic Review*(1988), *Encyclopedia of Genocide*(1999-2000), 그리고 *Fascism and Democracy in the Human Mind*(2006) 이상 3권은 미국 도서관 협회에서 "올해의 뛰어난 학술 도서"로 선정된 바 있다. 그리고 뒤이어 나온 책이 바로 본서 *The Genocide Contagion: How We Commit and Prevent Holocaust and Genocide*(2016)이다.

김상기
옮긴이

기독교윤리학자이자 목회자이며, 제노사이드 연구가이다. 서울신학대학교를 졸업하고 연세대학교 대학원에서 제주4·3 연구로 박사학위를 받았다. 이후 미국 샌프란시스코신학대학원에서 잠시 수학하고 돌아와 남서울대학교에서 강의했다. 지금은 목회와 함께 서울신학대학교 글로벌사중복음연구소 연구원으로 있으며, 특별히 제노사이드와 폭력의 문제를 연구하고 있다. 대표 저서로는 『제노사이드 속 폭력의 법칙』(도서출판 선인)이 있고, 그 외 종교와 제노사이드 관련 다수의 연구물이 있다.

폭력의 전염
우리 안의 12가지 제노사이드 심리

초판 1쇄 발행   2024년 6월 30일

지은이	이스라엘 차니(Israel W. Charny)
옮긴이	김상기
펴낸이	윤관백
펴낸곳	☒ 선인
등 록	제5-77호(1998.11.4)
주 소	서울시 양천구 남부순환로 48길 1 (신월동 163-1) 1층
전 화	02) 718-6252 / 6257
팩 스	02) 718-6253
E-mail	suninbook@naver.com

정 가   28,000원
ISBN   979-11-6068-899-3   03300

THE GENOCIDE CIDE
CONTAGION